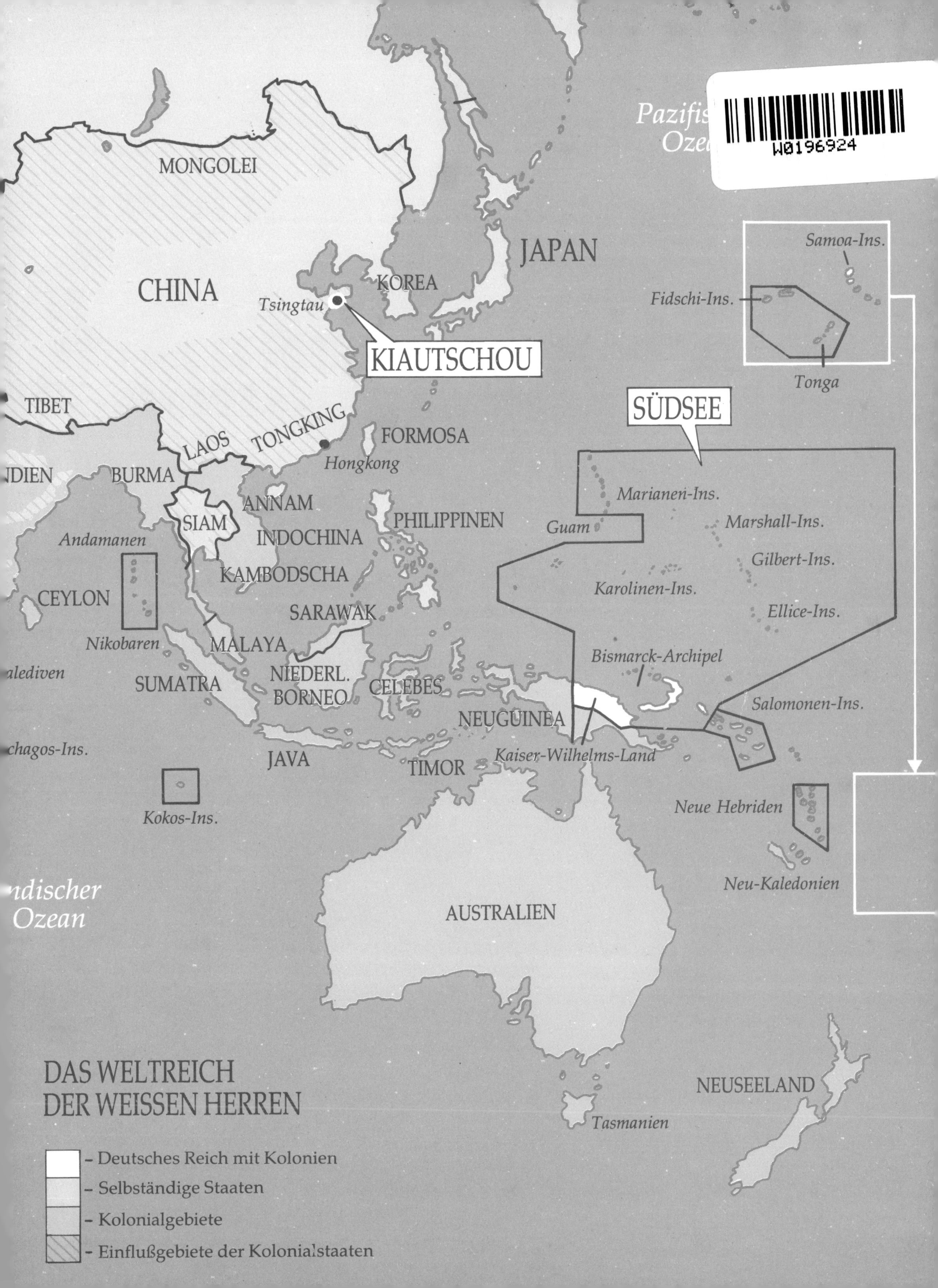

Pazifis
Oze
MONGOLEI
JAPAN
CHINA
KOREA
Tsingtau
KIAUTSCHOU
Samoa-Ins.
Fidschi-Ins.
Tonga
TIBET
SÜDSEE
LAOS
TONGKING
FORMOSA
Hongkong
IDIEN
BURMA
ANNAM
Marianen-Ins.
SIAM
PHILIPPINEN
Guam
Marshall-Ins.
Andamanen
INDOCHINA
Gilbert-Ins.
KAMBODSCHA
Karolinen-Ins.
CEYLON
SARAWAK
Ellice-Ins.
Nikobaren
MALAYA
Bismarck-Archipel
alediven
SUMATRA
NIEDERL.
BORNEO
CELEBES
Salomonen-Ins.
NEUGUINEA
chagos-Ins.
JAVA
TIMOR
Kaiser-Wilhelms-Land
Kokos-Ins.
Neue Hebriden
Neu-Kaledonien
ndischer
Ozean
AUSTRALIEN
DAS WELTREICH
DER WEISSEN HERREN
NEUSEELAND
Tasmanien
– Deutsches Reich mit Kolonien
– Selbständige Staaten
– Kolonialgebiete
– Einflußgebiete der Kolonialstaaten

DER WAHN VOM WELTREICH

DER WAHN VOM WELTREICH

Die Geschichte der deutschen Kolonien

JÜRGEN
PETSCHULL

THOMAS
HÖPKER
— FARBFOTOS —

Herausgeber: Rolf Gillhausen, Peter Scholl-Latour
Lektorat: Dr. Joachim Köhler
Gestaltung: Dietmar Meyer, Ekkhart Blunck
Dokumentation: Alfred Siercke
Bildbeschaffung: Erika Just
Produktion: Druckzentrale G + J
Satz: Karl Neef GmbH & Co., Wittingen
Lithografie: Bütehorn GmbH, Hannover
Druck: Mladinska knjiga, Ljubljana

Lizenzausgabe 1986 für Manfred Pawlak
Verlagsgesellschaft mbH, Herrsching
ISBN 3-88199-315-0

INHALT

Die Kolonialpolitik ist nur ein Zweig der Weltpolitik, die das Deutsche Reich zum Schutz seiner kontinentalen Stellung verfolgen muß. Die Zeit ist vorüber, da das deutsche Spießbürgertum vergessen durfte, was draußen in der Welt vorgeht."

Kaiser Wilhelm II. 1896 vor der deutschen Kolonialgesellschaft

Im Grunde genommen ist das Wesen aller Kolonialpolitik die Ausbeutung einer fremden Bevölkerung in höchster Potenz . . . Und das treibende Motiv ist immer nur Gold, Gold und wieder nur Gold."

August Bebel am 26. Januar 1889 vor dem Deutschen Reichstag

Mit der Ankunft der Deutschen kann ich den Frieden nicht kommen sehen, denn sie rühmen sich ihrer Macht und ihrer Werke zu sehr."

Hendrik Witboi, Häuptling des Nama-Stammes in Südwestafrika, 1885

Nehmen wir an, daß in Kamerun, abgesehen von allen Kriegs- und Seuchenverlusten, jährlich 1000 Menschenleben vergeudet werden (ein niedrig gegriffener Stand!), setzen wir den Kapitalwert eines schwarzen Arbeiters auf jährlich nur 100 Mark fest, und nehmen wir ferner an, daß die gestorbenen durchschnittlich noch 10 Jahre länger gelebt hätten, wenn die vis major [die Hauptmacht] der europäischen Kultur nicht dazwischen gekommen wäre, so ergibt das für unser Schutzgebiet einen Jahresverlust von 1 Million. Dafür lohnte es sich wohl, einige Ärzte mehr ins Land zu holen."

Der Arzt Dr. Ludwig Külz im Jahre 1910

Laß uns lieber zusammen sterben und nicht sterben durch Mißhandlung, Gefängnis oder auf allerlei andere Weise. Mein Wunsch ist, daß wir zusammen aufstehen gegen die Deutschen. Alles andere wird uns nicht helfen."

Der Häuptling des Herero-Stammes
Samuel Maharero 1904

Was sagen und denken Sie von den vielen unschuldigen Seelen und dem Blut im Schlafe liegender Menschen, von Frauen und an der Mutterbrust liegender Säuglinge, das Sie vergossen haben?"

Nama-Häuptling Hendrik Witboi an den deutschen Gouverneur von Südwestafrika, Theodor Leutwein

Was die Kolonialgeschichte indessen zeigt, ist erstens die Nichtigkeit des kolonialen Mythos, zweitens die Unfähigkeit kolonialer Politik, innenpolitische Probleme zu lösen, drittens die Opferung der Völker der Dritten Welt zugunsten des wirtschaftlichen Interesses der Mächtigen."

Die „Entwicklungspolitische Korrespondenz"
1983

Das Schild des deutschen Kolonialsoldaten ist blank. Seine Taten sind wert, der Nachwelt bekannt gegeben zu werden."

Generalmajor Maercker, Präsident des deutschen Kolonialkriegerbundes in seinem Buch „Unvergessenes Heldentum" 1924

Ich als erfahrener Beamter kann unter keinen Umständen zugeben, daß die Prügelstrafe zu verurteilen ist."

Der Legationsrat Rose 1906 im Reichstag

Eingeborene tragen den Staatssekretär des Reichs-Kolonialamtes, Bernhard Dernburg, durch Ostafrika

Die Idee, daß die Bantus, die Sudan-Neger und die Hottentotten in Afrika ein Recht darauf hätten, nach ihrer eigenen Façon zu leben und zu sterben, selbst wenn darüber unzählige Existenzen bei den Kulturvölkern in einem proletarischen Kümmerdasein stecken bleiben, diese Idee ist absurd!"

Der deutsche Kolonialbeamte Paul Rohrbach
in seinem Buch „Deutsche Kolonialwirtschaft"

Wenn wir in manchen Kolonien mehr Mischlinge als Europäer haben, dann tragen Beamte der Kolonialverwaltung einen erheblichen Teil Schuld daran!"

Matthias Erzberger, Abgeordneter des
katholischen Zentrums, 1912 im Reichstag

Ohne Kolonien keine Sicherheit im Bezug von Rohstoffen, ohne Rohstoffe keine Industrie, ohne Industrie kein ausreichender Wohlstand – darum, Deutsche, müssen wir Kolonien haben."

Paul von Hindenburg im Jahre 1932 zum
25. Jahrestag des deutschen Kolonialvereins

Es ist nicht wahr, daß es gute Kolonialherren gäbe und andere, die böse sind – es gibt Kolonialherren, das ist alles."

Jean-Paul Sartre 1948

Wo ein deutscher Mann, in treuer Pflichterfüllung für sein Vaterland gefallen, begraben liegt und wo der deutsche Aar seine Fänge in ein Land geschlagen hat: das Land ist deutsch und wird deutsch bleiben!"

Kaiser Wilhelm II. am 2. März 1898 bei der
Vereidigung von Marine-Rekruten

Wir Togoländer wissen nicht, mit welchen Worten oder Ausdrücken wir unsere Dankbarkeit an Deutschland beweisen sollen und enden mit Grüßen aus Lomé: Mit Gott befohlen – Ihr geringer Diener!"

Der 95 Jahre alte Adolf „Papa" Johnson, früher
Diener des deutschen Gouverneurs von Togo,
1983 zu deutschen Besuchern

Die deutsche Kolonialgeschichte ist deshalb auch unerledigt, weil sie Erinnerungen daran wecken kann, daß die industrielle Gesellschaft in Deutschland an der imperialistischen Gewalt Europas über die außereuropäische Welt mitbeteiligt war und in dieser Gesellschaft gewalttätige Traditionen vorhanden sind, die sich nicht auf den ‚Dämon' Hitler reduzieren lassen, sondern die in sozusagen normalen Zeiten, in ‚der guten alten Zeit', sich vollzogen."

Professor Helmut Bley 1983

Patriotisches Schlachtenbild vom Herero-Aufstand in Südwestafrika

Messingbüste von Kaiser Wilhelm II., die heute noch im Museum von Windhuk steht

Alte deutsche Küstenstraße bei Bagida in Togo, die von der Meeresbrandung fortgerissen wird

In dem Dorf Kuma-Tokpli in Togo bewahren die Eingeborenen Geschenke deutscher Kolonialherren wie einen Schatz: einen französischen Kürassier- und einen preußischen Polizeihelm

Vor der halbverfallenen deutschen Festung am Strand von Bagamojo in Tansania steht noch der verdorrte Galgenbaum, an dem Aufständische von der deutschen Schutztruppe gehängt wurden

Die letzten noch lebenden Mitglieder des „Clubs deutscher Mischlinge" bei einem Treffen in Lomé, der Hauptstadt von Togo. Von links nach rechts: Luise Gruner, Hans Gruner, Julia Pfennigweit, Lucie Sorge, Margarete Krüger, Elisabeth von der Hellen, Joseph Hundt, Otto Hundt, Elisabeth Kraus, Guinbgone Behlow, Luise von Doering, Otto Gärtner, Christine Voebel

Der höchste Berg des Deutschen Reiches lag in Afrika: Der schneebedeckte Gipfel des Kilimandscharo gehörte zur Kolonie Deutsch-Ostafrika. Er wurde 1889 von dem deutschen Hans Meyer zum ersten Mal bestiegen

Bilder, die an die deutsche Kolonialzeit in Togo erinnern: Der Mischling Otto Hundt mit Fotos seiner einheimischen Mutter und seines deutschen Vaters – Ein Friedhofsgärtner präsentiert am Grab des ehemaligen deutschen Gouverneurs Köhler in Lomé seinen Besen – Der Häuptling des Dorfes Togoville zeigt stolz einen Bilderbogen aus der wilhelminischen Zeit – Häuptling Gassu III. von Bagida in seiner Residenz: Sein Großvater war einer der Unterzeichner des Schutzvertrages, den Gustav Nachtigal für das deutsche Kaiserreich mit den Eingeborenen abgeschlossen hatte

GEHE HIN ZUR
SIEHE IHRE W

Der 95 Jahre alte Adolf Johnson war früher Diener des Herzogs von Mecklenburg, des letzten deutschen Gouverneurs von Togo. Vor einem Bibelspruch, den er selbst an die Wand seines Hauses geschrieben hat, arbeitet „Papa Johnson" noch fleißig als Rechtsberater

DEUTSCH
DOA
GUILELMUS
IMPERATOR

Silberne Rupien mit dem Bild Kaiser Wilhelms auf der Vorderseite und einem Wappen mit Palme und Löwe auf der Rückseite waren die offizielle Währung in Deutsch-Ostafrika

Der frühere Kirchendiener Hubert Zander, Sohn eines deutschen Kaufmannes und einer Eingeborenen aus Papua-Neuguinea, hat sein Zimmer im Altenheim der deutschen Missionsstation in Vunapope (Bismarck-Archipel) mit der Reichskriegsflagge dekoriert

Bunte Postkarten aus dem fernen deutschen Pachtgebiet Kiautschou in China schickten die Kolonialherren an die Lieben daheim: Ansichten von Schlachtschiffen und Landschaften, von den Straßen der deutschen Stadt Tsingtau und rührende Variationen zum Thema „Seemann's Liebe"

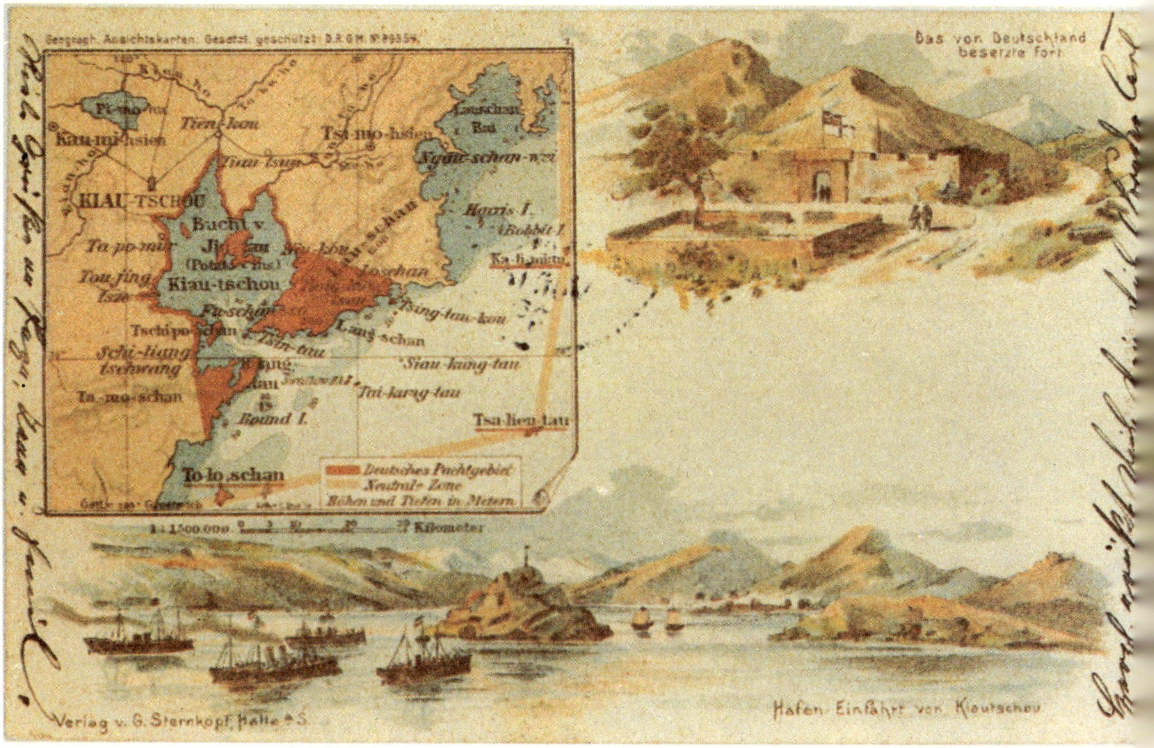

Seemann's Liebe
V

Tsingtau.
Prinz Heinrichstr.

Tsingtau
Landungsbrücke

Schönen Gruss
aus Kiao-Tschau.
Deutschland Deutschland über alles!

TSINGTAU
Seemannshaus

Eine deutsche Stadt in China: Die von den Deutschen gebaute Kirche und Wohnhäuser im wilhelminischen Stil prägen noch heute das Stadtbild von Qingdao, das während der deutschen Besatzungszeit 1900–1914 Tsingtau hieß

广告栏
春游祖国 大江南北

Der Friedhof mit Gräbern deutscher Schutztruppen-Soldaten vor dem Waterberg in Südwestafrika, dem heutigen Namibia. In der „Schlacht am Waterberg" wurde der Aufstand der einheimischen Hereros niedergeschlagen

Die Eltern der 93 Jahre alten Dagmar Pulsack gehörten zu den ersten Siedlern in „Deutsch-Südwest" und waren Mitbegründer von Windhuk. Die alte Dame lebt heute noch in der Hauptstadt der früheren deutschen Kolonie

Bilder, die an die deutsche Kolonialzeit in Südwestafrika erinnern: Oben links das alte Amtsgericht in Swakopmund; in der Mitte Straßenschilder in derselben Stadt; rechts oben ein Saalbau in Lüderitzbucht; darunter Straßenschilder und ein Grab auf dem Friedhof von Windhuk (die Göringstraße ist übrigens nicht nach dem NS-Reichsmarschall, sondern nach dessen Vater benannt, dem ersten Reichskommissar von „Deutsch-Südwest"); links unten Häuserfronten und die evangelische Kirche in Lüderitzbucht

1907.
KAPPS-KONZERT u BALL-SAAL
STOP

GÖRINGSTR
LÜDERITZSTR

"O HEILIGER SCHUTZENGEL MEIN,
LASS MICH DIR BEFOHLEN SEIN"

Vom Winde verweht: Flugsand bedeckt die verfallenen Gebäude der früheren „Deutschen Diamantengesellschaft" in der Namib-Wüste Südwestafrikas

„Innerhalb einer einzigen Generation hat Deutschland ein ganzes überseeisches Reich gewonnen und wieder verloren. – Die Weltgeschichte weist wenige Kapitel auf, die gleichzeitig von solcher Bedeutung, so knapp im Umfang, so vollkommen in sich abgeschlossen und politisch so lehrreich wären."

Der britische Historiker A.P. Newton im Jahre 1919.

Vor hundert Jahren hißten ein paar Abenteurer aus Bremen an einer verlorenen Sandküste Südwestafrikas die deutsche Fahne. So begann ein bizarres Kapitel deutscher Geschichte, der Aufstieg des Kaiserreichs zur Kolonialmacht. Um die Jahrhundertwende wehten die schwarz-weiß-roten Flaggen in Togo und Kamerun, in Südwest- und in Ostafrika, auf Samoa und Neuguinea, auf den Inseln des Bismarck-Archipels, im pazifischen Ozean und über dem Kiautschou-Gebiet in China.

Das Kaiserreich war, an überseeischem Landbesitz gemessen, nach England und Frankreich die drittgrößte Kolonialmacht der Welt geworden. Deutsche Soldaten, Verwaltungsbeamte, Siedler und Missionare herrschten in Afrika und Asien über mehr als 12 Millionen Eingeborene.

Die Deutschen waren als letzte zum großen Eroberungszug auf die „weißen Flecken" der Landkarte angetreten. Aber sie wiederholten und übertrafen Fehler und Irrtümer, die vor ihnen die Kolonial-Großmächte England und Frankreich begangen hatten. Vergeblich warnten besonnene Bürger und Politiker vor dem deutschen Wahn vom Weltreich.

Heute ist die Kolonialzeit ein Stück verdrängter deutscher Geschichte. Viele Schul- und Geschichtsbücher verschweigen das peinliche Kapitel ganz, einige erwähnen es nur beiläufig, andere verklären es noch immer zur Legende von den tapferen deutschen Männern, die den „Wilden" Christentum und Arbeitsmoral beigebracht haben.

Zusammen mit dem Fotografen Thomas Höpker bin ich dieser Legende nachgegangen. Wir haben im Auftrage des STERN die Spuren der deutschen Kolonialgeschichte gesucht. Wir sind in alle ehemaligen deutschen Kolonien gereist und haben dabei mehr als 50 000 Flugkilometer zurückgelegt. Wir wanderten am Fuße des Kilimandscharo und durchquerten im Jeep die Namib-Wüste, wir wurden in der Volksrepublik China durch das ehemalige deutsche Pachtgebiet von Kiautschou chauffiert und in Papua-Neuguinea mit dem Hubschrauber zu den Steinzeitmenschen geflogen; wir haben in Kamerun auf einem Dschungelfluß gerudert und vor der Küste von Samoa nach einem versunkenen deutschen Kriegsschiff getaucht.

An all diesen exotischen Schauplätzen fanden wir Zeugen und Zeugnisse aus Kaisers Kolonialzeit. In Ostafrika schilderten uns dunkelhäutige Greise, ehemalige Askaris, ihre Erlebnisse in der deutschen Schutztruppe. In Togo und Kamerun berichteten Einheimische von deutscher Gewaltherrschaft und von selbster-

Eine alte weißhaarige Dame inmitten dunkelhäutiger alter Herren: Die frühere deutsche Konsulin Margarete Scheel betreut in dem Küstenort in Tansania die letzten noch lebenden Askaris, Angehörige der ehemaligen deutschen Schutztruppe in Ostafrika (Bild links) lebter Prügeljustiz. Im pazifischen Bismarck-Archipel führten uns deutsche Missionare zum Ort eines Massakers, dem ihre Vorgänger zum Opfer gefallen sind. In China und in den Universitäten von Lomé (Togo), Jaunde (Kamerun), Daressalam (Tansania) und Port Moresby (Neuguinea) informierten uns einheimische Historiker über ihre Forschungen aus der Zeit, als die Deutschen die Herren in ihrer Heimat waren. Denn zum 100. Jahrestag der deutschen Machtergreifung in diesen Ländern werden Dokumentationen über die deutsche Kolonialherrschaft vorbereitet. Gewiß, es gab auch manches Positive, gelegentlich sogar überschwengliches Lob über unsere Vorväter; aber die offene Kritik an Ausbeutung und Unterdrückung, die nun mal Wesen jeder Kolonialpolitik ist, überwog bei weitem.

Sie überwiegt auch in diesem Buch, denn wir haben uns bemüht, dieses Kapitel unserer jüngeren Vergangenheit auch aus der Sicht der betroffenen Völker darzustellen. Das Ergebnis:

Deutsche Kolonialherren haben bewundernswerte Leistungen vollbracht – und große Schuld auf sich geladen.

Sie gründeten Städte, bauten Häfen, Straßen, Eisenbahnen, Schulen und Krankenhäuser – und zwangen ihre „Schutzbefohlenen" bei Hungerlöhnen und oft mit Peitschenhieben zur Schwerstarbeit.

Sie bekämpften die Sklaverei – und hielten sich Arbeiter, Diener und Mätressen wie Leibeigene.

Sie predigten christliche Nächstenliebe – und verfolgten Andersgläubige mit Feuer und Schwert.

Sie brachten den Eingeborenen moderne Landwirtschaft und Viehzucht bei – und nahmen ihnen ihr Land und ihr Vieh.

Sie wollten „streng, aber gerecht" sein – und verurteilten ihre Untertanen zu öffentlichen Prügelstrafen und ließen Hunderte zur Abschreckung hinrichten.

Sie wollten für Ruhe, Zucht und Ordnung in ihren „Schutzgebieten" sorgen – und rotteten ganze Volksstämme aus. Bei der Eroberung der fremden Gebiete, der Unterdrückung der Eingeborenen und der Verteidigung der Kolonien kamen mehr als eine halbe Million Menschen ums Leben.

Der Wahn vom Weltreich führte schließlich in den Ersten Weltkrieg. Dabei gingen für das Kaiserreich die Kolonien verloren – und die selbstherrliche Illusion, am deutschen Wesen könne die Welt genesen.

Dieses Buch basiert auf der im STERN erschienenen Serie über die deutschen Kolonien. Daran hat es in Hunderten von Leserbriefen Lob und Tadel, aber auch heftige Kritik bis hin zu Beschimpfungen gegeben. Das macht deutlich, daß dieses Thema noch immer unbewältigt und emotionsbeladen ist.

Ähnliche Reaktionen wird wohl auch dieses Buch auslösen. Deshalb möchte ich vorab auf einige häufig wiederkehrende grundsätzliche Einwände eingehen: meine Darstellung der deutschen Kolonialgeschichte sei tendenziös, sie beschmutze unsere eigene Vergangenheit, sei unserer derzeit ohnehin verunsicherten Gesellschaft, speziell der jüngeren Generation, nicht zuträglich und lege – so ein ehemaliger Botschafter – „in unstatthafter Weise heutige Maßstäbe politischer Moral an die damaligen Verhältnisse an".

Es ist richtig, dieser Bericht ist „tendenziös". Er richtet sich tendenziell gegen jede Kolonisation und speziell gegen die deutsche nach dem Motto „Jeder kehre vor seiner eigenen Tür"; denn Kolonialherrschaft hat noch immer gewaltsame Unterdrückung und Ausbeutung militärisch schwächerer Völker bedeutet. Diese Tendenz ist durch Dokumente aus Archiven in Deutschland-West und Deutschland-Ost, durch Gespräche und Interviews mit Zeugen der Geschichte und mit Historikern im In- und Ausland gewachsen.

Gerade die kritische, manchmal schonungslose Untersuchung unserer Geschichte ist unserem Gott-sei-Dank gewachsenen demokratischen Selbstbewußtsein und Selbstverständnis angemessen. Was sonst? Etwa die Verklärung unserer Kolonial-Vergangenheit zur Aneinanderreihung von Heldensagen wie sie im „Dritten Reich" und noch weit darüber hinaus betrieben worden ist?

Und schließlich: Galten nicht damals dieselben moralischen Grundsätze wie heute? Die christliche Moral, die ja auch auf den zehn Geboten basiert, wird demnächst zweitausend Jahre alt. Um so schlimmer, daß die deutschen Kolonial-Eroberungen zum Teil auch noch mit der Weiterverbreitung des Christentums begründet worden sind.

Sage heute niemand, es hätte damals nicht genügend Mahner gegeben, die mit heute noch gültiger Moral in der Öffentlichkeit und im Reichstag mutig gegen die Kolonialpolitik und den deutschen Wahn vom Weltreich gekämpft haben. Es gab sie: Sozialdemokraten, Liberale und Politiker des katholischen Zentrums. Sogar die Ideologen der deutschen Kolonialpolitik und die Kolonialherren selbst haben gewußt, was sie taten: „Der Kolonialerwerb ist die rücksichtslose und entschlossene Bereicherung des eigenen Volkes auf anderer, schwächerer Völker Unkosten!" Das schrieb im Jahre 1886 die „Kolonialpolitische Korrespondenz".

Dem habe ich in diesem Buch des Jahrgangs 1984 nichts hinzugefügt – nur die Schilderung, die nachweist, daß es tatsächlich so gekommen ist.

JÜRGEN PETSCHULL
Januar 1984

1. KAPITEL

ZWEI-HUNDERT GEWEHRE FÜR SÜDWEST-AFRIKA

Wie die erste deutsche Kolonie erworben wurde:
Die kaiserliche Regierung sucht einen Ausweg
aus Wirtschaftskrisen und Arbeitslosigkeit –
Reichskanzler Otto von Bismarck gibt nach langem Zögern das
politische Startzeichen zum Aufbruch Deutschlands zur
Kolonialmacht – Der Bremer Tabakhändler Adolf Lüderitz
macht das Tauschgeschäft seines Lebens

An dieser Küste Südwestafrikas landete im April 1883 unter Führung Heinrich Vogelsangs die erste Expedition des Bremer Kaufmanns Adolf Lüderitz. Damals hieß die Bucht noch Angra Pequena, sie wurde von den Deutschen in Lüderitzbucht umbenannt

Die 260-Tonnen-Brigg „Tilly" aus Bremen ankert vor der Küste von Südwestafrika. Im Frachtraum lagern Gewehre, die von der Vogelsang-Expedition im Tausch gegen die ganze Bucht von Angra Pequena an den Eingeborenen-Häuptling Fredericks von Bethanien geliefert wurden

Drei Mitglieder der ersten deutschen Südwestafrika-Expedition: Vogelsang, Francke und Wagner (von links nach rechts).
Bei der ersten Fahrt durch sein gerade erworbenes Land läßt sich Adolf Lüderitz mit Fliege, Pfeife und Gewehr vor seinem Ochsenkarren fotografieren

land in alle rigtingen in het bezit
van de firma F. A. E. Lüderitz
van Bremen Duitschland overge-
gaan & bekend te gelyker tyd de ver-
kooper de bovengemelde somma
in geld & goederen ontvangen te
hebben van den kooper.

Bethanie 1ste May 1883

Capt. Joseph Fredricks.
F. A. E. Lüderitz
Heinr Vogelsang
Atty

geteekend in tegenwoordig-
heid van:
× Adam Lambert
Daniel Fredrick
× Ruben Fredericks
J. Christian Goliath
+ David Fredricks
H. de Jongh

C. A. L. von Pestalozzi

Die Fahne sollte vom Meer aus zu sehen sein. Natürlich wäre es einfacher gewesen, den Mast gleich neben die Bretterbuden in den Küstensand zu setzen. Aber Heinrich Vogelsang bestand auf dem höher gelegenen felsigen Platz über der schäumenden Brandung, aus der Robben und Pinguine auftauchten – als ob sie den fünf Männern bei der Arbeit zusehen wollten, die mühsam ein Loch in den harten Boden schlugen.

Als sie endlich den Mast einrammten, mußten sie sich kräftig gegen den Sturm stemmen, der seit drei Tagen und drei Nächten unablässig feinen Sand aus der Wüste aufs Meer hinaustrieb. Sand knirschte überall – in den Stiefeln der Männer, zwischen den Zähnen und zwischen den Seiten des Tagebuches, das abwechselnd von ihnen geführt wurde.

Eintragung vom Sonnabend, dem 12. Mai 1883: „Um zwei Uhr endlich war der Pfahl glücklich eingegraben. Um 4 1/2 Uhr zog unter brausendem Hurrah aller Anwesenden die deutsche Flagge am Mast auf. Vom Schiff aus salutierte man mit Gewehrsalven, und nachdem auch an Land eine größere Anzahl Schüsse gefeuert worden war, begaben sich sämtliche Teilnehmer zum Chef, welcher Champagner hatte anfahren lassen. Dann wurde unter großem Jubel und begeistert auf den Kaiser, auf das Haus Lüderitz, auf Herrn Vogelsang und auf die erste deutsche Colonie angestoßen."

Es war ein historischer Moment. Zehntausend Kilometer von der Heimat entfernt, an der Westküste Südafrikas, fühlten sich fünf deutsche Abenteurer „endlich wieder auf deutschem Boden".

Angeführt von dem erst 21 Jahre alten Kaufmannsgehilfen Heinrich Vogelsang, hatten sie im Auftrag des Bremer Tabakhändlers Adolf Lüderitz von einem Eingeborenenhäuptling im Tausch gegen 200 alte Gewehre und 100 Pfund Sterling eine Meeresbucht, „inklusive fünf Meilen Land von jedem Punkt der Küste aus gerechnet", erworben.

Das Tagebuch dieser Südwestafrika-Expedition ist in den Familien Vogelsang und Lüderitz von Generation zu Generation weitergereicht worden. Es ist ein seltsames Gefühl für uns, ein Jahrhundert später mit diesen Aufzeichnungen in der Hand an derselben Stelle zu stehen, die damals so beschrieben worden ist: „Soweit das Auge reicht Sand, nichts als Sand, hügelartig, wie ein unendliches, totes Meer."

Nichts scheint sich hier verändert zu haben. Wie damals schäumt die Brandung gegen die schroffen Klippen. Wie damals schwimmen Robben und Pinguine im Meer. Wolkenberge türmen sich am Himmel, lösen sich auf und machen Platz für eine grelle, hellgelbe Sonne. Wie damals bläst der Wind aus der Namib-Wüste, und Sandkörnchen pieken auf der Haut wie tausend Nadelspitzen.

Landeinwärts, ein paar Meilen von dieser Stelle entfernt, wurden zu Beginn dieses Jahrhunderts Diamanten gefunden.

Am 1. Mai 1883 wurde der Grundstein für das deutsche Kolonienreich gelegt: Heinrich Vogelsang unterzeichnete im Auftrage des Bremer Kaufmanns Adolf Lüderitz den Kaufvertrag über ein Stück Wüstenland an der Küste Südwestafrikas. Die Eingeborenen-Häuptlinge unterzeichneten mit einem Kreuz, das sie vor ihre Namen setzten

Eine Siedlung aus Bretterbuden entstand, Kolmanskuppe. Lüderitzbucht, der erste Hafen der Kolonie, wurde Durchgangsstation für Glücksritter, die aus Deutschland nach Südwestafrika kamen. 20 000 Menschen haben hier einmal gelebt, in primitiven Häusern, Holzhütten und Zelten. Auf den Knien rutschend durchwühlten die Männer auf der Suche nach Reichtum Zentimeter für Zentimeter den Wüstensand. Manche haben tatsächlich die glitzernden Steine gefunden; den meisten rann nur Sand durch die Hände. Ein paar Jahre, dann ging das Diamantenfieber zurück. Lüderitzbucht wurde ein einsamer Ort.

Kamaherero, der Häuptling der Hereros, weigerte sich lange, einen „Schutzvertrag" mit den Deutschen zu unterzeichnen. Sein Sohn Samuel führte später den blutigen Aufstand gegen die neuen Herren an

Vor zwanzig Jahren lebten noch 2000 Weiße hier. Heute sind es nur noch 400, die meisten von ihnen Nachkommen der deutschen Pioniere. Sie wohnen in verschnörkelten Holzhäusern und wilhelminischen Backsteinbauten. Vor der windumbrausten Kirche treffen wir eine weißhaarige deutsche Dame, die die seltenen Besucher durch das kleine Heimatmuseum des Ortes führt. „Mein Gott", sagt sie, „was wollen Sie denn wissen? Es ist schon so viel, Wahres und Unwahres, über Südwest geschrieben worden – kann man die Geschichte nicht ruhen lassen?"

Deutsch-Südwest, heute Namibia, ist seit hundert Jahren nicht zur Ruhe gekommen. Stammeskriege, Kolonialkriege, zwei Weltkriege und nun der Unabhängigkeitskampf der „Swapo" (South West Africa People's Organization) suchten Land und Leute heim. Nach dem Ersten Weltkrieg hielten die Südafrikaner die frühere deutsche Kolonie besetzt. 1920 wurde das Land vom Völkerbund vorübergehend an Südafrika gegeben. 1966 entschied die Uno, Namibia müsse unabhängig werden und seine Regierung frei wählen können.

Doch das Apartheid-Regime in Südafrika verweigert den Schwarzen, für deren Rechte die Swapo kämpft, bis heute die Selbstbestimmung. Noch immer herrschen in dem Land, das dreimal so groß ist wie die Bundesrepublik, 90 000 Weiße (Deutsche, Buren, Engländer) über 900 000 Schwarze – Ovambos, Hereros, Namas.

30 000 Deutschstämmige leben heute in der ehemaligen Kolonie und pflegen nach wie vor deutsche Sitten und Gebräuche. Sie backen Pumpernickel in Swakopmund und machen Mettwurst in Lüderitzbucht. Das Telefonbuch der Hauptstadt Windhuk ist voll von deutschen Namen. Bis vor kurzem wurden an patriotischen Gedenktagen schwarz-weiß-rote Fahnen aus Kaisers Zeiten gehißt; und aus bierfeuchten Männerkehlen dröhnte es „Deutschland, Deutschland über alles . . ."

Das freilich ist in den letzten Jahren anders geworden. Sogar die früher stramm rechtskonservative „Allgemeine Zeitung" in Windhuk ist jetzt in so brisanten Fragen wie der Rassentrennung und dem Selbstbestimmungsrecht der Eingeborenen zu Kompromissen bereit.

„Die Zeiten haben sich geändert", erklärt uns ein Journalist, „allmählich haben auch die Starrköpfigsten eingesehen, daß die Herrschaft der Weißen bald vorbei sein wird."

Die Herrschaft der Weißen hatte Heinrich Vogelsang im Mai des Jahres 1883 mit der Hissung der deutschen Fahne begründet. Der Beauftragte des Bremer Kaufmannes Adolf Lüderitz war damals der offiziellen deutschen Kolonialpolitik um fast zwei Jahre voraus:

Reichskanzler Otto von Bismarck zögerte lange, bevor er Deutschland in das „koloniale Abenteuer" führte. Er hatte 1871, nach dem Sieg über Frankreich, die deutschen Teilstaaten und Fürstentümer zum zweiten Deutschen Reich vereint und Preußens König Wilhelm I. im Spiegelsaal des Schlosses von Versailles zum deutschen Kaiser ausrufen lassen.

So war er vollauf damit beschäftigt, die politische Ruhe auf dem europäischen Kontinent zu bewahren. Denn der französische Nachbar sann auf Rache. Und an der östlichen Grenze beobachtete Rußland mißtrauisch den Aufstieg des deutschen Kaiserreiches.

Dem politischen und militärischen Aufstieg Deutschlands war nach Kriegsende ein Wirtschaftsaufschwung gefolgt – die Zeit der Gründerjahre. Insgesamt ging es zwar aufwärts; doch immer wieder erschütterten Konjunktureinbrüche das Reich. Der Markt konnte die neue industrielle Massenproduktion nicht verdauen. Es gab Firmenpleiten, Bankenkonkurse, Börsenkräche – und eine Bevölkerungsexplosion: 1870 lebten 41 Millionen Menschen in Deutschland, 1914 waren es schon 68 Millionen. Deutschland schien ein „Volk ohne Raum" zu werden.

Neun Millionen Arbeitslose hatten keine Zukunftschancen. Immer mehr junge, tatendurstige Menschen verließen das Reich. Im Jahre 1881 flüchteten 220 902 Reichsbürger vor dem Elend in der Heimat, allein 206 189 von ihnen wanderten in die Vereinigten Staaten aus. Wirtschaftler und Politiker suchten einen Weg aus der Krise.

Engländer und Franzosen hatten mit ihren Kolonialeroberungen vorgemacht, wie man billige Rohstoffquellen, neue Absatzmärkte und neuen „Lebensraum" gewinnen konnte.

Eine Losung ging durchs Land: Auch Deutschland braucht Kolonien! Adlige, Kaufleute und Beamte setzten sich an die Spitze der Bewegung. Mehr als 200 000 Bürger organisierten sich in 3000 Kolonialvereinen und Kolonialparteien.

Im April 1883 erklärte Reichskanzler von Bismarck: „Wenn es im deutschen Volke eine breite Strömung für Kolonien gibt, dann kann sich dem die Reichsregierung nicht fortwährend verschließen." Allerdings müßten – nach englischem Vorbild – Handelshäuser, Banken und Industriekonzerne auf eigene Rechnung und auf eigene Verantwortung Kolonien gründen. Bismarck: „Der Handel muß vorangehen, die Flagge wird dem Handel folgen, und die Nation muß zur Flagge stehen!"

Die großen Wirtschaftsdynastien, die Krupps, die Thyssens, die Borsigs, scheuten das Risiko. Mittlere Unternehmen und Unternehmer, vor allem welterfahrene Kaufleute aus den Hansestädten, gingen voran. Männer wie Lüderitz, ein Tabakgroßhändler aus Bremen.

Reichskanzler Otto Fürst Bismarck stellte am 24. April 1884 das von Adolf Lüderitz in Südwestafrika erworbene Land unter den Schutz des deutschen Kaiserreiches

Adolf Lüderitz, geboren 1834, war ein kleingewachsener Mann mit Schnauzbart, hoher Stirn und flinken Augen hinter einer Nickelbrille. Das Motto seiner Familie hieß: „Auf rauhem Pfade zum Ziele! Gott helfe!" In diesem Sinne war er als junger Mann durch Nord- und Mittelamerika gereist und hatte in Virginia, Kentucky und Mexiko Tabak für das Familienunternehmen eingekauft. Bei einer der zahlreichen mexikanischen Revolutionen war er überfallen, ausgeplündert und verwundet worden.

Mit einer Kugel im Knie kehrte er nach Bremen zurück und übernahm das väterliche Geschäft in der Langen Straße. Bald darauf heiratete er die wohlhabende Emilie von Lingen, die er „meine Herzens Emmy" nannte. Nun konnte er nicht nur über das Vermögen seiner Familie, sondern auch über das seiner Frau verfügen.

Adolf Lüderitz führte das nicht gerade aufregende Leben eines ehrbaren hanseatischen Kaufmannes – bis auch er Anfang der achtziger Jahre vom Kolonialfieber infiziert wurde. Zwei junge Männer steckten ihn an: der arbeitslose Kapitän Karl Timpe, 38, und der junge Kaufmannsgehilfe Heinrich Vogelsang. Beide waren schon viel in der Welt herumgekommen, vor allem in Afrika.

Im ungewöhnlich heißen norddeutschen Sommer des Jahres 1882 hockten Vogelsang, Timpe und Lüderitz tage- und nächtelang zusammen. Im Kontor des Tabakhändlers blätterten sie in Karten und schmiedeten Pläne. Ihre Frage: Wo auf der Welt würde es sich lohnen, eine private Kolonie unter dem Schutz des Deutschen Reiches zu gründen?

Kapitän Timpe berichtete über den Südwesten Afrikas, dort solle es riesige Erz- und Edelsteinvorkommen, Silber, Gold und Diamanten geben. Er erzählte, das Land dort gehöre eigentlich niemandem – nur ein paar Häuptlingen, denen man es wohl billig abhandeln könne. Lüderitz war begeistert.

Im Herbst 1882 kaufte der Tabakhändler ein 260 Tonnen großes Segelschiff, das er „Tilly" nannte. Er heuerte Timpe als Kapitän an und ernannte Vogelsang zum Expeditionsleiter. Ihr Auftrag: Gewehre und Munition an Bord zu nehmen, nach Südwestafrika zu segeln und dort im Tausch gegen die Waffen soviel Land wie möglich von den Eingeborenen zu erwerben.

Nachdem die „Tilly" im Hafen von Bremen die Leinen losgemacht hatte, schrieb Adolf Lüderitz am 23. November 1882 mit feiner, steiler Handschrift an das „Hohe Kaiserliche Auswärtige Amt" in Berlin. Er „beehrte" sich, das Zielgebiet seiner Expedition im Südwesten Afrikas genau zu beschreiben: „Das von mir ins Auge gefaßte Land liegt zwischen dem großen und dem kleinen Fischfluß, also zwischen dem 26. Grad und dem 29. Grad südlicher Breite." Auch die Schiffsladung, die als Tauschware dienen sollte, spezifizierte er: „2000 alte hannoversche Gewehre, 1000 österreichische Hinterlader, 1000 preußische Zündnadel-Gewehre, 300 Revolver."

Schließlich bat Lüderitz für seine Unternehmung um den Schutz des Deutschen Reiches. Er schrieb: „Würde ich mich

Aus dem Album eines deutschen Kolonialherrn: Ein Paar vom Stamm der Ovambos, der im Norden Südwestafrikas lebt und den Deutschen bei der Eroberung und Besiedlung des Landes keinen Widerstand leistete

Im Namen Gottes im Wüstenland unterwegs: Ein protestantischer Missionar mit seinem zweirädrigen Karren während einer Reise durch die Namib-Wüste

ohne den Schutz der deutschen Flagge an dieser Küste niederlassen, so würden mir die benachbarten Engländer bald genug das Handwerk legen."

Die Engländer hatten an der Südspitze Afrikas schon drei Jahrzehnte zuvor die sogenannte Kapkolonie gegründet und sich mit den aus Holland eingewanderten Weißen der „Buren-Republik" Kämpfe um die Vorherrschaft im Süden Afrikas geliefert. Lüderitz fürchtete die Engländer. Er schloß seinen Brief: „In baldiger Erwartung eines hoffentlich günstigen Bescheides habe ich die Ehre zu verharren." Er unterschrieb: „Eines hohen kaiserlichen Amtes gehorsamster Adolf Lüderitz."

Während Lüderitz „verharrte", kreuzte seine „Tilly" vor Kapstadt auf. Anfang April 1883 heuerte Expeditionsleiter Vogelsang dort eine kleine Mannschaft an, die er zur Verschwiegenheit verpflichtete. Ein Schweizer, drei Holländer, drei Deutsche, die alle in Südafrika lebten. Die „Tilly" nahm Proviant, Trinkwasser und einen Ochsenkarren an Bord.

Zwei Tage später, am 10. April 1883, erreichte der Bremer Segler 200 Meilen nördlich der Oranje-Mündung eine von Felsen umgebene einsame Bucht. Portugiesische Seefahrer hatten die fast menschenleere Gegend als „Angra Pequena" – „Kleine Bucht" – in die Seekarten eingetragen. Vogelsang ruderte als erster an Land. Der Mann, dem seine Gefährten „den Wagemut der Wikinger" nachsagten, notierte im Tagebuch: „Die Temperatur des Wassers ist eher kalt als warm. Das Land ist unwirtlich und kahl, windig und sandig."

Die Männer stellten zwei Zelte an der Küste auf und errichteten Bretterbuden als provisorisches Hauptquartier. Sie tauften den tristen Ort „Fort Vogelsang". Zwei Wochen nach ihrer Lan-

dung brachen die Abgesandten des Adolf Lüderitz zu ihrem eigentlichen Ziel auf: Bethanien, einem Eingeborenendorf etwa 60 Kilometer im Landesinneren gelegen, in dem seit 30 Jahren rheinische Missionare heidnische Seelen zum Christentum bekehrten.

Tagebucheintragung vom 27. April 1883: „In der Ferne sahen wir rötliche hohe Berge, wo nach Aussagen unseres Eingeborenenführers Löwen hausen . . . Ein Pferd strauchelte und fiel hin, doch auf, und weiter, weiter: Beim Pferd des Chefs nützten Peitschenschläge nichts mehr! . . . Diesen Tag waren wir 17 Stunden im Sattel gesessen."

Montag, 30. April 1883: „Um halb fünf Uhr morgens ritten wir mit nüchternem Magen, aber munter und schnell auf Bethanien zu. Von der Ferne winkte die kleine Kirche und das Missionshaus, umgeben von 50 Krals."

Noch am selben Nachmittag machten Vogelsang und seine Begleiter in der Lehmhütte des Häuptlings – der Capitein (andere Schreibweise: Capitain) oder König genannt wurde – ihren Antrittsbesuch. „Er war", so heißt es im Tagebuch der Expedition, „umringt von Richtern, Höflingen und Schmarotzern, alle in den wunderlichsten Costümen – Thierfelle, alte Fräcke, leinene Hosen und Lederkittel bildeten ihre Bekleidung."

Die Gastgeber wurden herablassend so beschrieben: „Ihre Gesichtszüge sind beinahe häßlich zu nennen, große, hervorstehende Backenknochen, wulstige Lippen, krauser Haarwuchs und gelbbraune Hautfarbe zeichnen sie aus." Nur der Häuptling Joseph David Fredericks nötigte den Deutschen ein wenig Respekt ab: „Der König selbst scheint über 60 zu sein, ist korpulent, hat ein gutmütiges und etwas imponierendes Gesicht."

Angehörige des Nama-Stammes, von den Deutschen „Hottentotten" genannt, vor ihren mit Lumpen bedeckten Hütten. Sie wurden von rheinischen Missionaren zum Christentum bekehrt

Über die Verhandlungen, die in Afrikaans geführt wurden, weil sowohl die Deutschen als auch die Eingeborenen diese Sprache von den benachbarten Buren gelernt hatten, heißt es im Tagebucheintrag vom Dienstag, dem 1. Mai 1883: „Durch einen prachtvollen Schlaf gestärkt und fest hoffend, daß dieser wichtige Tag zum Guten sich wenden würde, betraten wir das Parlamentsgebäude (ein Häuschen aus Lehm, Stein und Bambus hergestellt). Wohl an 39 Hottentotten saßen im Kreis herum. Die Pfeife ging von Hand zu Hand. Auch ein alter Thekessel machte die Runde. Gesprochen und gestikuliert wurde lebhaft. Die häufig zur Anwendung kommenden Zungenschnalzlaute der Eingeborenen klangen ganz betäubend . . . Unsere Wünsche wurden in schneidigem Vortrag dargebracht."

Am Nachmittag teilte der Häuptling mit, er sei mit dem Handel einverstanden. 200 Gewehre und 100 Pfund Sterling wurden gegen die Bucht von Angra Pequena und für das Land fünf Meilen im Umkreis der Küste getauscht. Ein schriftlicher Vertrag auf Afrikaans besiegelte das Geschäft: „Verkoop-Contract tuschen Capitein Joseph Fredericks en de Firma F.A.E. Lüderitz van Bremen in Duitschland. Bethanie, 1. Mai 1883." Gezeichnet: „X" [Zeichen für Häuptling Joseph David Fredericks von Bethanien]. Gezeichnet: „Heinrich Vogelsang".

Mit diesem Dokument im Gepäck ritten die Lüderitz-Unterhändler zur Küste zurück, hißten am 12. Mai die deutsche Fahne und stießen mit Champagner auf Kaiser und Vaterland an.

Nach diesem ersten Handel überredete Heinrich Vogelsang den Häuptling Joseph David Fredericks noch zu einem zweiten Vertrag. Diesmal schwatzte er ihm einen 20 Meilen breiten Küstenstreifen ab, der von der Mündung des Oranje-Flusses im Süden bis zum 26. Breitengrad im Norden reichte. In den nächsten zwei Jahren wurde das Gebiet der Deutschen durch ein Dutzend derartiger Abmachungen immer weiter ausgedehnt, bis es die Ausmaße des heutigen Namibia erreicht hatte.

Schon nach dem ersten „Geschäftsabschluß" hielt es Adolf Lüderitz nicht länger im heimischen Bremen. Im September 1883 segelte er an Bord eines deutschen Dreimasters nach Südwestafrika, um seine Erwerbungen persönlich in Besitz zu nehmen. Er trat sogleich als Landesherr auf. Als ein britischer Kapitän Lebensmittel für ein paar englische Robbenfänger löschen wollte, die schon seit Jahrzehnten an der Namib-Küste ihrem Gewerbe nachgingen, schritt Lüderitz ganz energisch ein: Erst müsse Zoll an ihn gezahlt werden, schließlich sei er der rechtmäßige Eigentümer mit allen Hoheitsrechten.

Von seinen Erkundungsfahrten ins Landesinnere schrieb der Bremer seiner „geliebten Herzens Emmy" nach Hause: „Meine vier Ochsenwagen erregen allgemeine Aufmerksamkeit, weil vorne an jedem einzelnen Wagen eine kleine deutsche Fahne befestigt ist!"

In der Heimat berichteten die Zeitungen ausführlich über die Abenteuer des hanseatischen Kaufmanns in Afrika. Adolf Lüderitz wurde als Held der deutschen Kolonial-Bewegung gefeiert. Und Reichskanzler Bismarck schickte das Kanonenboot „SMS Nautilus" auf Erkundungsfahrt nach Angra Pequena, das inzwischen in Lüderitzbucht umbenannt worden war.

Der „Nautilus"-Kapitän Karl Ascheborn erstattete nach der Rückkehr dem Reichskanzler schriftlich Bericht: „Der Anblick der Küste war wenig einladend. Eine felsige Wüste ohne Vegetation . . . Schon beim Einlaufen in die Bucht des Herrn Lüderitz hatte ich durch mein Fernglas den Besitzer am Fenster einer Holzbude beim Anziehen beobachten können."

Lüderitz sei, mit einer Mappe voll Aktenstücke bewaffnet, an Bord gekommen und hätte ausführlich über seine Erfolge und Absichten berichtet. Er, Ascheborn, habe bei dieser Gelegenheit festgestellt, daß die Karte des Lüderitz-Besitzes falsch sei: „Lüderitz hatte statt der in den Kaufdokumenten festgesetzten geographischen Meilen [7,4 Kilometer] nur englische Meilen [1,6 Kilometer] in den Zirkel genommen. ‚Dann gehören mir ja auch noch die Kupferminen in den Nau-Bergen', rief Herr Lüderitz hocherfreut und umarmte mich voll Seligkeit!"

Die Eingeborenen fühlten sich übers Ohr gehauen, doch ihre Proteste halfen nichts. Die Deutschen beanspruchten nun ein viermal so großes Gebiet, als die Eingeborenen verkauft zu haben glaubten. Adolf Lüderitz war überzeugt, daß ihm sein unverhofft vervielfachter Landbesitz in Afrika unermeßlichen Reichtum einbringen werde.

Am 19. April 1884 wurde er von Bismarck zur Audienz in der Berliner Reichskanzlei empfangen. Lüderitz berichtete seinem Statthalter Heinrich Vogelsang nach Südwestafrika: „Fürst Bismarck leerte mit mir eine Flasche Spatenbräu auf das fernere Gedeihen meines Unternehmens und war höchst liebenswürdig gegen mich . . . derselbe versicherte mich seines und des Reiches ausgedehntesten Schutzes."

Mit Bibel und Gewehr: Der Missionsinspektor Dr. Schreiber vor einer Eingeborenenhütte in Südwestafrika

Fünf Tage später, am 24. April 1884, schickte der Reichskanzler ein Telegramm an die deutsche Botschaft in London: „Zufolge Berichts des Kommandanten S.M. Kbt ‚Nautilus' und weiterer Nachrichten aus Kapstadt bezweifeln die dortigen Behörden, daß die Landerwerbungen u. Geschäfte des Herrn Lüderitz nördlich vom Orange Fluß auf den Schutz des Reiches Anspruch haben. Ich habe deshalb den Kais. Konsul in Kapstadt telegraphisch angewiesen, amtlich keine Zweifel darüber zu lassen, daß dies der Fall ist."

Mit dieser Depesche begann die Kolonialpolitik des deutschen Kaiserreiches. In Deutschland brach Jubel aus, vor allem unter den Mitgliedern und politischen Sympathisanten der Kolonialvereine. Bei den Abgeordneten der Zentrumspartei und bei den Sozialdemokraten dagegen löste der Eintritt des Reiches in die Reihe der Kolonialmächte Ablehnung, ja offene Empörung aus. Der Sozialdemokrat Wilhelm Liebknecht rief Bismarck im Reichstag zu: „Sie exportieren einfach die soziale Frage! Sie zaubern vor die Augen des Volkes eine Art Fata Morgana in den Sand Afrikas!"

Der Sozialdemokrat hatte den preußischen Junker durch-

Diamantenfieber in „Deutsch-Südwest": Auf den Knien und mit der Lupe vor den Augen suchen deutsche Kolonisten im Wüstensand nach Edelsteinen. Ausgelöst wurde der Boom durch den schwarzen Gehilfen des Bahnbeamten August Strauch, der neben einem Schienenstrang den ersten Diamanten entdeckt hatte

schaut. Bismarck nutzte die nationale Begeisterung, um von den drängenden sozialen Problemen im Innern abzulenken und die Forderung der Arbeiter nach mehr politischen Rechten zu ersticken.

Der Reichskanzler ergriff die günstige Gelegenheit: Er schickte das Kanonenboot „Möve" mit dem Sonderbeauftragten Generalkonsul Gustav Nachtigal, einem berühmten Afrikaforscher, in geheimer Mission nach West- und Südwestafrika. Im Laderaum stapelten sich Fahnenstangen und -tücher, aber auch Gewehre und Schießpulver.

Nachtigal sollte überall dort, wo inzwischen deutsche Kaufleute um Reichsschutz für ihre Handelsniederlassungen gebeten hatten, die deutsche Flagge hissen. „Von nun an", so Bismarck, „haben alle deutschen Kaufleute und Unternehmer Anspruch auf Schutz ihrer Tätigkeit, ihrer Erwerbungen und ihrer Niederlassungen, die auf bisher herrenlosem, von keiner anderen Macht beanspruchtem Lande liegen." Das hieß, von keiner anderen europäischen Macht – denn die Eingeborenen wurden nicht als „Herren" angesehen.

In den nächsten Monaten und Jahren gründeten Kaufleute, Siedler und Abenteurer eine deutsche Kolonie nach der anderen. Auf mehr oder weniger fragwürdige Weise wurden sogenannte „Schutzverträge" zwischen Deutschen und Eingebore-

nen in Afrika und Asien abgeschlossen. Die dunkelhäutigen Vertragspartner konnten meist nicht lesen und schreiben und schon gar nicht verstehen, was es bedeutete, wenn sie sich „auf ewige Zeiten" unter den „Schutz" des ihnen völlig unbekannten deutschen Kaisers stellten. Sie sollten ja nur ein „X" auf ein Stück Papier malen oder ihren Daumen darauf drücken.

Nach derartigen „Vertragsabschlüssen" folgte stets das gleiche Ritual der deutschen Machtergreifung: Flaggenhissung, Kanonendonner, ein dreifach kräftiges Hurra auf Kaiser und Vaterland. So geschah es am 5. Juli 1884 in Togo; am 14. Juli 1884 in Kamerun; am 7. August 1884 – diesmal mit des Kaisers ausdrücklichem Segen – in Südwestafrika; am 20. November 1884 auf Neuguinea; am 27. Februar 1885 in Ostafrika (dem heutigen Tansania); am 25. August 1885 auf den Karolinen-Inseln in der Südsee, am 15. Oktober 1885 auf den benachbarten Marshall-Inseln. (Endgültig nahm das Deutsche Reich erst im Juni 1899 nach einem Kaufvertrag mit Spanien von diesen Inselgruppen Besitz, denn die Spanier hatten erfolgreich ältere Eigentumsansprüche geltend gemacht.) Am 6. März 1898 schließlich kam – als „Pachtgebiet auf 99 Jahre" – das Kiautschou-Gebiet im Kaiserreich China dazu und dann am 1. März 1900 als letzte Kolonie das Südsee-Paradies Samoa.

Als Samoa deutsch wurde, war in Berlin der Lotse schon

längst von Bord gegangen: Der junge Kaiser Wilhelm II. und sein Reichskanzler Bismarck hatten sich 1890 im Streit getrennt. Zu unterschiedlich waren die Wege, auf denen sie Deutschland ins 20. Jahrhundert führen wollten. Wilhelm II. und seine neuen Berater sahen die fernen Inseln und Länder als Basis einer deutschen Weltpolitik. Sie träumten davon, eines Tages das Britische Empire zu überflügeln. Bismarck war diesem Wahn vom deutschen Weltreich nie erlegen. Er hatte die Kolonien kurzfristig für seine Innen- und Europapolitik genutzt.

Als am Kongo ein Konflikt zwischen England, Belgien und Deutschland ausbrach, weil alle drei Nationen Besitzansprüche auf den wichtigen Schiffahrtsweg und das Land am Kongo-Ufer anmeldeten, war der deutsche Reichskanzler als Friedensstifter aufgetreten. Im November 1884 lud er Außenminister und andere Politiker von 14 Kolonialmächten zur sogenannten Kongo-Konferenz in die Reichshauptstadt Berlin ein. Unter Bismarcks Regie wurden fast alle Kolonial-Streitigkeiten beigelegt. Die Grenzen eines Kongo-Freistaates unter der Herrschaft des belgischen Königs wurden festgeschrieben, Freihandelszonen für Zentralafrika beschlossen, Richtlinien für den Schiffsverkehr auf den Flüssen verabschiedet und schließlich mit dem Lineal Grenzen gezogen, ohne Rücksicht auf traditionelle Stammesgebiete. Die Ergebnisse der von Bismarck geleiteten Konferenz wurden in der sogenannten „Kongo-Akte" festgehalten. Noch heute sind viele der damals in Berlin markierten Linien auf der Landkarte Zentralafrikas gültige Staatsgrenzen der inzwischen unabhängig gewordenen Länder.

Pastor Witboi, ein Urenkel des legendären „Hottentotten"-Häuptlings, ist heute einer der Führer der Volksbewegung Swapo, der Southwest Africa Peoples Organisation, in Namibia

Besonders großzügig fiel später die endgültige Grenzziehung für das von Lüderitz gegründete Deutsch-Südwestafrika aus. Lüderitz wurde dennoch ein armer Mann. Geblendet von der Aussicht auf riesige Gewinne, investierte er sein ganzes Geld in immer neue Expeditionen, Landaufkäufe und Probebohrungen – und verlor alles. Auch seine Mitarbeiter Karl Timpe und Heinrich Vogelsang gingen schließlich leer aus. Lüderitz mußte, als er schließlich völlig verschuldet war, seinen Besitz und alle Rechte einem Firmenkonsortium verkaufen. Er erhielt 500 000 Reichsmark und einen Anteil von zehn Prozent an der neugegründeten „Deutschen Kolonial-Gesellschaft für Südwestafrika".

Aber der Bremer Kaufmann gab noch immer nicht auf. Auch diesen Verkaufserlös steckte er auf der Suche nach Metallen und Edelsteinen in den Sand der Namib-Wüste. Im Oktober 1886 wollte Adolf Lüderitz zusammen mit einem Gefährten in einem kleinen Boot das Ufer an der Mündung des Oranje-Flusses erkunden. Er geriet in einen Sturm. Sein Boot kenterte und trieb an Land zurück. Seine Leiche blieb verschollen.

Zwei Jahrzehnte später wurde unweit des Unglücksortes eines der größten Diamantenvorkommen der Welt entdeckt.

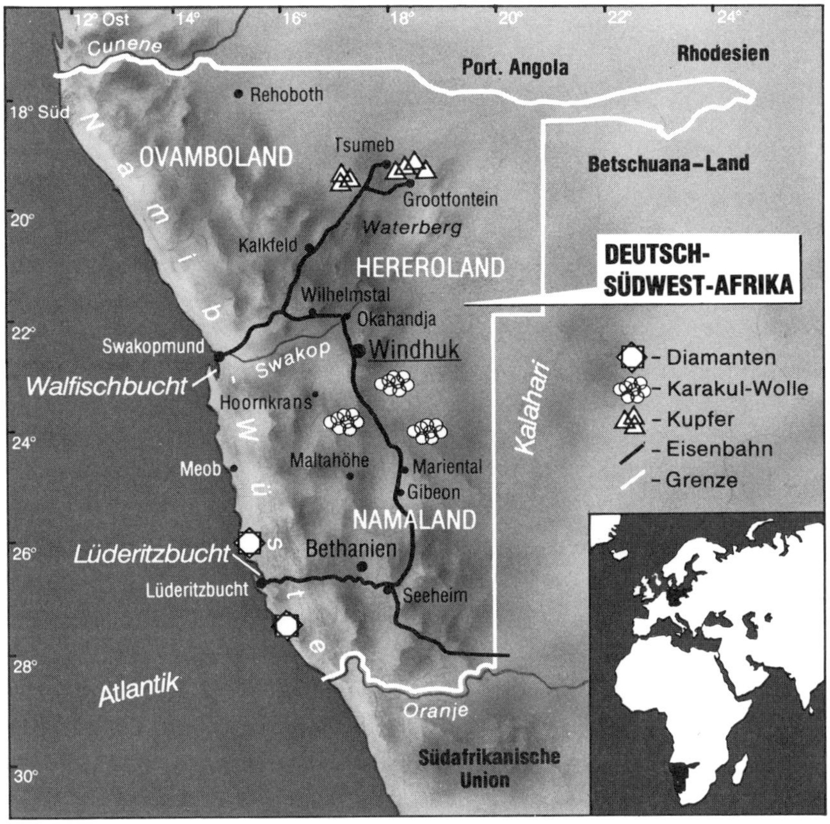

Südwestafrika damals – Namibia heute

Südwestafrika, das heutige Namibia, ist dreimal so groß wie die Bundesrepublik. Von den heute 1,07 Millionen Einwohnern sind rund 30 000 deutscher Herkunft

Mitte des 19. Jahrhunderts Ankunft der ersten weißen Missionare. 1883 erster Landerwerb durch den Bremer Kaufmann Lüderitz. Seit 1884 deutsches Schutzgebiet. Bevölkerungszahl: 200 000 Schwarze (Namas, Damaras, Hereros, Bondelswarts, Ovambos) und 19 000 Weiße. 1893/94 schlagen die Deutschen den Aufstand der „Witbois", 1904/05 den der Hereros blutig nieder. Im Ersten Weltkrieg Niederlage der Deutschen gegen Südafrikaner (1915). 1919 offizielles Ende der deutschen Kolonialherrschaft. Ein Jahr später wird Südwestafrika von dem gerade gegründeten Völkerbund als Mandatsgebiet an die Südafrikanische Union gegeben.

Seit 1956 kämpft die einheimische Widerstandsorganisation Swapo für Unabhängigkeit und freie Wahlen. 1966 fordert die Uno Südafrika vergeblich auf, dem Land die Selbständigkeit zu gewähren. Seit 1968 heißt Südwestafrika offiziell Namibia (nach der Namib-Wüste). 1971 wird Südafrikas Herrschaft von der Uno für illegal erklärt. Dagegen organisiert Südafrika 1975 in der alten deutschen Turnhalle von Windhuk die sogenannte „Turnhallen-Allianz" – eine scheindemokratische Verwaltung, an der zwar alle Bevölkerungsgruppen Namibias beteiligt werden, Südafrika aber den entscheidenden Einfluß behält. Die Swapo wird von der Turnhallen-Allianz ausgeschlossen, freie Wahlen werden nicht zugelassen. Ein Jahr später erkennt die Uno die Swapo als einzige rechtmäßige Vertretung der Bevölkerung von Namibia an. Aus Protest gegen den immer stärker werdenden Druck Südafrikas tritt im Januar 1983 der Turnhallen-Vorsitzende, der Weiße Dirk Mudge, zurück. Seitdem werden die 1,07 Millionen Einwohner Namibias (über 900 000 Schwarze, 120 000 Mischlinge, 90 000 Weiße, darunter etwa 30 000 Deutsche und Deutschstämmige) wieder von einem südafrikanischen Generaladministrator regiert.

Wirtschaftlich lebt Namibia vor allem von seinen Bodenschätzen (Diamanten, Kupfer, Blei, Uran) und der Viehzucht (Rinder, Karakulschafe). 16 Prozent der erwerbsfähigen Einwohner sind arbeitslos.

Seit etwa zehn Jahren führen bewaffnete Kader der Swapo ihren Unabhängigkeitskampf auch von Basen in den benachbarten Staaten Angola und Sambia (früher Nordrhodesien) aus. Südafrika hat inzwischen seine Truppen in Namibia auf 15 000 Mann verstärkt. Immer häufiger kommt es zu Gefechten mit schweren Verlusten auf beiden Seiten. Eine Lösung des Namibia-Konflikts ist nicht abzusehen.

DOKUMENTE ZUR GESCHICHTE VON DEUTSCH-SÜDWEST

Eingabe von Adolf Lüderitz an das Auswärtige Amt der deutschen Reichsregierung vom 22. April 1884.

*„Bitte ergebenst, mein Besitzthum unter Reichsschutz stellen zu wollen"**

Hohes Kaiserliches Auswärtiges Amt! Da ich documentarisch nachgewiesen habe daß ich rechtmäßiger Besitzer des, an der Südwestküste Africas gelegenen, Gebietes vom 26° südl. Breite bis zum Orangeflusse, incl. 20 geogr. Meilen Inland von jedem Punkte der Küste ab gemessen, so wie der, innerhalb der Dreiseemeilen Zone liegenden, Inseln Felsen und Riffe geworden bin, und da ferner sich ergeben hat, daß keine berechtigten Ansprüche Dritter an dieses Gebiet existiren, so bitte ich nunmehr ganz ergebenst, besagtes Gebiet als mein wohlerworbenes Besitzthum officiell von Reichswegen anerkennen und unter Reichsschutz stellen zu wollen.

Um bisherigen Übergriffen kapländischer Firmen ein rasches Ende zu machen, bitte ich, dem deutschen Konsul in Cape Town telegrafisch zu befehlen, dem Gouverneur der Capecolony hiervon Mittheilung zu machen und außerdem eine diesbezügliche Bekanntmachung in den amtlichen Kapzeitungen (Cape Times und Cape Argus) sowie in der deutschen Kapzeitung zu erlassen.

Da ich bereits Order gegeben habe, noch weitere Küstengebiete, in Anschluß an mein jetziges Besitzthum, käuflich zu erwerben, so darf der deutsche Konsul in Cape Town aber keine Grenzen angeben für das Gebiet auf welches der Reichsschutz sich erstreckt, sondern nur bekannt machen:

das von Lüderitz erworbene Gebiet nördlich vom Orangeflusse. u.s.w.

Was den Schutz selbst anbelangt, so bitte ich um recht baldiges und möglichst oft zu wiederholendes Erscheinen eines deutschen Kriegsschiffes an meiner Küste, welche jetzt bereits ca 45 deutsche Meilen lang ist, demnächst aber, wenn zu ermöglichen, ca 90 deutsche Meilen lang sein wird . . .

Da, selbstredend, das ganze Besitzthum möglichst germanisirt wird, so werden womöglich nur deutsche Reichsangehörige Anstellung finden und deutsche Gesetze für dieselben bindend sein, zu welchem Zwecke ein deutscher Richter angestellt wird.

Für die Eingeborenen können die bestehenden Namaqua Gesetze (Prügelstrafen) in Kraft bleiben, vielleicht mit der Abänderung daß stattdessen auch auf Zwangsarbeit (wie in der Capecolony) erkannt werden kann.

Diese Strafe wäre auch in besonderen Fällen auf Weiße anzuwenden und hätte sich nur auf öffentliche Bauten, wie Wege, Hafenanlagen u.s.w. zu erstrecken.

Um den Gesetzen Nachdruck zu verschaffen wird für passendes Polizeipersonal gesorgt, welches, wenn möglich, unter den Befehl eines deutschen Officiers gestellt wird.

Um Schmuggel, Raub u.s.w. an der Küste zu verhindern, werde ich ein Schiff daselbst in Fahrt halten, welches deutsche Bemannung hat und derartig bewaffnet ist, daß es nöthigenfalls Gewalt anwenden kann. Der Hauptsitz der Localverwaltung in diesem Gebiete wird in Angra Pequena sein (welcher Name, ebenso wie die englischen Namen der übrigen Häfen, Bayen, Inseln u.s.w. in deutsche Namen umgeändert werden soll) und werden von dort aus die sämmtlichen übrigen Stationen administrirt werden. Das Hauptbu-

* Da die Dokumente im Original abgedruckt sind, differiert die Schreibweise häufig von der des Buchtextes.

reau für das ganze Unternehmen bleibt in Bremen, wo alle Fäden zusammenlaufen.

Was nun den Abschluß eines Vertrages zwischen Deutschland und Namaqua Häuptlingen anbetrifft, so erlaube ich mir folgende Bemerkung zu machen:

Der Häuptling Josef Fredricks von Bethanien weiß durch mich und meine Angestellten wie mächtig Deutschland jetzt ist, und daß ohne Deutschlands Genehmigung nichts Wichtiges passieren darf.

Er muß es deßhalb als eine große Gnade ansehen daß S Majestät von Deutschland ihm einen Vertrag anbietet und darf der Kaiserliche Kommissar ihm ja keine zu große Meinung von der Wichtigkeit seiner Häuptlingswürde beibringen. Er würde dann höchstwahrscheinlich hochmüthig und vielleicht sogar intractabel werden.

Es könnte ja nun der Fall eintreten daß es wünschenswerth würde, ganz Groß-Namaqualand bis zum Großen Fischflusse im Osten, wo die besten Weidegründe und Gewässer sich befinden, und dem Kuisip- resp. dem Taoaxant Flusse im Norden (ca 23° südl. Br.) wo kolossale Kupfer- und andere Erzlager sind, zu erwerben, oder durch Verträge uns dort eine maßgebende Stellung zu sichern.

Deßhalb müßte der Vertrag mit dem Häuptlinge von Bethanien, Josef Fredricks, und womöglich auch mit den nächstmächtigen Häuptlingen: Jacobus Isaac von Bersaba, Mozes Wittboi von Gibeon, Andries Lambert, und Jan Jonker Africaner keine Gebietszusicherungen für dieselben enthalten, sondern hauptsächlich die Rechte der Deutschen in dem ganzen Gebiete sichern und den Häuptlingen die Verpflichtung auferlegen, ihr Gebiet ohne Zustimmung der deutschen Regierung an keine andere Nation abzutreten.

Ich habe Order gegeben obige Häuptlinge nach Bethanien einzuladen und hoffe daß es durch reichliche Geschenke ermöglicht wird sie dazu zu bewegen daß sie die Reise (für meine Kosten) machen und bei Ankunft des Kaiserlichen Kommissars in Bethanien anwesend sind. Was die Erhebung von Zöllen und Hafenabgaben für mein Gebiet betrifft, so möchte ich Einem Hohen Amte hierfür keine Vorschläge machen ehe ich nicht weiß wie ich gestellt werden soll.

Ein Hohes Amt wird am Besten beurtheilen können durch welche Maßregeln der Import Deutscher Industrieerzeugnisse daselbst erleichtert und derjenige anderer Länder, besonders Englands, als schlimmsten Concurrenten, möglichst erschwert werden kann.

Ohne das mir zustehende Recht, Zölle und Hafengelder zu erheben, kann ich in Namaqualand mit meinen deutschen Waaren nicht gegen die billigeren englischen concurriren und bitte deßhalb so dringend wie ergeben mir auf irgend eine Weise dieses Recht zuzugestehen.

Ich habe die Ehre zu verharren Eines Hohen Amtes

ganz ergebenster

F.A.E. Lüderitz.

Das Telegramm, das Kolonial-Geschichte machte

Telegramm Bismarcks an die deutsche Botschaft in London mit dem Auftrag, die für die Kap-Provinz in Südafrika zuständige britische Regierung darüber zu informieren, daß die Besitzungen von Adolf Lüderitz in Südwestafrika unter den Schutz des Deutschen Reiches gestellt worden sind. Mit dieser Schutz-Zusage begann offiziell die deutsche Kolonialpolitik.

Berlin, den 24. April 1884. Deutsche Botschaft London. Zufolge Berichts des Kommandanten S.M. Kbt „Nautilus" und weiterer Nachrichten aus Kapstadt bezweifeln die dortigen Behörden, daß die Landerwerbungen u. Geschäfte des Herrn Lüderitz nördlich vom Orange Fluß auf den Schutz des Reiches Anspruch haben. Ich habe deshalb den Kais. Konsul in Kapstadt telegraphisch angewiesen, amtlich keine Zweifel darüber zu lassen, daß dies der Fall ist.

Ew. ersuche ich Lord Granville hiervon zu benachrichtigen. gez. vB

Auszüge aus Tagebuch-Aufzeichnungen von Heinrich Vogelsang über die amtliche deutsche Flaggenhissung in Südwestafrika und über eine Expedition zum Häuptling des Herero-Stammes vom Frühjahr 1885.

„Jetzt wurde ein Schutz- und Trutzbündniß abgeschlossen"

Was für Arbeit und zugleich Sorgen das Landen der Waaren und Baumaterialen aber gemacht hat, kann kein Mensch begreifen, der nicht in ähnlicher Lage gewesen. Die Schiffsmannschaft war wohl so engagirt, daß sie am Lande mit zu arbeiten hatte, was sie ja auch wacker gethan hat, aber wie mußten wir daran glauben, Keiner von uns war solche Arbeit gewohnt! Den ganzen Tag in der Hitze und zuweilen schrecklichem Winde, entweder bis an die Schulter im Wasser stehend oder unter der Last der schweren Balken, Ballen und Kisten keuchend, sie an Ort und Stelle bringend. Die Nachwehen blieben aber auch nicht aus, mit so vielem Opfermuth sie auch alle im Anfange bei der Sache gewesen waren, die schwere und ungewohnte Arbeit zeitigte doch sehr bald mürrische Gesichter. Die Strapazen waren wirklich zu groß und jeder konnte wohl den Muth verlieren. Wäre ich damals nicht noch voll von Jugendübermuth gewesen, ich glaube nicht, daß ich die mir gestellte Aufgabe so gelöst hätte, wie ich sie gelöst habe. Ich bin überzeugt, ich hätte nur krank zu werden brauchen oder den Muth sinken lassen, sofort wäre eine Verwirrung entstanden. Dann hatten wir keinen Koch, dazu nur sehr wenig Wasser und kein frisches Fleisch, jeder wird sich danach seine Ansicht machen können wie unsere Küche aussah . . .

Ende Oktober (1884) kam der Generalkonsul Dr. Nachtigal, ich machte dann die Reise nach Bethanien mit ihm, auf dieser Reise begleitete uns auch Graf Spee, Unterl. z.S. 7 Tage nach unserer Abreise von Angra erreichten wir Bethanien und dauerte es nicht lange, da kam auch schon der Häuptling von Bethanien, der Capitain Joseph Fredericks zu dem Generalkonsul und bat um den Schutz des deutschen Reiches für sein Land. Der Schutz wurde ihm zugesagt, jetzt wurde ein Schutz und Trutzbündniß abgeschlossen und als Zeichen der offiziellen unter Schutzstellung die deutsche Reichsflagge gehißt. Wir begaben uns jetzt nach Angra Pequena zurück, auf Fort Vogelsang konnten wir uns nun noch einige Tage ausruhen, die „Möve", welche nach Capstadt gegangen war, war noch nicht von dort zurück, doch sollte unsere Ruhe nicht von langer Dauer sein, nach einigen Tagen lief die „Möve" in Angra ein und der Generalkonsul und Graf Spee, Herr Prescher, ein junger Steiger, welchen ich zu meiner Begleitung auserwählt hatte und ich, begaben uns an Bord, um vorerst nach Walfish Bay, dem Hafen von Damaraland zu fahren.

Hier treffen wir die Expedition Höpfner, eine Expedition unter Leitung des Herrn Dr. Höpfner, welche von Herrn Lüderitz herausgesandt worden war, um Verträge mit dem Herrero od. Damara Häuptling Kamaherrero abzuschließen. Herr Dr. Höpfner, welcher schon früher die Bekanntschaft Kamaherrero's gemacht hatte, glaubte, es liege in seiner Macht, Verträge mit demselben abzuschließen, er hatte sich jedoch bitter getäuscht, nicht allein war er nicht imstande Verträge mit Kamaherrero abzuschließen, sondern wurde von demselben noch 10 Tage in der Residenzstadt von Damaraland, Okahandja, gefangen gehalten . . .

Lt. Auftrag des deutschen Reiches, zum provisorischen Konsul und Vertreter der deutschen Regierung ernannt, unternahm ich die Reise nach Walfish Bay um eventuell die Reise nach Okahandja anzutreten. In Walfish Bay wurde ich von allen dort Ansässigen abgerathen die Reise anzutreten, doch da Höpfner nichts ausgerichtet hatte, beharrte ich bei meinem Entschluß, welchen ich im December ausführte.

Gleich nach unserer Ankunft machten der Generalkonsul und ich und einige Herren zur Begleitung, eine Tour nach Reibank, ca 10 engl. Meilen von Walfish Bay, um mit dem dortigen Häuptling, Piet Haibib, einen Vertrag abzuschließen, dieses gelang uns denn auch.

Im December trennten wir uns, Nachtigal, um mit der „Möve" nach Camerun zu fahren und ich sobald die für mich bestimmten Ochsen angelangt seien, nach Okahandja zu fahren. Es war das letzte Mal, daß ich den Generalkonsul sah, von seiner Reise nach Camerun ist er nicht mehr nach Deutschland zurückgekehrt, er starb, wie bekannt, am Fieber. Deutschland hat viel mit ihm verloren, einen besseren Streiter für die Colonialpolitik gab es wohl nicht.

Im Dezember trat ich nun meine Reise per Ochsenwagen nach Okahandja an, nach einer beschwerlichen Reise von 10 Tagen erreichten wir Otjimbingue, die erste Missionsstation, (und ich muß gestehen, ich hatte Nachts doch zuweilen böse Angst, der Leser wird mir dieses nicht verdenken können, wenn er in Betracht zieht, daß ich nach allen Nachrichten, welche ich vor dem Antritt dieser Reise bekommen hatte, in Damaraland ermordet werden sollte).

Hier wurde für einige Tage Rast gehalten, neue Ochsen eingehandelt und dann gings weiter, über Otjikango (Missionsstation) nach Okahandja, welches wir nach einer 4tägigen Tour glücklich erreichten. In Okahandja wurden wir von dem Missionar Diehl recht freundlich empfangen.

Leider waren mir die Engländer (Capregierung) bei Kamaherrero zuvorgekommen und konnte ich keinen Vertrag mit ihm mehr abschließen, wäre ich früher gekommen, ich bin überzeugt, daß mein erster Besuch, auch mit dem Abschluß des Vertrages gekrönt worden sei. Wie aber dem auch immer war, Kamaherrero machte mich nicht, noch ließ mich todt machen, ich parlamentirte mich aus allen Schwierigkeiten heraus und Kamaherrero wurde mein guter Freund. Als ich fortging, bat er mich noch einige Tage zu warten, er habe für Schlachtochsen geschickt, welche er mir mit auf den Weg geben wollte, als ich ihm erklärte, es sei unmöglich für mich, noch länger zu warten, sagte er, dieses thue ihm sehr leid, auf meinem Wege habe er jedoch eine Kleinvieh-Heerde (Schaafe und Ziegen) und sollte ich dann wenigstens einige davon mitnehmen; die Heerde liege nicht ganz am Wege, er wolle jedoch gleich einen Mann vorausschicken und möchte ich dann an der und der Stelle so lange warten, bis der Mann mit dem Vieh ankäme. Kamaherrero gab mir auch einen Brief an unseren Kaiser mit, worin er erklärte, die vor mir gekommen seien, waren Männer der Nacht, ich aber ein Mann des Tages und des Friedens. So habe ich schon damals den Grundstein des späteren Vertrages gelegt, und dieses wird noch ersichtlicher durch einen Brief Kamaherreros an mich, welchen ich einige Monate später in Angra Pequena erhielt. Kamaherrero bat mich in diesem Briefe, wieder nach Okahandja zu kommen, er wolle mit mir den Vertrag abschließen.

Dr. Göring reiste dann später nach Okahandja und schloß den Vertrag mit Kamaherrero ab.

Mitte Februar (1885) kam ich dortselbst (Angra Pequena) glücklich wieder an. Unterwegs habe ich noch mit verschiedenen Häuptlingen Verträge abgeschlossen und war ich in dieser Beziehung überhaupt immer sehr glücklich gewesen. Nicht so glücklich war ich mit dem Handel gewesen, doch war dieses nicht meine Schuld, sondern die Beschaffenheit des Landes erlaubt kein Aufblühen eines Geschäfts. Das ganze Augenmerk mußte dem Bergbau zugewandt werden und nur wenn abbauwürdige Minen gefunden waren und das Hinterland mit der Küste durch eine Bahn verbunden werden konnte, durfte man an ein Aufblühen des Handels denken.

Briefe, die Adolf Lüderitz aus Südwestafrika an seine Frau Emmy, geborene von Lingen, nach Bremen schickte. Das Schreiben vom 19. Oktober 1886 ist das letzte Lebenszeichen des Koloniengründers.

„Dieser Wisch geht per Boten nach Capstadt"

Bethanien 29. Aug 86. Herzens Emmy! Ich schrieb Dir zuletzt vom 28. Juli von Aus und bin noch immer ohne Briefe von Bremen. Da ich morgen zum Orangeflusse abreise, wohin mir keine Briefe nachgesandt werden können, so werde ich wohl überhaupt keine Briefe von zu Hause mehr bekommen bis daß ich auf der Rückreise wieder in Aus anlange, also in einigen Monaten. Bislang kann ich nur Günstiges berichten, was unsere Gesundheit anbelangt . . . In Aus blieben wir bis zum 16 August, wo die vorläufigen Untersuchungen auf verschiedenen Kupferstellen beendet waren. Steingröver sammelte unterdessen Thiere und Pflanzen und ich besuchte die Umgegend wo unser Vieh weidet etc etc. Kurz an Beschäftigung fehlte es nicht und die Jagd lieferte manchen guten Braten. Zu Flicken und Reparieren gab es täglich.

Am Montag d 16. Aug reisten wir von Aus ab, begleitet von Müller und Heßlein bis Dunkelwerden, wo wir Abendessen kochten. Die Karavane bestand aus 2 Wagen, 40 Zugochsen, 5 Packochsen, 4 Pferden, 13 Schafen und Ziegen zum Schlachten, 1 Hündin (Katti) mit 1 Jungen (Nero) der noch saugt, und 12 Mann. Ein Engländer, Mr Rickerts, mit 240 Pfd. schwerer fideler Frau und Sohn, war einige Tage in Aus gewesen, damit seine Ochsen sich dort erholen konnten. Dieser blieb ebenfalls mit seinen 2 Wagen etc neben uns und bog dann nach Norden zu ab. Nachts fuhren wir durch und konnten im Wagen ziemlich gut schlafen, weil der Weg nicht sehr steinig ist. Morgens 7 am 18. Aug kamen wir in Guibes an und kampirten im alten Hause daselbst. Steingröver und ich schossen Papageien, Tauben etc.

19. Aug ritten wir zum Matjes Revier. Da wir nicht wußten ob wir unterwegs Wasser finden würden, so nahm ich 2 Packochsen, und Lazarus als Treiber derselben, mit. Die Ochsen trugen 6 Wasserbeutel, 1 Sack mit 1/2 Ziege, 1 Sack Cakes, Kaffee, Thee, Zucker etc und unsere Decken. Es war eine Reise an die wir denken werden. Bei prachtvollem Wetter haben wir Wege mit unseren Thieren gemacht die kaum ein Mensch gangbar halten würde . . . Nachts kampirten wir unter einem großen Baume.

Am 20ten Aug Abends kamen wir vor einen Berg der zu übersteigen war, um in's Matches Thal zu kommen. Die Ochsen und Pferde verweigerten ihn zu erklettern und ich und Iselin hatten unsere Noth um nur hinauf zu kommen, so steil und felsig ging es hinauf. Wir kletterten also, da die Thiere nicht mit konnten, wieder herunter, schliefen Nachts zwischen Büschen ganz famos und ließen die Thiere bei uns grasen.

Aug 21 Morgens 7 . . . Ich ritt mit den Pferden, Lazarus und den Ochsen zum Langrevier . . . Unterwegs sah ich die ersten großen Paviane auf einem hohen Berge. Ich schoß eine Kugel nach ihnen, traf aber, der weiten Entfernung wegen, nicht . . .

Aug 25 Morgens früh ging ich mit Steingröver auf Jagd, d.h. auf Mord. Die Tauben und Rebhühner kommen bei Tausenden an die Quellen. Wir machten uns 2 kleine Schießstände für die folgenden Tage. Der Garten ist sehr schön in Ordnung. Weizen, Gerste, Blumenkohl, Steckrüben, Kohlrabi steht famos. Feigen und Wein treiben bereits und viele Pflanzen blühn. Einige 2 jährige Weinstöcke haben schon etwas getragen. Der ganze Garten kann, von der Quelle bei demselben aus, durch kleine Kanäle berieselt werden und hat Körber wirklich fleißig gearbeitet. Pastor Bam kam zum Besuch. Er war am Abend vorher ebenfalls gekommen von einer Reise, mit Frau und 4 kleinen Kindern, per Ochsenwagen nach Hoaraves.

Aug 26 Morgens zum Schießen gegangen. Ich schoß mit 3 Schüssen 17 Kelkewags (Rebhühner) Steingröver 7 Tauben und 6 Kelkewags und so gingen wir um 1/210 nach Haus zurück. Nachher bekam ich Besuch von Bethaniern und ging dann zu Bam.

Aug 27 ritt ich mit Körber zu den Viehstationen wo die ca 300 Thiere in gutem Stande sind, da sie reichlich Gras und Wasser haben. Nachher empfing ich Besuche von Bethaniern. Steingröver litt an Arsenikvergiftung und nahm dagegen 5 Tropfen Crotonöl und Milch . . . Ich habe stets zu thun, dann ist dies und dann das zu repariren. Steingröver und Iselin haben ihre Beschäftigten und ich sorge für's allgemeine Beste.

Wir haben an einzelnen Tagen 8 Stunden geritten, ohne das uns die Beine weh thaten und befinden uns Alle höchst wohl. Braun sind wir und die Hände sehen scheußlich aus, aber Essen und Schlafen bekommt uns ausgezeichnet. Iselin photografirte fleißig und wirst Du später die Bilder bekommen.

Joseph Fredricks ist in Berseba als Schiedsrichter und kommt erst in einigen Wochen zurück. Ich denke in ca 2 Monaten wieder Hier zu sein und werde ihn dann sehen und sprechen.

Die Sonnenfinsterniß war nur parziell statt total. Händler hatten den Eingeborenen gesagt, es würde 8 Tage lang stockdunkel werden und so hatten sich viele derselben Feuerholz in Haufen gesucht und Viehkraals gebaut. Ich sagte ihnen vorgestern, es wäre Mumpitz, und heute Abend kamen schon einige und freuten sich daß ich Recht gehabt hätte. Auf die Tour zum Orangeflusse, welche ich morgen früh beginne, nehme ich, für den Fall wir kein Wild genug treffen sollten, 50 Hammel und Ziegen mit, welche Körber aus der hiesigen Heerde von 283 Stück aussuchte. Wir können, mit 12 Mann, 3 Monate damit aus, da alle 2 Tage ein Hammel geschlachtet wird. Der Koch Freudenberg kocht und brät sehr gut und Du solltest uns mal essen sehen. Unsere Pferde laufen gesattelt neben dem Wagen her und so können wir jederzeit reiten, fahren oder gehen. Leider haben alle meine Strümpfe Löcher und so ist das Marschiren unbequem. Die Stiefel sehen scheußlich aus, da das Leder von den Steinen zerrissen ist. Sohlen werden von Ochsenhaut untergenäht und das geht ganz gut.

An Dich und die Anderen denke ich täglich und spreche auch von Euch . . . Hoffentlich seid Ihr Alle wohlauf. Heute Abend sprach ich noch von Euch mit Bam, daß Ihr nun wohl Kegeln würdet . . . Also Adios für Heute! Herzlichste Grüße an Alle und Dich und die Jungens besonders

von Deinem treuen Adolf.

Aries Drift 19. Oct 86. Herzens Emmy! Nach glücklicher Reise kamen wir Hier vorgestern an.

Der Orange Fluß ist hübsch und romantisch, machte uns aber viel Arbeit, da wir 52 Stromschnellen von Nabas Drift bis Hier zu überwinden hatten. Wir, d.h. Iselin, Steingröver Hoskins und ich sind alle wohlauf, trotz der Strapatzen, die wir hatten. Hier können wir leider keinen Boten nach Aus bekommen um die Wagen zu holen . . . und so gehen Steingröver und ich morgen früh 6 Uhr allein ab nach Angra von wo ich ausführlich schreibe . . . Ich denke, ich werde in ca 8 Tagen in Angra sein . . . Gott sei Dank! daß wir Alle glücklich soweit kamen. Es war aber doch eine höchst interessante Reise. Kein Mensch hat den Fluß bis soweit befahren und die kleinen Boote haben sich famos bewährt . . . Nur Fische Vögel und Affen waren unsere Gefährten auf dieser Flußreise und am Fischflusse hatten wir Nachtbesuch von Flußpferden, die sich aber schleunig fort machten.

Hoffentlich seid Ihr Alle so wohl wie ich.

Gott schütze Euch und uns ferner.

Dieser Wisch geht p Boten über Port Nolloth nach Capstadt.

Herzliche Grüße an Alle von Deinem treuen Adolf.

Zeugenaussage des Eingeborenen Jan Toontjes, der Adolf Lüderitz als letzter lebend gesehen hat. Lüderitz ist vermutlich mit seinem Gefährten Steingröver vor der Mündung des Oranjeflusses mit seinem leichten Segelboot gekentert und ertrunken. Seine Leiche wurde nie gefunden.

„Er schwenkte sein Taschentuch, sagte aber nichts"

Stempel: Resident Magistrate's Office, Port Nolloth. 12 Mar. 87. Zu Port Nolloth den 12. März 1887 erschien Jan Toontjes und nachdem vereidigt, bezeugte:

Ich bin ein Bruder von William Toontjes, wohne bei Kort Dorn und diene dem Karl Brandt als Hirte. Vor Neujahr befand ich mich an der Mündung des Oranje Flusses, wo ich bei meinem Bruder lebte. Vor Neujahr kam ein Canvas Boot den Fluß bis zur Mündung herunter. Es waren 2 Europäer drin. Ich half das Boot aus dem Wasser zu ziehen. Das Boot ist in 2 Teile auseinandergenommen und auf den Strand, nahe einer Hütte gelegt worden und übernachteten die beiden Europäer dort. Folgende Personen halfen am nächsten Tage, das Boot, Provisionen und Wasser nach Alexandra Bay tragen: Klaas Zwartbooy, Pieter Jantjes, Peet Zwartbooy, ich selbst und ein anderer Hottentott, dessen Namen ich nicht weiß. Wir entfernten uns am Abend und gingen den nächsten Morgen nach Alexandra Bay zurück, wo wir die beiden Europäer mit ihrem Boote noch vorfanden. Die Europäer kochten und aßen ihr Frühstück, sie schoben darauf das Boot bis ans Wasser. William Toontjes, Klaas Zwartbooy und ich rollten unsere Hosen auf, die Europäer bestiegen das Boot, wir stießen es ab, und ruderten dieselben dann nach See hinaus. Nachdem sie so ca. eine halbe Meile gefahren waren, zogen sie die Ruder ein, setzten Segel und steuerten westlich. Ich ging darauf die Küste entlang Port Nolloth zu, drehte mich häufig um und sah dem Boote nach bis es außer Sicht war. Zur Zeit wehte ein leichter südöstlicher Wind, die See war ruhig, gegen Nachmittag frischere Brise. Ich sah mir die Europäer an in Alexandra Bay. Der eine war ein großer Mann, er trug eine Kappe mit einem auf die Schultern hängenden weißen Überzug, weiße Corduroy Hosen, eine dunkle Tweed Jacke, schwarze Lederschuhe, und eine goldene Brille. Der Andere hatte ein dunkles Matrosenhemd, schwarze Hosen und lederne Stiefel an, er war nicht so groß wie Ersterer und hatte einen schwarzen Bart . . .

Die einzigen anderen Worte, die ich den Mann mit der Brille sprechen hörte, waren: „Sobald wir mit frühstücken fertig sind, wollen wir das Boot ins Wasser schieben." Die beiden Europäer sprachen miteinander, aber da ich die Sprache nicht kenne, konnte ich nichts verstehen. Die letzten Worte, die ich von dem Manne mit der Brille hörte, waren: „Ich werde in 15 Tagen dort sein", dies sagte er beim Kochen des Frühstücks. Weiter habe ich nichts verstanden. Im Boote schwenkte er nur sein Taschentuch, sagte aber nichts.

gez. Jan Toontjes. Zeichen X.
Zeugen: gez. John Müller, gez. M. Flanagan

2. KAPITEL

„WEHE, WENN SIE UNS IN DIE HÄNDE FALLEN"

Der große Aufstand gegen die deutschen Eindringlinge: Einheimische Schwarze wehren sich gegen die neuen weißen Herren – Der Kaiser schickt eine zehntausend Mann starke Schutztruppe nach Südwestafrika – Ein General führt einen Vernichtungskrieg gegen den aufständischen Herero-Stamm

Die Deutschen nehmen Rache an den Eingeborenen: Nach dem Aufstand der Hereros werden die halb verhungerten Überlebenden in Ketten gelegt und zur Zwangsarbeit getrieben. Die Gefangenen müssen beim Straßen- und Eisenbahnbau und in den Steinbrüchen arbeiten

Deutsche Soldaten während der Zeit des Herero-Aufstandes in „Deutsch-Südwest": Offiziere beim Bier und beim Kartenspielen während einer Kampfpause – General Schlieffen schreitet in Wilhelmshaven die Front neuer „Schutztruppler" ab, die nach Südwestafrika geschickt werden sollen – Deutsche Soldaten beim Hindernisrennen auf Kamelen, die von der Schutztruppe als Reit- und Lasttiere verwendet wurden – Offiziere der Schutztruppe in ihrem Lager auf dem 2200 Meter hohen Berg „Moltke-Blick" bei Windhuk

Fröhliche Feste und Hinrichtungen in den Kolonien: Pflanzer, Farmer und Offiziere mit ihren Damen, Angehörige der feinen deutschen Kolonialgesellschaft, beim geselligen Beisammensein unter Palmen – Ein deutsches Exekutionskommando erschießt am 12. Juni 1896 in Südwestafrika den Häuptling Nicodemus, der sich der Herrschaft der Deutschen widersetzt hatte

Sein Vater war von deutschen Missionaren auf den Namen „Moses" getauft worden. Er führte sein Volk und seine Herden aus dem sandigen Süden in den fruchtbaren Norden Südwestafrikas. Oft mußten die Männer, Frauen und Kinder der Hottentotten ihren Weg durch das Gebiet fremder Stämme erkämpfen. Bei einem dieser Kämpfe hatte Hendrik Witboi, Moses' Sohn und Nachfolger, seinen rechten Daumen verloren.

Dieser Verlust behinderte ihn beim Schießen kaum. Aber beim Schreiben fand der Federkiel nicht genügend Halt zwischen Zeigefinger und Mittelfinger, so daß oft Tintenkleckse seine Briefe verunzierten und seine Schrift zittrig wurde. Seine Worte jedoch waren fest und selbstsicher, Worte eines zugleich gottesfürchtigen und kriegerischen Mannes, der seine Freiheit bedroht sah, der nun sogar seine alten Feinde vor den neuen gemeinsamen Feinden warnte – vor den Deutschen.

Hendrik Witboi, der Häuptling der „Hottentotten", lieferte den militärisch überlegenen Deutschen erbitterte Gefechte, bevor er sich der Übermacht ergab

„Ich bin sehr ungehalten über Euch und alle Capitaine [Häuptlinge] von Namaland, die Ihr deutschen Schutz angenommen habt", schrieb Hendrik Witboi an den Häuptling Joseph David Fredericks von Bethanien. „Die Deutschen lassen sich nun in unserem Gebiet nieder und drängen uns ihre Gesetze auf . . . Sie verbieten den Menschen, denen diese Gebiete gehören, das freie Herumstreifen, verbieten ihnen freie Verfügung über ihr eigenes Land, ihre eigenen Weiden, ihr eigenes Wasser. Ich verstehe nicht, was Ihr Capitaine Euch dabei gedacht habt, als Ihr Euch unter den Schutz dieser Menschen stelltet?" Seine Konsequenz: „Ich fordere Euch auf, diese Verträge zurückzufordern." Der Brief ist datiert: „Hoornkrans, 27. Juni 1892".

Ähnlich bereitwillig wie der Briefempfänger hatten auch die Häuptlinge der anderen Eingeborenenstämme, der Hereros, der Bondelswarts, der Namas und der Swartbois große Gebiete verkauft. Schließlich war das von den Deutschen kontrollierte Land im Südwesten Afrikas eineinhalbmal so groß wie das Deutsche Reich geworden.

Acht Jahre vor Hendrik Witbois Aufruf zum Widerstand war das billig erworbene Land unter den Schutz des Kaisers und des Reiches gestellt worden. Sieben Jahre zuvor hatte Reichskanzler Bismarck den ersten Reichskommissar für „Deutsch-Südwest" ernannt, den Landgerichtsrat Dr. Heinrich Göring, Vater des späteren Nazi-Reichsmarschalls Hermann Göring.

Fünf Jahre zuvor waren die ersten Siedler und Bergingenieure ins Land gekommen und hatten den Boden nach Kupfer-, Silber- und Goldvorkommen untersucht. Mit deutscher Gründlichkeit wurden die ersten Gesetze und Verordnungen erlassen, die „Verordnung betreffend das Bergwesen", die „Bestimmungen über Zuchtviehhaltung", die „Lizenzverordnung für Waffen- und Munitionseinfuhr".

Um die Lebensverhältnisse und die aktuellen Probleme der einheimischen Bevölkerung kümmerten sich die auf schnellsten wirtschaftlichen Gewinn spekulierenden Deutschen nicht. Die traditionellen Stammesfehden allerdings störten bei der Besiedlung des Landes. Die Reichsregierung in Berlin hatte deshalb 1887 verkündet: „Es ist unsere Aufgabe als Kulturnation, die Wilden zu befrieden."

1889 war die erste Kaiserliche Schutztruppe in Lüderitzbucht gelandet, 21 Freiwillige unter dem Kommando des Leutnants Curt v. François, der bald zum Landeshauptmann von Deutsch-Südwestafrika ernannt wurde. Die Truppe wuchs schnell auf einhundert Mann an. Sie sollte den Krieg zwischen Hereros und Hottentotten beenden.

Überall im Lande ließen sich deutsche Händler nieder. Leute, die mit Ochsenwagen ins Landesinnere zogen und an die Eingeborenen Töpfe, Schnaps, Kleidung und Sattelzeug, Glasschmuck und Gewehre verhökerten, meist auf Kredit. Nach ein paar Monaten trieben die Deutschen die Schulden ein – mit Wucherzinsen und nicht selten mit dem Gewehr. Für einen Kochtopf verlangten sie ein Rind, für eine Flasche Schnaps bis zu zehn Hektar Land.

Stück für Stück besetzten die Deutschen den besten Boden, die fruchtbarsten Weideplätze, die lebenswichtigen Wasserstellen, die begehrten Grundstücke an den Flüssen.

Leutnant Hugo von François, Bruder und „rechte Hand" des ersten Landeshauptmanns Curt von François, gehörte zu den ersten 21 Freiwilligen der Schutztruppe

So hatten sich die Häuptlinge den Schutz durch die Deutschen nicht vorgestellt. Sie fühlten sich in ihrer Existenz bedroht und in ihrem Stolz verletzt. Besonders der Hottentotten-Häuptling Hendrik Witboi, der sich als einziger Stammesführer standhaft geweigert hatte, Verträge mit den Deutschen abzuschließen. „Macht es lieber wie ich, ich bin mein eigener Schutzherr und will das für mich und mein Volk auch bleiben", riet er den anderen Häuptlingen.

Er demonstrierte bei jeder sich bietenden Gelegenheit, wie wenig der Schutzzusage der Deutschen zu trauen war. So unternahm er einen Feldzug gegen den mit den Deutschen verbündeten Nama-Häuptling Manasse. Über das Ergebnis schrieb Witboi dem „Hochwohlgeborenen Herrn Kaiserlich Deutschen Kommissar Doktor Göring" sarkastisch:

„Ich bin zu Manasses Werft [Ansiedlung auf einem Hügel] gezogen, um diese zu vernichten. Alles Eigentum des Manasse habe ich ihm weggenommen, sein Hauptquartier, seine Wagen, sein Vieh und auch sein Land. Ferner habe ich auch die deutsche Fahne erbeutet, die Sie dem Manasse überreicht haben. Ich möchte jetzt gerne von Ihnen wissen, was ich damit anfangen soll, denn die Fahne ist eine fremdartige Sache für mich."

Derartige Demütigungen wollte der Statthalter des Kaisers nicht länger hinnehmen. Er beantragte eine Verstärkung der Schutztruppe. Die setzte sich – 214 Mann stark, hoch zu Roß und schwer bewaffnet – schließlich in Richtung auf die befestigte Werft Hoornkrans in Marsch, auf der sich Hendrik Witboi verschanzt hatte. Das war am 9. April 1893.

Der Mann, der die Deutschen das Fürchten lehrte, wirkte wie ein Ritter von der traurigen Gestalt: Hendrik Witboi war

Deutsche Maschinengewehrstellung auf einer Anhöhe bei Okahandja: Die primitiv ausgerüsteten Aufständischen hatten keine Chance gegen die moderne Militärtechnik

klein, hatte krumme Beine, einen Buckel, und er schielte. Unter einem breitrandigen Hut trug er Ohrenschützer gegen den oft kalten Wind.

Einer der ersten Siedler-Pioniere in „Deutsch-Südwest", der Landwirt Albert Voigts, beschrieb in einem Brief an seine Eltern in Braunschweig ein Zusammentreffen mit dem stolzen Afrikaner: „Hendrik Witboi ist durchaus kein schlechter Mensch. Ja, er ist der vernünftigste, und man kann sagen, bescheidenste Eingeborene, den ich je getroffen habe."

Und weiter: „Hendrik Witboi ist der Ansicht, daß sein Kurs nun mal der richtige ist, und er wird ihn unbeirrt und energisch weitersteuern, bis ihm mal der Hals gebrochen wird. Aber was das letztere betrifft, so werden die Soldaten der Schutztruppe das nicht fertigbringen, denn Witboi und seine Leute schießen verteufelt scharf."

Auch dem deutschen Schutztruppenführer Curt v. François war klar, daß er es mit einem ernstzunehmenden Gegner zu tun hatte. Und er wußte, worum es politisch bei den bevorstehenden Kämpfen ging: „Kolonisieren ist im Grunde ja nichts anderes als erobern. Im ersten Stadium tritt dieses Moment nicht so deutlich für den Eingeborenen zutage. Deshalb läßt er sich den Missionar gefallen, der friedlich bei ihm wohnt, und auch den Händler, der ihm zunächst Befriedigung von Lebensbedürfnissen bringt.

Sobald aber die eigentliche Besiedlung beginnt, ändert sich das Verhältnis. Naturgemäß regt sich jetzt bei dem Eingeborenen der Widerstand, der Wunsch, das Joch abzuwerfen. Deshalb muß eine Macht, sobald sie wirklich zu besiedeln beginnt, gleich einem kriegerischen Eroberer Sorge dafür tragen, daß dem anderen die Möglichkeit genommen wird, sich mit Gewalt aufzulehnen."

Bei Tagesanbruch am 12. April 1893 überfiel die deutsche Schutztruppe unerwartet die widerständischen Hottentotten auf der Werft von Hoornkrans. Hendrik Witboi wurde beim Frühstückskaffee überrascht. Die Deutschen feuerten auf alles, was sich bewegte, auf Männer, Frauen, Kinder und Tiere. Hendrik Witboi flüchtete mit seinen bewaffneten Männern in die erst halbfertige Kirche von Hoornkrans. Trotz der Übermacht der Deutschen gelang ihm schließlich der Ausbruch.

Gouverneur Theodor Leutwein suchte eine politische Lösung des Konflikts und wurde als „zu weich" abgelöst

Aus dem Bericht der Schutztruppe: „Die schwer zu schätzenden Verluste der Hottentotten waren beträchtlich. Die Werft bot einen schrecklichen Anblick. Leichen von Menschen und Tieren, Hausgerät und Waffen lagen regellos umher. Erbeutet wurden 10 Pferde, 40 Kühe, 50 Gewehre und einige Munition. Dazu kamen die Gefangenen, etwa 40 Frauen und Kinder."

Nach dieser Niederlage begannen Hendrik Witboi und seine 800 bewaffneten Männer einen erbitterten Guerilla-Krieg. Sie überfielen die Farmen der deutschen Siedler und die Festungen der Schutztruppe, raubten Vieh und Waffen und brannten Häuser nieder.

Der neue Führer der Schutztruppe, Theodor Leutwein, der inzwischen Curt v. François abgelöst hatte, forderte Hendrik Witboi auf, sich bedingungslos zu unterwerfen. Der Hottentotten-Häuptling antwortete im August 1894: „Sie behaupten, ich habe wehrlose Menschen getötet. Sie sprechen von wehrlosen und unschuldigen Menschen. Was sagen und denken Sie von den vielen unschuldigen Seelen und dem Blut der einfältigen und wehrlosen Menschen, die auf Hornkranz liegen? Blut im Schlafe liegender Menschen, von Frauen, von an der Mutterbrust liegenden Säuglingen haben Sie vergossen . . . Daß ich Ihre Leute getötet habe, ist nichts als Vergeltung."

Gegen die Übermacht der deutschen Schutztruppe, die mittlerweile auf fast tausend Mann verstärkt worden war, konnte sich Hendrik Witboi in seinem Lager nicht lange halten. Besonders die „Großen Rohre", die Kanonen, richteten verheerende Schäden an. Witboi versuchte verzweifelt, mit seinen Männern, Frauen, Kindern und Viehherden aus der Umzingelung auszubrechen – und lief dabei genau vor eine deutsche Artillerie-Stellung.

Doch Kommandeur Leutwein befahl, nicht zu schießen. Er suchte eine politische Lösung mit dem intelligenten Witboi. Beeindruckt von der Fairneß des Gegners erklärte sich schließlich der Häuptling bereit, einen Schutzvertrag mit dem deutschen Kaiser zu unterzeichnen.

Witboi wurde sogar ein Partner der Deutschen, der sich verpflichtete, „mit allen waffenfähigen Männern unbedingt und unverzüglich Heeresfolge zu leisten". Witboi schrieb an Leutwein: „Ich will in der Hoffnung schließen, daß wir uns in nicht zu langer Zeit wiedertreffen werden. Ich verbleibe respektvoll Ihr neuer Freund und Diener."

Derartige gegenseitige Achtung zwischen Weiß und Schwarz blieb selten in Deutsch-Südwestafrika. Deutsche Soldaten, Beamte, Händler und Farmer fühlten sich nach dem Sieg über die Hottentotten als die unumschränkten Herren dieses Landes.

Viele Adlige, nachgeborene Söhne von Großgrundbesitzern, kamen nach Südwest, aber auch Männer aus sozialdemokratischen Familien, die eigentlich gegen des Kaisers Kolonialpolitik eingestellt waren. Solch ein Sozialdemokrat war Albert Voigts, der Hendrik Witboi „vernünftig und bescheiden" genannt hatte. Er führte in „Deutsch-Südwest" die Karakul-Schafzucht ein. Durch den Verkauf von Persianerfellen wurde er ein reicher Mann. Als er starb, hinterließ er einen riesigen Besitz von 100 000 Hektar Land.

Sein Sohn Otto Voigts lebt noch heute mit seiner in Berlin geborenen Frau Elisabeth in den Naukluft-Bergen auf der vom Vater ererbten Blässkranz-Farm. Otto Voigts ist 85 Jahre alt. „Ich kann mich noch erinnern, daß ich hier als Kind auf der Veranda unserer Farm Männer wie den Hottentotten-Chef Hendrik Witboi und den Herero-Häuptling Samuel Maharero gesehen habe."

In einem kleinen Salon der Farm liegt noch das ledergebundene Gästebuch aus jener Zeit mit Grüßen und Namenszügen von deutschen Männern, die in der Kolonie Geschichte gemacht haben. Großgrundbesitzer, erfolgreiche Diamantensucher, Offiziere, Gouverneure haben sich eingetragen: von Bülow, von Burgsdorff, Hubertus Prinz von Preußen, von Estorff, von Lindequist und August Stauch, der Diamantenkönig. Auf der ersten Seite steht der Namenszug von Theodor Leutwein.

Vergeblich hatte damals der Gouverneur Leutwein seine deutschen Landsleute ermahnt, rücksichtsvoll mit den Eingeborenen umzugehen, deren Rechte nicht zu verletzen, ihren Stolz nicht mutwillig zu kränken. Der Oberhäuptling der Hereros, Samuel Maharero, der sich als einer der ersten unter deutschen Reichsschutz gestellt hatte, beklagte sich bitter bei dem „Großen Gesandten des deutschen Kaisers, Gouverneur Leutwein": „Du weißt, wie viele Herero durch die weißen Leute, besonders durch Händler mit Gewehren und besonders in Gefängnissen, getötet worden sind. Und immer, wenn ich diese Sachen nach Windhuk zur Sprache brachte, war die Strafe für das Blut meiner Leute nicht mehr als einige Stück Vieh."

Samuel Maharero, Häuptling der Hereros, gab den Befehl zum Aufstand gegen die Deutschen

Andere Herero-Häuptlinge ließen von dem deutschen Missionar Lang einen Beschwerdebrief an den Gouverneur schreiben. Darin stand: „Wir sehen mit Entsetzen, wie ein Platz nach dem anderen in die Hände der Weißen übergeht. Und nun, geehrter Herr Gouverneur, wo sollen wir bleiben, wenn unser ganzer Fluß und auch alles Land uns abgenommen wird? Wir fragen nochmals, wo sollen wir Leute hin?"

Mißhandlungen, Betrügereien und die Wegnahme ihres angestammten Landes führten erst zu Unruhe und schließlich zum Aufstand der Hereros in „Deutsch-Südwest".

Schutztruppen-Soldaten bei der Entscheidungsschlacht gegen die Hereros am Waterberg

Samuel Maharero gab seinen Leuten den geheimen Befehl, „deutsche Männer anzugreifen und zu töten". Nur Deutsche. „Ich bestimme es für alle meine Leute, daß sie nicht ihre Hände legen an folgende: nämlich Engländer, Bastards, Bergdamaras, Namas, Buren." Und der Unterhäuptling Daniel Kariki berichtete später über ein Abkommen, das die Eingeborenen untereinander getroffen hatten: „Die Häuptlinge beschlossen, das Leben von Frauen, Kindern und Missionaren zu schonen."

Die Deutschen merkten nichts von den Vorbereitungen des Volksaufstandes. Erst ein paar Tage vorher fiel es den Händlern auf, daß die Hereros alles, was sie nur bekommen konnten, auf Pump kauften. Sättel, Zaumzeug, teure Kleider und Schnaps, bis alle Läden leer waren. Doch Verdacht schöpften sie auch dann nicht.

In der Nacht zum 12. Januar 1904 brach der Aufstand los, zuerst in Okahandja, nördlich von Windhuk. Die Hereros durchschnitten die Telefon- und Telegraphenverbindungen zur Hauptstadt Windhuk und zu den Stationen der Schutztruppe. Dann überfielen sie die Farmen der Deutschen und töteten alle Männer. Frauen und Kinder wurden verschont. Am Waterberg plünderten sie die kleine deutsche Militärstation und töteten alle Soldaten – nur ein Missionar überlebte.

Der Aufstand breitete sich wie ein Buschfeuer aus. Innerhalb von wenigen Tagen wurden 123 deutsche Händler, Farmer und Soldaten umgebracht.

Gouverneur Leutwein war gerade im Süden des Landes, als ihn die Schreckensnachricht erreichte. Die Militärs meldeten den Aufstand über Funk an die Reichsregierung nach Berlin. Dort trat der Große Generalstab in der Reichskanzlei zusammen. Über die Reaktion Kaiser Wilhelms II. schrieb Generaloberst von Einem in seinen Erinnerungen: „Als wir vollzählig versammelt waren, trat Seine Majestät in unseren Kreis und erklärte: In Deutsch-Südwestafrika haben sich die Hereros erhoben. Sie haben deutsche Farmer getötet, – das ganze Land befindet sich in vollem Aufruhr. Ich bin deshalb gezwungen, Truppen zur Niederwerfung des Aufstandes hinauszusenden. Zunächst werden Marineverbände abgehen, dann aber müssen andere Truppen folgen."

Des Kaisers Befehl stieß im Reichstag auf heftigen Widerstand der Sozialdemokraten. Ihr Sprecher August Bebel nutzte die Gelegenheit zu einer leidenschaftlichen Anklage gegen die Kolonialpolitik. Er warf den Kolonialbeamten und den Siedlern vor, schuld an dem Aufstand zu sein. Sie hätten sich gegen die Menschenrechte der Eingeborenen vergangen. Bebel erklärte: „In unzähligen Fällen wurden Mißhandlungen an Eingeborenen mit Lattenstöcken und Rhinozeros-Peitschen ausgeübt." Dann las er aus dem Brief eines Schutztruppen-Soldaten vor: „Wehe ihnen, wenn sie uns in die Hände geraten. Weder Weib noch Junge werden verschont. Die schwarzen Hunde sind nichts wert."

Der erzkonservative Rechtsanwalt Dr. Rohde, Vertreter der „South West Africa Company", erklärte im Nationalliberalen Verein in Berlin: „Wichtiger als die übertriebenen Besorgnisse für den Ausfall des Krieges ist die Frage, was nach der Niederwerfung der Hereros zu geschehen habe. So traurig die kriegerischen Ereignisse sind, man wird doch der Ansicht zuneigen müssen, daß sie der Kolonie zu außerordentlichem Vorteil gereichen werden, indem nach Beendigung des Aufstandes den Ansiedlern die besten Gebiete zur Verfügung gestellt werden können."

General Lothar von Trotha gab den Befehl, „den hochmütigen Kaffernstamm für immer vernichtend aufs Haupt zu schlagen"

Um das zu erreichen, wurde 1904 ein neuer Truppenführer nach „Deutsch-Südwest" geschickt: General Lothar von Trotha, ein alter Haudegen, der schon gegen Franzosen und Chinesen gekämpft hatte. Er sollte den „weichlichen" Theodor Leutwein ablösen. Der neue Mann kam nicht allein. Er brachte als Verstärkung der Schutztruppe zehntausend Soldaten und modernste Waffen, darunter Kanonen und Maschinengewehre, aus dem Reich mit.

Einer der Soldaten, die sich freiwillig gemeldet hatten, war der Bauernsohn Christian Döhler von der 8. Kompanie des 13. Infanterieregiments in Ingolstadt. Er führte Tagebuch über seine Erlebnisse beim Herero-Aufstand: „Der erste Eindruck von Südwest war Sand, Sand, Sand! Swakopmund bestand ja nur aus Bahnhof, Post, Leuchtturm als einzig massive Häuser, alles andere waren Holzhäuser, wovon das Hotel ‚Fürst Bismarck' das hervorragendste war."

Döhler und seine Kameraden mußten halbwilde Pferde einreiten. Vor jede Kanone wurden zwölf Maulesel als Zugtiere gespannt. Die Truppe zog nach Okahandja im Norden der Kolonie. In der Nähe, auf dem Waterberg, hatte sich der Häuptling

Samuel Maharero mit seinem Volk und Kämpfern verschanzt.

Vor dem entscheidenden Kampf ließ Kommandeur von Trotha seine Truppe mit „erstklassiger Dauerwurst und mit Corned beef" versorgen. Sein Auftrag lautete, „den hochmütigen Kaffernstamm für immer vernichtend aufs Haupt zu schlagen".

Der Soldat Christian Döhler schrieb in sein Tagebuch: „Am 11. August um 6 Uhr morgens kam der Befehl zum Angriff. Bei Tagesgrauen stießen wir auf die ersten Vorposten der Hereros. Wir merkten bald, daß die Hereros besser schießen konnten, als nach einer halbstündigen Schießerei die ersten Verluste eintraten . . . Sie hatten viele Mausergewehre und auch alte Vorderlader. Aus letzteren schossen sie mit selbstangefertigter Munition, so daß die Ärzte bei Verwundeten die wunderlichsten Gegenstände herausschnitten."

Aus dem Schlußbericht des Generalstabs: „Trotha beschloß, den entscheidenden Angriff auf den 12.8. zu verschieben. Er wollte erst das Eintreffen aller Abteilungen abwarten. Seine Absicht war, das Herero-Volk zu vernichten, und das ließ sich nur durchführen, wenn die Hereros völlig eingeschlossen werden konnten."

Am 12. August wurde der Waterberg stundenlang unter Artilleriebeschuß genommen. Gegen die überlegene Militärtechnik der Deutschen hatten die tapfer kämpfenden Eingeborenen keine Chance. Verzweifelt wagten die Hereros einen Ausbruch durch die deutschen Reihen. Die meisten kamen durch. Unter Führung ihres Häuptlings Maharero flüchteten sie in die Omaheke, ein riesiges, wasserloses Sandfeld.

Aus Aufzeichnungen der deutschen Schutztruppe: „Auf dem Gefechtsfeld am Waterberg sah es wüst aus. Die Herero-Werften waren zerstört und ausgebrannt. Überall lagen Tote. Kranke, Alte, Weiber und Kinder irrten ziellos umher." Rings um die Wasserstellen und darin habe verendetes und erschossenes Vieh gelegen, wodurch das Wasser verseucht gewesen sei. Aus Wassermangel sei von einer direkten Verfolgung der fliehenden Hereros abgesehen worden: „Auch glaubte von Trotha, daß die Hereros in der wasserlosen und trockenen Omaheke ohnehin umkommen würden."

Um ganz sicher zu gehen, ließ General von Trotha die Wüste von seinen Soldaten absperren. Nach einigen Tagen schickte er berittene Patrouillen hinein, die herumirrende Hereros töten oder gefangennehmen sollten. Von diesen Verfolgungsjagden berichtete der inzwischen zum Unteroffizier beförderte Christian Döhler:

„. . . wir schleppten ein Gewehr, 240 Patronen, Wassersack, Feldflasche und Proviant mit uns. Major von Mühlenfels hielt dann eine Ansprache: ‚Es wird ein harter Marsch werden, wer schlappmacht, bleibt liegen und seinem Schicksal überlassen, es darf kein zweiter Mann bei ihm bleiben' . . . O Du Allmächtiger, sagten wir uns, was soll das noch werden? Es wurde marschiert, marschiert, marschiert." Viele litten wegen des schlechten Wassers an Durchfall. Warten auf Austretende gab

Grabstein am Waterberg für Schutztruppen-Soldaten, die beim Kampf gegen die Hereros gefallen sind. Jedes Jahr wird hier eine Gedenkfeier abgehalten

Bis zum Skelett abgemagert überlebten nur einige tausend Hereros die von deutschen Soldaten „mit eiserner Strenge durchgeführte Absperrung des Sandfeldes". Etwa 60 000 ihrer Stammesgenossen kamen beim Vernichtungsfeldzug der Deutschen ums Leben

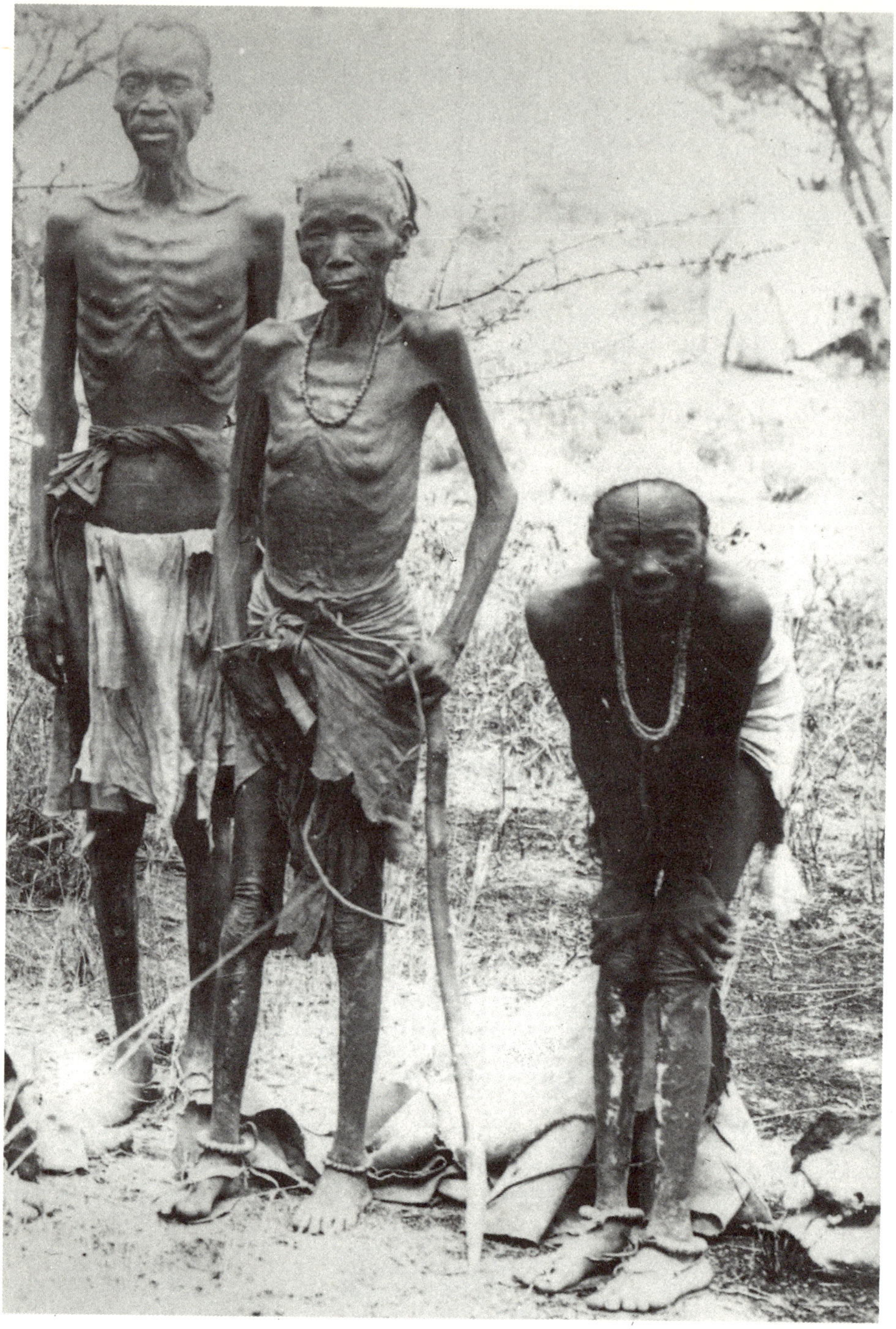

es nicht. „Doch der Soldat ist erfinderisch. Wir schnitten die Mittelnaht unserer Hosen auf, und im Nu war das Geschäft erledigt."

Noch zwei Monate lang durchstreiften die Verfolger zu Fuß, zu Pferde und sogar auf Kamelen, die inzwischen als Reittiere bei der Schutztruppe eingeführt worden waren, die Wüste, bis dort von den Hereros kein Lebenszeichen mehr gefunden wurde.

Am 2. Oktober 1904 hielt der Divisions-Pfarrer Max Schmidt an der Wasserstelle Osombo-Windebe einen Gottesdienst ab. Anschließend verlas General von Trotha eine „An das Volk der Hereros" überschriebene Proklamation: „Ich, der große General der deutschen Soldaten, sende diesen Brief an das Volk der Herero! Herero sind nicht mehr deutsche Untertanen. Sie haben gemordet, gestohlen, haben verwundeten Soldaten Ohren und Nasen und andere Körperteile abgeschnitten und wollen jetzt aus Feigheit nicht mehr kämpfen.

Ich sage dem Volke, jeder, der einen der Kapitäne an eine meiner Stationen als Gefangenen abliefert, erhält 1000 Mark, wer Samuel Maharero bringt, 5000 Mark . . . Innerhalb der deutschen Grenze wird jeder Herero mit oder ohne Gewehr, mit oder ohne Vieh erschossen. Ich nehme keine Weiber und Kinder mehr auf, treibe sie zu ihrem Volke zurück oder lasse auf sie schießen. Das sind meine Worte an das Volk der Hereros."

Ein kleiner Teil des Herero-Volkes, angeführt von Samuel Maharero, hatte sich vor den deutschen Verfolgern über die Grenze nach Britisch-Betschuana-Land in Sicherheit bringen können. Deutsche Missionare schätzten, daß 55 000 bis 60 000 Hereros von deutschen Soldaten erschossen oder massakriert wurden, verhungert oder verdurstet sind. 1626 deutsche Schutztruppen- und Marine-Soldaten starben im Kampf, 680 durch Krankheiten. Der Feldzug gegen die Hereros, so hat die Reichsregierung in Berlin später errechnet, hat insgesamt 405 Millionen Reichsmark gekostet.

Zwei Jahre später, 1906, wurde unter dem Titel „Die Kämpfe der deutschen Truppen in Südwestafrika" von der „Kriegsgeschichtlichen Abteilung I des Großen Generalstabes" in Berlin das Schlußwort über dieses Kapitel deutscher Militärgeschichte geschrieben. Zitat eines Oberleutnants:

„Die mit eiserner Strenge durchgeführte Absperrung des Sandfeldes vollendete das Werk der Vernichtung . . . Das Drama spielte sich auf der dunklen Bühne des Sandfeldes ab. Aber als die Regenzeit kam, als sich die Bühne allmählich erhellte und unsere Patrouillen bis zur Grenze des Betschuanalandes vorstießen, da enthüllte sich ihrem Auge das grauenhafte Bild verdurstender Heereszüge. Das Röcheln der Sterbenden und das Wutgeschrei des Wahnsinnes . . . verhallten in der erhabenen Stille der Unendlichkeit!"

Der Generalstabsbericht endet: „Das Strafgericht hatte sein Ende gefunden. Die Hereros hatten aufgehört, ein selbständiger Volksstamm zu sein."

DOKUMENTE ZU DEN AUFSTÄNDEN IN SÜDWESTAFRIKA

Auszüge aus dem umfangreichen Briefwechsel zwischen Hendrik Witboi (auch: Witbooi), dem Häuptling des Nama-Volkes, und dem Kommandeur der deutschen Schutztruppe in Südwestafrika, dem späteren Gouverneur Theodor Leutwein. Witboi hatte sich lange geweigert mit den Deutschen einen sogenannten Schutzvertrag abzuschließen. Er wurde von der militärisch überlegenen deutschen Truppe angegriffen, geschlagen und gezwungen, sich und sein Volk dem deutschen Kaiser zu unterwerfen.*

„Daß ich Ihre Leute getötet habe, ist nichts als Vergeltung"

Witbooi an Leutwein. Naukluft, 20. August 1894.

Mein lieber Kaiserlich deutscher Gesandter Major Leutwein!

Ihren Brief, in dem Sie mir erklären, daß Sie mich am 20. d.M. angreifen wollen, habe ich erhalten.

Ich fühle mich aber in meinem Innern gezwungen, mich in einem Punkt zu verteidigen. Euer Wohlgeboren beschuldigen mich, daß ich den Kaiser nicht ehre. Dem ist nicht so. Ich ehre den Kaiser, und weil ich ihn weder durch Worte noch Taten beleidigen will, habe ich jederzeit das Vieh der Weißen zurückgegeben, das ich in meinen ersten Kriegen mit den schwarzen und roten Kapitainen versehentlich weggenommen habe. So habe ich sorgfältig darauf gesehen, daß ich den Kaiser nicht beleidige.

Daß ich dem deutschen Kaiser nicht unterstellt sein will, das ist doch keine Sünde, Schuld oder Ehrlosigkeit, die Sie berechtigte, die Todesstrafe gegen mich auszusprechen.

Ich bitte Sie nochmals, lieber Freund, nehmen Sie den guten und wahren Frieden an; greifen Sie mich nicht an, und lassen Sie mich in Frieden. Gehen Sie zurück, und senden Sie dem Kaiser zunächst diese Schriftstücke über unseren guten Frieden, damit er etwas von unserer Friedensverhandlung sieht.

Euer Wohlgeboren wundern sich ferner, daß ich sage, ich werde Ihnen Ihre Angriffe vergelten. Das ist doch unbegreiflich! Sie erklären, daß Sie mich am 20. d.M. angreifen wollen, und wenn Sie so etwas sagen und tun, dann kann ich doch nichts anderes sagen oder tun. Erst als Sie von Angriffen sprachen, habe ich geantwortet, ich würde mich wehren. Wenn Sie gesagt hätten, Sie würden mich nicht angreifen, so hätte ich Ihnen auch anders geantwortet; ich hätte Sie auch nicht angegriffen; denn von mir geht kein Angriff aus. Der Angriff kommt allein von Ihrer Seite, und meine Aufgabe ist es, mich zu verteidigen.

Ferner teilen Sie mir mit, daß ich Ihren Brief meinen Leuten bekannt geben soll. Ich habe nach Ihrem Wunsch gehandelt und nehme an, daß Sie ihren Leuten meine Briefe auch bekanntgeben.

Mit herzlichen Grüßen verbleibe ich Ihr Freund und Kapitain

Hendrik Witbooi.

Leutwein an Witbooi.

Auf Deinen letzten Brief vom 17. d.M. antworte ich folgendes: Daß du Dich dem Deutschen Reiche nicht unterwerfen willst, ist keine Sünde und keine Schuld, aber es ist gefährlich für den Bestand des deutschen Schutzge-

* Die vollständigen „Aufzeichnungen eines Nama-Häuptlings" sind unter dem Titel „Hendrik Witbooi – Afrika den Afrikanern!" im Verlag J.H.W. Dietz Nachfahren erschienen

bietes. Also, mein lieber Kapitän, sind alle weiteren Briefe, in denen Du mir Deine Unterwerfung nicht anbietest, nutzlos.

Ich hoffe indessen, daß Du mit mir darin einverstanden bist, daß wir den Krieg, der bei Deiner Hartnäckigkeit leider nicht zu vermeiden ist, menschlich führen, und hoffe ferner, daß derselbe kurz sein werde.

Ferner bin ich gern bereit, Dir auch während des Krieges jede Aufklärung zu geben, die Du wünschst, da ich dann hoffen kann, daß nicht mehr Blut vergossen wird, als durchaus notwendig ist.

gez. Leutwein

Witbooi an Leutwein. Naukluft, 23. August 1894.

Mein lieber Kaiserlich deutscher Gesandter Major Leutwein!

In Ihrem gestrigen Brief beschuldigen Sie mich wieder anderer Dinge.

Sie behaupten, ich habe wehrlose Menschen in Swakop getötet. Sie sprechen von wehrlosen und unschuldigen Menschen. Was sagen und denken Sie von den vielen unschuldigen Seelen und dem Blut der einfältigen und wehrlosen Menschen, die auf Hornkranz liegen? Blut im Schlafe liegender Menschen, von Frauen, von an der Mutterbrust liegenden Säuglingen haben Sie vergossen. Ich sage Ihnen, daß Blut Ihrer Leute, von dem Sie sprechen, und das Blut meiner Leute, von dem ich spreche, das kommt auf Ihre Verantwortung; denn Sie haben mich ohne meine Schuld angegriffen. Daß ich Ihre Leute getötet habe, ist nichts als Vergeltung. Ich habe Ihnen gesagt, ich greife niemanden als erster an; alle meine Feinde haben mich zuerst angegriffen, und ich übe lediglich Vergeltung. Sie wissen ganz genau, daß Sie ebenso wie meine [anderen] Feinde gehandelt haben; folglich können Sie mich nicht für den Tod der Menschen verantwortlich machen. Hätten Sie mich nicht angegriffen, so hätte auch ich mich nicht an diesen Leuten vergriffen . . . sie erklären, daß Sie mich zu unterwerfen haben. Einmal ist mir das unmöglich; ich kann es nicht tun und will es nicht tun! Lassen Sie den Punkt Unterwerfung, darum bitte ich Sie nochmals von Herzen; nehmen Sie den guten Frieden an; greifen Sie mich nicht an, sondern lassen Sie mich in Frieden, und gehen Sie zurück, damit nach Abschluß dieses guten Friedens nicht wieder unschuldiges Blut durch Sie vergossen wird.

Ich hatte mir vorgenommen, Ihnen noch Erklärungen wegen meines Wanderzuges und meines Gebietes zu geben; aber Sie haben gesagt, daß alles, was ich noch sage, ohne Unterwerfung zwecklos ist.

Mit herzlichem Gruß verbleibe ich Ihr Freund und Kapitain,

Hendrik Witbooi.

Leutwein an Witbooi. Lager vor Naukluft, 23. August 1894.

Mein lieber Kapitain!

Mit den gegenseitigen Anklagen kommen wir nicht weiter. Ich habe von den Dingen in meinem letzten Brief nicht geschrieben, um Euch anzuklagen, sondern um Euch aufzuklären. Daß Hornkranz anders hätte angegriffen werden können, ist möglich. Sicher ist aber, daß Ihr von dort vertrieben werden müßt, wenn das deutsche Schutzgebiet zu Ruhe und Frieden kommen soll. Ebenso sicher ist, daß ich keine Ruhe und keinen Frieden für das deutsche Schutzgebiet voraussehen kann, solange Ihr Euch dem Deutschen Kaiser nicht unterworfen habt. An dieser Überzeugung ändern alle Eure Worte und Unschuldsbeteuerungen nichts.

Sollte dabei wieder Blut fließen, so beklage ich das ebenso, wie wir alle das unschuldige Blut, das auf Hornkranz geflossen ist, beklagen. Mit Absicht schießt gewißlich keiner von uns auf Frauen und Kinder. Inzwischen hoffe ich, daß Ihr darin mit mir einig seid, daß wir den Krieg, der wegen Eurer Hartnäckigkeit nicht zu vermeiden ist, menschlich führen, und hoffe weiter, daß er kurz sein möge.

Ich verbleibe mit freundlichen Grüßen,

der Kaiserliche Landeshauptmann Leutwein, Major.

(Inzwischen hatten die Deutschen den Berg auf drei Seiten umstellt; im Westen grenzte er an die wasserlose Sandwüste. Am 27. August begann der Angriff mit Artillerieunterstützung. Am 3. September fiel Gurus, die letzte Wasserstelle des Gebirges, in die Hand der Deutschen.)

Witbooi an Leutwein. Tsam, 10. September 1894.

Mein lieber wohlgeborener Herr Major Leutwein!

Ihr Brief und Ihr Bote sind angekommen. Aber, Gott, was soll ich Ihnen antworten! Ich werde Ihnen einige wenige Fragen stellen, denn alles, was ich konnte, habe ich Ihnen bereits geschrieben und habe auch getan, was ich tun konnte. Frieden und Vertrag habe ich Ihnen zugestanden, aber es hilft mir nichts, Sie zwingen mir die Stellung unter Schutzherrschaft auf, und ich kann wohl sagen, daß mir das sehr schwer fällt.

Ich frage nun folgendes: Wenn ich nach Ihren Worten und Wünschen handle, wird dann mein Leben, Gebiet und alles, was mir gehört, mit aller Sicherheit mein Eigentum bleiben? Und wird mir meine Kapitainschaft sicher sein?

Ich schließe hiermit in der Hoffnung auf eine volle Antwort und grüße Sie freundlich.

Ich verbleibe Ihr Freund

Hendrik Witbooi, Kapitain.

Der fränkische Bauernsohn Christian Döhler – geb. am 15. Februar 1882 in Westheim, gestorben 1948 in Grootfontein (Südwestafrika/Namibia) – schildert, wie er sich als einfacher Soldat freiwillig für den Krieg in Südwestafrika gemeldet hatte. Er war bei der historischen Schlacht am Waterberg dabei, nahm an der Verfolgung der flüchtenden Hereros teil und berichtet von den Strapazen des Soldatenlebens in der Sandwüste von „Deutsch-Südwest". Auszüge aus seinem Tagebuch:

„O Du Allmächtiger, was soll das noch werden"

Der Abmarsch nach Afrika:

Im Januar 1904 kam die 8. Kompanie des Infanterie Regiments 13 Ingolstadt von einer Felddienstübung zurück. Da steht der Regimentskommandeur auf dem Kasernenhof. „Achtung! Augen rechts!" – 200 Knobelbecher knallen auf das Pflaster. „Stillgestanden!" Der Hauptmann meldet dem Oberst der Kompanie. Der Oberst hält eine kurze Ansprache: In Deutsch-Südwest-Afrika sei ein Aufstand ausgebrochen, die Schutztruppe dort soll verstärkt werden, es sollen sich Freiwillige für den Dienst in der Schutztruppe melden. Wer sich melden will, solle auf Schreibstube kommen, es kommen nur Leute infrage, die 1) über 21 Jahre alt sind, 2) bereits 1 Jahr gedient und 3) keinerlei Arreststrafen bekommen hätten. Am nächsten Tag meldeten ein Kamerad und ich uns auf der Schreibstube. Unser Hauptmann erklärte uns, daß der Dienst bei der Schutztruppe kein Zuckerlecken sei, daß wir gegen einen Feind kämpfen würden, der keine Gefangenen macht usw., ob wir es uns gut überlegt hätten, wir könnten jetzt noch zurücktreten, das sei keine Schande; aber wenn wir jetzt „Ja" sagten, sei das endgültig. Mein Kamerad trat dann doch noch zurück, aber ich blieb bei meinem Entschluß . . . Der erste Eindruck von Südwest war Sand, Sand, Sand! Swakopmund bestand ja nur aus Bahnhof, Post, Leuchtturm als einzige massive Häuser, alles andere waren Holzhäuser, wovon das Hotel „Fürst Bismarck" das hervorragendste war. Die erste Mittagsverpflegung in Deutsch-Südwest bestand aus Reis und Backobst, und dabei blieb es bis zum 5. Mai . . . Am 30. früh Abfahrt mit der Feldbahn nach Nonidas, wo die Pferde und Maultiere waren. Dort angekommen lautes Kommando: „Jeder Mann fängt sich ein Pferd!" Ob Infanterist, Pionier oder sonstwas, darauf wurde keine Rücksicht genommen. Viele hatten in ihrem Leben

noch nie auf einem Pferd gesessen, als Bauernjunge konnte ich wenigstens mit Pferden umgehen.
Die Schlacht am Waterberg:

. . . Bei Tagesgrauen stießen wir auf die ersten Vorposten der Hereros. Langsam rückten wir weiter durch den dichtesten Busch vor und wurden um 8 Uhr mit starkem Schnellfeuer empfangen. Geschütze und M.G.'s waren noch weit zurück, da sie in dem dichten Busch sich erst Pfade bahnen mußten. Die Schüsse gingen hoch über uns hinweg. Sprungweise wurde sich vorgearbeitet. Wir merkten bald, daß die Hereros auch besser schießen konnten, als nach einer halbstündigen Schießerei die ersten Verluste eintraten. Wir erwiderten das Feuer, konnten aber beim besten Willen keinen Gegner erkennen. Gegen 10.30 Uhr kamen die ersten Maschinengewehre, durch ihre Bedienungsmannschaften vorgetragen, an. Nun wurden die Büsche erst einmal abrasiert und zu Kleinholz geschossen, damit man Schußfeld hatte. Da sahen wir zum ersten Mal unseren Gegner. Dieser lag nicht wie wir in einer Schützenlinie, sondern tief bis zu 100 Meter gestaffelt.

Wenn bei uns ein Mann ausfiel, so war gleich ein Gewehr weniger. Anders bei den Hereros: fiel dort einer, war sofort Ersatz da, der das Gewehr nahm. Sie hatten viele Mausergewehre, aber auch alte Vorderlader. Aus letzteren schossen sie mit selbst angefertigter Munition, so daß die Ärzte bei Verwundeten die wunderlichsten Gegenstände herausschnitten. Kurz nach 11 Uhr versuchte Hauptmann Gansser einen Sturmangriff mit der 11. Kompanie, er selbst fiel dabei durch einen Kopfschuß. Die 11. Kompanie, geriet dadurch in größte Verwirrung, und es klaffte an ihrer Stelle eine bedenkliche Lücke. Nur durch die Geistesgegenwart von Sergeant Knauert, der einen Zug um sich sammelte, wurde das Schlimmste verhindert . . .

Um 5 Uhr schickte mich der Hauptmann mit einer Meldung zur Führung. Trotha fand ich im ernsthaften Gespräch mit seinem Stab, selber einen Karabiner in der Hand haltend. Ehe ich meine Meldung machen konnte, kam blutüberströmt und splitterfasernackt ein weißer Mann aus dem Busch auf den Stab zugerannt, vollkommen verstört, dauernd um und hinter sich blikkend und unzusammenhängende Worte ausstoßend. Dieser Mann war der einzige Überlebende der Patrouille, Graf Arnim, den die Herero glaubten totgeschlagen zu haben, der aber wieder zur Besinnung gekommen und dem Kanonendonner zugelaufen war, um die Meldung von der völligen Vernichtung der Patrouille zu bringen. Ich hörte, wie Trotha einem seiner Offiziere sagte: „Geben Sie dem Mann doch einen Mantel!" . . .

Es war ein äußerst erbittertes Gefecht gewesen. Der Feind verteidigte nicht nur seinen Reichtum an Vieh usw., sondern er wußte genau, was ihm blüht, wenn es ihm nicht gelang, wieder nach Okahandja durchzubrechen, sondern mit Sack und Pack ins wasserlose Sandfeld entfliehen mußte . . .

Am 12. bei Tagesgrauen nach einer fürchterlich kalten Nacht entdeckten wir, daß kein Herero mehr vor uns lag, sie waren bei der Abteilung von der Heyde durchgebrochen und mit allem, was sie hatten, in Richtung Sandfeld verschwunden. An diesem Tage bekamen wir endlich wieder Verpflegung, beerdigten unsere Toten und machten einen Ruhetag, abends traten wir den Verfolgungsmarsch an. Ich mußte meinen Schimmel leider abgeben, da nur einige wenige ganz leichte Leute für Verbindungs- und Meldereiter beritten gemacht wurden. Meine Packtasche schnallte ich vom Sattel und hängte sie mir um. Außerdem schleppten wir Gewehr, 240 Patronen, Wassersack, Feldflasche, Brotbeutel, Proviant mit uns. Major von Mühlenfels hielt eine Ansprache: „Es wird ein harter Marsch werden, wer schlapp macht, bleibt liegen und seinem Schicksal überlassen, es darf kein zweiter Mann bei ihm bleiben." . . .

Wir marschierten bei Sonnenuntergang los, ohne Pause bis 12 Uhr nachts. Endlich hieß es „Halt!" Wer nicht auf Wache eingeteilt war, lag rechts und links sofort in tiefem Schlaf. Nach einer Stunde hieß es „Fertigmachen!" O Du Allmächtiger, sagten wir uns, was soll das noch werden? Da wir schon häufig schlechtes Wasser hatten trinken müssen, litt ein großer Teil von uns an Durchfall. Es wurde aber marschiert, marschiert, marschiert. Anhalten gab's nicht, warten auf Ausgetretene erst recht nicht. Also, schnell! Außerdem ließ der Durchfall auch nicht viel Zeit. Doch der Soldat ist erfinderisch. Wir schnitten die Mittelnaht unserer Hosen auf und im Nu war das Geschäft, wenn's sein mußte, erledigt.

Allmählich wurde es Tag, wir aber marschierten, marschierten. Gegen 10 Uhr passierten wir ein Wasserloch, das voll von verrecktem Vieh lag. Unser Major stand mit der Browning in der Hand daneben und hätte bestimmt jeden über den Haufen geschossen, der es gewagt hätte, von dem verseuchten Wasser zu trinken. Was das bedeutet, nach so einem Marsch in fürchterlichem Staub an Wasser vorbeiziehen zu müssen, ohne trinken zu dürfen, kann nur der ermessen, wer sowas mitgemacht hat!

Proklamation des Oberbefehlshabers der deutschen Schutztruppe in Südwestafrika, General Lothar von Trotha, an die besiegten und überlebenden Hereros.

„Ich nehme keine Weiber und Kinder mehr auf"

Otjisombongwe, den 2. Oktober 1904.

Ich, der große General der deutschen Soldaten, sende diesen Brief an das Volk der Herero. Herero sind nicht mehr deutsche Untertanen. Sie haben gemordet, gestohlen, haben verwundeten Soldaten Ohren und Nasen und andere Körperteile abgeschnitten und wollen jetzt aus Feigheit nicht mehr kämpfen. Ich sage dem Volke, jeder, der einen der Kapitäne an einer meiner Stationen als Gefangenen abliefert, erhält 1000 Mark, wer Samuel Maharero bringt, 5000 Mark. Das Volk der Herero muß jetzt das Land verlassen. Wenn das Volk dies nicht tut, so werde ich mit dem großen Rohr es dazu zwingen. Innerhalb der deutschen Grenze wird jeder Herero, mit oder ohne Gewehr, mit oder ohne Vieh, erschossen.

Ich nehme keine Weiber und keine Kinder mehr auf, treibe sie zu ihrem Volk zurück oder lasse auf sie schießen. Das sind meine Worte an das Volk der Herero.

von Trotha.

3. KAPITEL

EIN BÖRSENFÜRST FÜR KAISERS KOLONIALGESCHÄFT

Erbitterte Auseinandersetzungen im deutschen Reichstag über die koloniale Eroberungspolitik: Sozialdemokraten und Liberale kämpfen gegen die Unterdrückung fremder Völker – Die Konservativen gewinnen die sogenannten „Hottentotten-Wahlen" – Wilhelm II. ernennt einen gewieften Bankier zum Staatssekretär des Kolonialamtes

Nach ihrer Rückkehr aus Südwestafrika stellen sich Offiziere und Soldaten der Schutztruppe an Bord eines Truppentransporters im Wilhelmshaven zum Gruppenfoto auf. Die Bevölkerung jubelt den Siegern zu

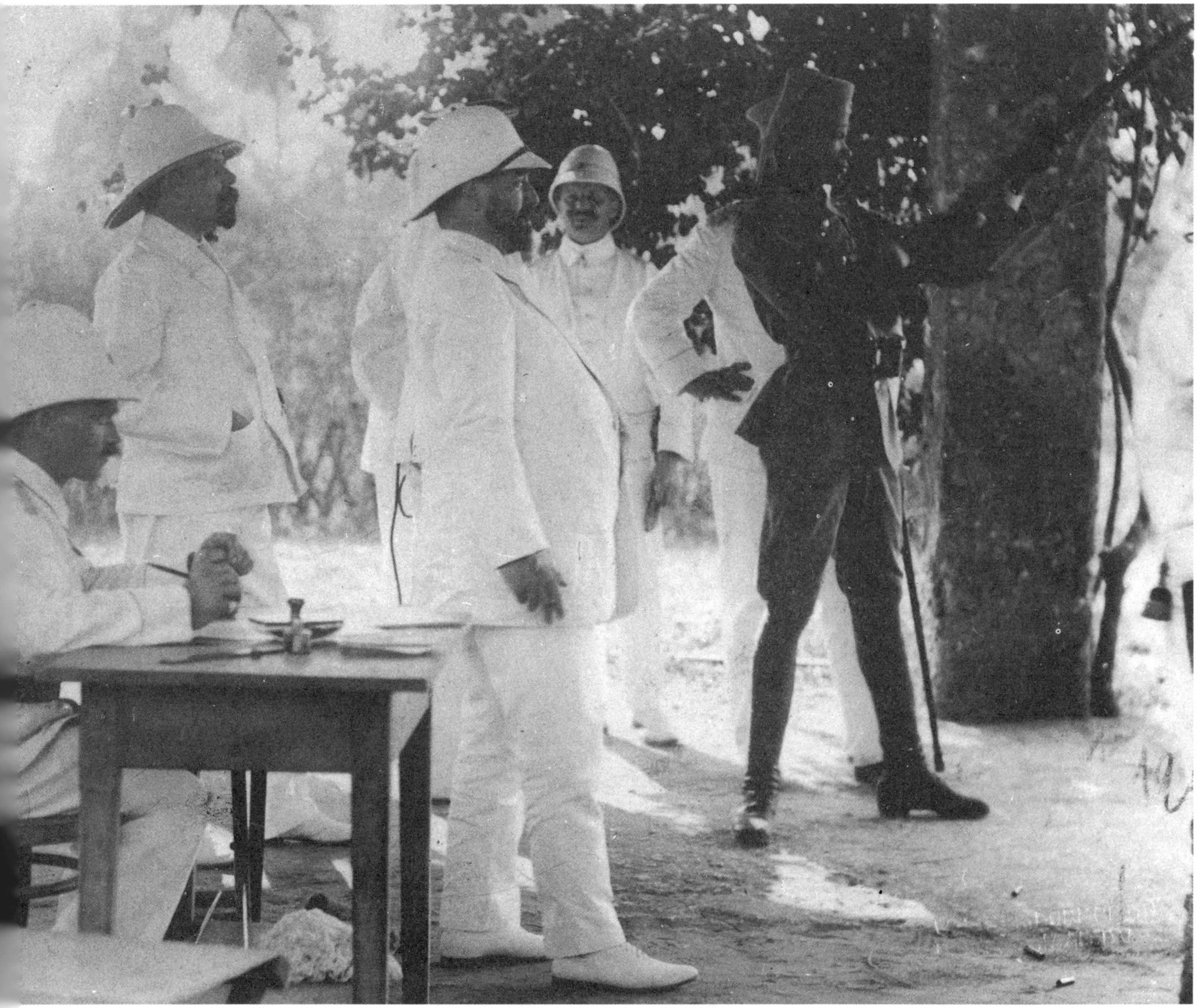

Der Bankier Bernhard Dernburg
nks) wurde
06 von Kaiser
ilhelm II. zum
aatssekretär des
ichs-Kolonialamtes
nannt. Er sollte die
rtschaft in den Ko-
nien in Schwung
ngen. Das Bild
en zeigt Dernburg
m Vordergrund
hend — als Beob-
nter einer Schieß-
ung in Deutsch-
tafrika

August Bebel, der Vorsitzende der Sozialdemokratischen Partei, kämpfte im Reichstag mutig gegen die konservative Mehrheit der „Kolonialimperialisten". Er forderte immer wieder mehr Rechte für die farbige Bevölkerung in den deutschen Kolonien

Die Abgeordneten der konservativen Parteien waren außer sich: „Unerhört!" – „Vaterlandsloser Geselle!" – „Majestätsbeleidigung!" riefen sie. Zornbebend rannten einige aus dem Saal. Ein Parlamentarier schleuderte seinen Zylinder auf das Parkett des hohen Hauses. So eine Rede hatte man im Reichstag noch nicht gehört. Nicht einmal von einem Sozialdemokraten.

Auszug aus dem Protokoll der Sitzung des Deutschen Reichstags. Das Wort hatte der Abgeordnete August Bebel, Vorsitzender der Sozialdemokratischen Partei:

„Meine Herren, dieser Krieg ist auch von unserer Seite mit großer Rücksichtslosigkeit geführt worden. Es ist erklärt worden, die Eingeborenen müßten vernichtet werden – nicht nur die waffentragenden Männer, auch die Frauen und Kinder . . . Nun sagt man – ,Ja, aber die Greueltaten der Eingeborenen!' – Diese Greueltaten leugnet niemand. Aber erst durch die Greueltaten von unserer Seite . . . ist das Volk der Eingeborenen zum Äußersten getrieben worden und hat seinerseits mit Greueltaten geantwortet!"

In der Pose des Sonnenkönigs ließ sich der oberste deutsche Kolonialherr, Kaiser Wilhelm II., verewigen. Seine Devise war: „Deutschland soll oben sein in all' und jedem"

Immer wieder durch Zwischenrufe unterbrochen und von Tumulten begleitet, fuhr Bebel fort: „Wenn es einmal vor der Geschichte ein Abwägen von Schuld und weniger Schuld gibt, dann kann kein Zweifel bestehen, daß das größere Maß an Schuld auf unserer Seite ist." Bebel beendete seine Rede über den Nachtragshaushalt für die Schutztruppe in Südwestafrika mit der Feststellung: „Die gewaltigen Mittel, die das Reich bisher nach den Kolonien geworfen hat, sind in Wahrheit ausschließlich den großkapitalistischen Gesellschaften zugute gekommen, die dort große Profite machen wollen."

Die mutige Rede des Sozialdemokraten zur Kolonialpolitik der kaiserlichen Regierung wurde von der bürgerlichen Presse nur am Rande erwähnt. Die Begeisterung über den gewonnenen Krieg gegen die militärisch weit unterlegenen Eingeborenen in Südwestafrika kannte dagegen keine Grenzen.

Die „Deutsche Kolonialzeitung" schrieb: „Deutsch soll unser neues Land sein, deutsch seine Bewohner, deutsch deren Sitten und Gebräuche, deutsch ihr Denken und Fühlen!" Und ein unbekannter Dichter reimte: „Tief in roher Urwaldmitte, wo der Deutsche schafft und baut, blühe immer deutsche Sitte, sterbe nie der deutsche Laut."

In Kirchen beider Konfessionen baten die Pastoren um Gottes Segen „für Kaiser und Vaterland und für die tapferen Kämpfer in unseren Kolonien". Die frommen Damen der Gemeinden wurden aufgefordert, „Wollsachen für die Negermission in Afrika" zu stricken. Auf dem Hamburger Jungfernstieg promenierten stolze Eltern mit ihren Knaben, die sie in Schutztruppen-Uniformen gesteckt hatten.

Deutschland im ersten Jahrzehnt des 20. Jahrhunderts – das waren die Jahre, die später zur „guten alten Zeit" verklärt wurden. In Berlin rumpelte die „Elektrische" in den Schienen der aus dem Verkehr gezogenen Pferdebahn; die ersten Autodroschken, gebaut von Daimler und Benz, knatterten durch die Straßen; aus den Grammophonen schepperte die neueste Tanzmusik aus Amerika, der „Cakewalk"; in besseren Kreisen spielte man Tennis, die Damen in bauschigen langen Hosen mit festgezurrten Hüten auf den Köpfen, die Herren in Knickerbockern und Jackett; die reichen Leute von Berlin bauten sich im Grunewald, die von Hamburg an der Elbchaussee Villen im modischen Jugendstil und ließen an den Eingängen Schilder anbringen mit dem Hinweis „Nur für Herrschaften"; „Die Gartenlaube", die „Berliner Illustrirte" und der „Simplicissimus" waren die beliebtesten Zeitschriften im Lande, und „Kolonie und Heimat", ein Mitteilungsorgan der Kolonialbewegung, gewann ständig neue Leser; der dritte Band des „Kapital" war bereits erschienen, aber die herrschende Klasse las statt Marx und Engels lieber Ludwig Ganghofers Heimatroman „Das Schweigen im Walde" und erregte sich über Arthur Schnitzlers erotisches Wechselspiel „Der Reigen".

August Bebel gab den Deutschen die Schuld an den Aufständen der eingeborenen Völker in den Kolonien

Für die Mehrzahl der Deutschen hatte sich dagegen kaum etwas geändert: In den Arbeitervierteln der Großstädte, vor allem im Ruhrgebiet, herrschte noch immer Armut und Elend; die Bergleute verdienten 20 Mark in der Woche, und sehr viele wurden nicht älter als 40 Jahre; trotz Verbots gab es weiterhin Kinderarbeit in den Fabriken; Bismarcks „Sozialistengesetz" zur „Bekämpfung der gemeingefährlichen Bestrebungen der Sozialdemokratie" war zwar längst aufgehoben, aber noch immer wurden Menschen entlassen, wenn sich herausstellte, daß sie aktive Mitglieder der SPD waren.

Über allem stand ein Mann, der sich seinem Volke am liebsten in Feldherrenpose zeigte, mit prächtiger Uniform, Orden und Pickelhaube, die von Geburt an verkrüppelte Linke scheinbar leger auf den Säbelknauf gestützt: Wilhelm II., deutscher Kaiser und König von Preußen, beides von „Gottes Gnaden". Nach seiner Thronbesteigung 1888 hatte er seinen Untertanen kundgetan: „Daß wir Hohenzollern unsere Krone vom Himmel nehmen, und daß wir diese darauf beruhenden Pflichten dem Himmel gegenüber zu vertreten haben, von dieser Auffassung bin auch ich beseelt!"

„Friedenskaiser" wollte der bei seiner Inthronisierung erst 29 Jahre junge Mann werden. „Zu ungeahntem Glanz" wollte er das deutsche Volk führen. Und er war ein glühender Verfechter der deutschen Kolonialpolitik. Was der von ihm entlassenen Reichskanzler Bismarck zögernd und skeptisch begonnen hatte, führte der Kaiser mit Feuereifer fort.

Vor der „Deutschen Kolonialgesellschaft" erklärte er in Berlin: „Unsere Kolonialpolitik kann nur ein Zweig unserer Weltpolitik sein! Die Zeit ist vorüber, wo das deutsche Spießbürgertum vergessen durfte, was draußen in der Welt vorgeht!"

Die deutschen Spießbürger jubelten ihrem Kaiser zu, als er, ohne Bismarck zu nennen, dessen Politik kritisierte, weil sie „zu sehr auf das Reich und auf den Kontinent" ausgerichtet gewesen sei. Ein deutsches Weltreich wollte dieser Kaiser führen. Überall wollte er mitreden, in Marokko, im Kongo, sogar in China.

Als 1900 beim sogenannten Boxeraufstand die Deutschen und andere Europäer, die sich in China als Kolonialherren festgesetzt hatten, aus dem Reich der Mitte gejagt werden sollten, schickte Wilhelm II. Kanonenboote und Marinesoldaten zur Strafexpedition in den Fernen Osten. Seinen Soldaten rief er beim Abschied in Wilhelmshaven zu: „Gefangene werden nicht gemacht! Wer euch in die Hände fällt, sei euch verfallen."

Indessen ging es mit der wirtschaftlichen Entwicklung in den deutschen „Schutzgebieten", die ohnehin nie recht profitabel gewesen waren, weiterhin bergab. Die großspurigen Parolen des Kaisers, dazu immer neue Aufstände, Mißernten und Mißwirtschaft verschreckten die Investoren. An den Börsen in Berlin und Hamburg stagnierten zu Beginn des Jahrhunderts die Aktienkurse der Kolonialgesellschaften. Die „Deutsch-Ostafrikanische Gesellschaft" machte pleite, die „Deutsche Kolonialgesellschaft für Südwestafrika" kränkelte vor sich hin. Die „Neuguinea-Kompagnie" warf nur dürftigen Gewinn ab. Der Grund für die Misere: es fehlte an Infrastruktur in den Kolonien, an Häfen, Straßen, Eisenbahnen und vor allem an Fachleuten, die etwas von der Arbeit in den Tropen und vom Umgang mit den Einheimischen verstanden.

Es fehlten Experten auch in der Reichsregierung, speziell in der Kolonialabteilung des Auswärtigen Amtes. Diese Abteilung führte erstaunlicherweise ein eher kümmerliches Dasein. Die oft wechselnden Direktoren waren kaum mehr als Handlanger zwischen der Regierung in Berlin und den Gouverneuren in den Kolonien.

Wilhelm II. suchte einen starken Mann, der das verlorengegangene Vertrauen des Großkapitals in Kaisers Kolonialgeschäft wieder herstellen konnte. Mehrere Kandidaten lehnten ab, einer mit der Begründung: „Am Tage verdiene ich mein Geld leicht an der Börse, am Nachmittag fahre ich mit zwei schönen Füchsen auf mein Landhaus – und das soll ich mit der Schinderei in der Wilhelmstraße vertauschen?"

Ein anderer sagte 1906 schließlich zu. Bernhard Dernburg, 41 Jahre alt, Direktor der renommierten Darmstädter Bank in Berlin. Er stammte aus einem wohlhabenden Elternhaus. Unter seinen Vorfahren waren Rabbiner, Wissenschaftler und Wirtschaftler. Dernburg galt schon mit 30 Jahren als „Fürst der Berliner Börse". Ein Zeitgenosse schrieb: „Wenn sich Dernburgs klobige Figur mit dem stereotypen Lächeln, das sein Gesicht nicht öffnete, sondern verschloß, durch die Säle der Burgstraße [dem Sitz der Berliner Börse] schob, dann umraunte ihn Neugier und Begehrlichkeit, sprangen Gerüchte hoch, und die Kurse begannen emsig zu klettern."

Der Börsenfürst mit dem gepflegten Spitzbart und den hellblauen Augen unter der hohen Stirn saß als Bankdirektor in 38 Aufsichtsräten und verdiente die für damalige Zeiten astrono-

Die blonde „Mutter Germania" nährt an ihrem Busen ein schwarzes Baby, bis sie selbst entkräftet zu Boden sinkt. Deutsche Karikatur von 1904

mische Summe von 300 000 Mark im Jahr. Der Posten des Leiters der Kolonialabteilung war dagegen mit vergleichsweise kümmerlichen 20 000 Mark dotiert.

Dernburg nahm das Angebot des Reichskanzlers von Bülow dennoch ohne Zögern an. „Aus patriotischem Pflichtgefühl", wie er sagte – aber wohl auch, weil der finanzielle Verlust durch einen Gewinn an gesellschaftlicher Bedeutung und politischer Macht ausgeglichen wurde. „Unsere Kolonien", so erklärte er kurz nach seinem Dienstantritt, „müssen ein Denkmal deutschen Fleißes, deutscher Tüchtigkeit und deutscher Kultur werden."

Solche Worte gefielen dem Kaiser – im Gegensatz zu Dernburgs Tischmanieren. Der neue Chef des deutschen Kolonialgeschäftes pflegte sich beim Diner am Hofe nicht zu erheben, wenn ihm der Kaiser gönnerhaft zutrank. Und als er sich beim Essen auch noch die Serviette in den Hemdkragen stopfte, da soll seine Majestät ungehalten geäußert haben: „Das ist doch hier kein Barbierladen . . ."

Auch bei den Debatten im Reichstag trat Dernburg hemdsärmelig auf. Kritik wies er schroff zurück. Die Abgeordneten der Opposition bezeichnete er als Vaterlandsverräter. Drei Monate nach seiner Amtsübernahme kam es zum Eklat. Mit den Stimmen der von Bebel geführten SPD sowie des katholischen Zentrums wurden der Nachtragshaushalt für die deutsche Schutztruppe in Übersee und eine 10-Millionen-Mark-Entschädigung für deutsche Farmer in Südwestafrika, mit der Schäden des Herero-Aufstandes abgegolten werden sollten, abgelehnt. Unmittelbar nach der Abstimmungsniederlage – 177 gegen 168 Stimmen – verkündete Reichskanzler von Bülow im Auftrage des Kaisers die sofortige Auflösung des Reichstages. Neuwahlen wurden angesetzt. Einziges Wahlkampfthema: die deutsche Kolonialpolitik.

Der bis dahin weitgehend unbekannte Bernhard Dernburg wurde zur zentralen Figur dieser „Hottentotten-Wahl". Dernburg war kein brillanter Redner, er sprach volkstümlich derb, patriotisch-pathetisch. Aber die Leute strömten in seine Versammlungen und zahlten sogar Eintrittsgeld, um seine phantasievollen Prognosen für Deutschlands glorreiche Zukunft in Übersee zu hören. „Deutsch-Südwest", sagte er, „wird eines Tages Millionen von deutschen Einwanderern aufnehmen können." – „Ostafrika", erzählte er, „ist so fruchtbar, daß an einer Stelle, wo vor mehreren Jahren eine Kiste getrockneter Datteln verlorengegangen ist, jetzt drei Meter hohe Dattelbäume wachsen!"

Den Gegnern der Kolonialpolitik warf Dernburg vor, „um unser koloniales Wesen große Scheiterhaufen angezündet zu haben". Und fuhr fort: „Diese Scheiterhaufen werden wir zusammenwerfen und an deren Stelle ein Fanal errichten, hoch und klar wie ein elektrisches Licht und kalt wie die Wahrheit!"

Die einflußreiche „Norddeutsche Allgemeine Zeitung" schrieb: „Die bevorstehenden Wahlen werden darüber ent-

Dernburg erweckt das afrikanische Dornröschen". Karikatur von Th. Th. Heine aus dem „Simplicissimus" zu dem vom neuen Kolonial-Staatssekretär Bernhard Dernburg eingeleiteten Wirtschaftsaufschwung in den deutschen „Schutzgebieten"

scheiden, ob Deutschland imstande ist, sich endgültig zur Weltmacht zu entwickeln oder ob es zurückfallen wird in Kleinstaaterei."

Am 25. Januar 1907 wurden in den 397 Wahlkreisen die Stimmen ausgezählt und die Reichstagsmandate neu verteilt. Die „Hottentotten-Wahl" wurde zur politischen Wende – zu einem Triumph für die konservativen Kolonial- und Weltmachtpolitiker. Der sogenannte Bülow-Block (Konservative, Nationalliberale und Freisinnige) gewann eine überwältigende Mehrheit gegenüber den Kolonialgegnern (Zentrum und Sozialdemokratische Partei).

Sofort nach den Wahlen wurden der Nachtragshaushalt für die Schutztruppe und die Millionen-Entschädigung für die Südwest-Farmer bewilligt. Tausende von Kolonialanhängern versammelten sich anschließend vor dem Potsdamer Schloß. Im Namen des Kaisers und der Reichsregierung rief ihnen Reichskanzler von Bülow zu: „Ihr habt Deutschland in den Sattel gehoben – nun kann es reiten!" Bald darauf wurde eine Fotografie vom Arbeitsplatz Kaiser Wilhelms II. veröffentlicht. Sie zeigt einen hohen Schreibtisch, dahinter einen Drehschemel mit einem Ledersattel als Sitz. „In kritischen Situationen", so erklärte der

Es wird investiert: Die Reichsregierung läßt Straßen, Eisenbahnlinien und Häfen in den Kolonien bauen. Die Privatwirtschaft zieht nach: Neue Druckerei und Buchhandlung in Swakopmund

einfallsreiche Monarch, „muß vom Sattel aus regiert werden".

Der Staatssekretär Dernburg forderte eine gerechte Arbeitsteilung zwischen Schwarz und Weiß: „Der wertvollste Faktor in unseren Kolonien ist der Eingeborene, wir schädigen uns selber, wenn wir ihm schaden."

„Kolonisation" definierte er als „Nutzbarmachung des Bodens, seiner Schätze, der Flora, der Fauna und vor allem der Menschen zugunsten der Wirtschaft der kolonisierenden Nation – und diese ist dafür zu der Gegengabe ihrer höheren Kultur, ihrer sittlichen Begriffe, ihrer besseren Methode verpflichtet." Dernburg brachte sein Konzept auf die Formel: „Güter und Menschen gegen Kultur und Lebenserleichterung."

Gegen solche, für die damaligen Verhältnisse in den Kolonien geradezu revolutionären Vorstellungen regte sich heftiger Widerstand bei Siedlern und Geschäftsleuten in den Kolonien. Für sie waren die Eingeborenen Menschen zweiter Klasse: „Wilde", „Barbaren", „Kaffern", „Untertanen", bestenfalls „unsere unmündigen Kinder". Denen zog man mit der Peitsche eins über, wenn sie nicht parierten, und man strich ihnen gönnerhaft durchs Kraushaar, wenn sie sich willig den Befehlen fügten.

Für die Kolonialherren vor Ort war Dernburg ein Theoretiker, der „keine Ahnung vom wirklichen Leben in den Tropen" hatte. Empfehlungen und Anordnungen des Berliner Kolonialsekretärs wurden von ihnen ignoriert.

Im Juli 1907 reiste Dernburg nach Deutsch-Ostafrika und weiter nach Deutsch-Südwestafrika, um an Ort und Stelle seine Maßnahmen durchzusetzen. Ein Dutzend Mitarbeiter und ein halbes Dutzend Journalisten begleiteten den Gesandten des Kaisers. Im feucht-heißen Daressalam wurde die Reisegesellschaft kühl empfangen. „Wenn Sie gekommen sind, um uns zu helfen, dann seien Sie uns willkommen", sagte ein Sprecher der Siedler

beim Empfang vor dem neuen Bahnhofsgebäude der Hauptstadt Deutsch-Ostafrikas.

Die Dernburg-Reisegesellschaft fuhr per Bahn, ritt auf Eselsrücken und ließ sich in Sänften durch die Tropenkolonie tragen. Sie besuchte die Küstenorte Bagamojo und Tanga, die Usambara-Berge und das Kilimandscharo-Gebiet, denn auch der höchste Berg Afrikas gehörte zur deutschen Kolonie. Einer der Begleiter notierte in seinem Tagebuch: „Aufbruch Safari. – Acht Europäer. – Fünf europäische Journalisten. – Zwei Diener. – Dreihundert Träger. – Boys, Askaris, Esel und Maultiere. – Ein Traggestell für Dernburg."

Einer der mitreisenden Journalisten war Maximilian Harden, Herausgeber der „Zukunft", eines fortschrittlich-liberalen Blattes, das der kaiserlichen Regierung gegenüber kritisch eingestellt war. Harden schrieb über den Pomp, mit dem sich Dernburg auf seiner Afrika-Tournee umgab: „Mit einer Presseclaque, einer Staatssekretärsflagge, einer weißen Uniform und Epaulettes aus Goldflitter reiste der Herr Dernburg . . ., wir mußten sehen, wie er die Front von Ehrenkompagnien abschritt, Truppen inspizierte, Sultane empfing, mit Expertenblick auf Schießübungen schaute, unter dem Gehrock ein breites Ordensband, darüber ein Stern. Ein Possenspiel, über das Militär und Civil lachte."

Dernburgs Gesprächspartnern allerdings verging das Lachen bald. Den Pflanzern und Siedlern von Ostafrika sagte er unverblümt seine Meinung. Am Kilimandscharo erklärte er den Kaffeepflanzern, daß sie keine wirtschaftliche Zukunft hätten, weil ihre Anbaumethoden veraltet und Boden und Klima für den Kaffeeanbau nicht geeignet wären.

Dernburg empörte sich darüber, daß die meisten Deutschen ihre Nilpferdpeitsche – mit der sie Arbeiter und Diener

In den Kolonien wird gebaut: Feierliche Enthüllung eines Kriegerdenkmals in Windhuk – Der erste Zug rollt über eine neue Eisenbahnbrücke in Südwestafrika – In Swakopmund residiert die Stadtverwaltung in einem prächtigen wilhelminischen Verwaltungsgebäude

züchtigten – überall spazierenführten. „Sogar auf dem Tisch der Hauptkasse in Daressalam sah ich ein solches Instrument liegen." Fazit seiner Erkundungsreise: „Ostafrika ist ein gutes Land für Kaufleute, ein schlechtes für Landwirte."

Auch in Deutsch-Südwestafrika stand die Visite des kaiserlichen Kolonialsekretärs unter keinem guten Vorzeichen. Schon auf der Anreise von Südafrika aus blieben die Herrschaften oft stecken. Aus den Aufzeichnungen eines Begleiters: „Auto 2 versagt; unterwegs durch Sandberge geschoben; beide Autos Pneumatik-Unfall; mittags Achsenbruch; Pferdewagen holten uns ein."

Lüderitzbucht, Swakopmund, Windhuk waren die Hauptstationen der Reise. Angetan mit Bratenrock und Ordensband eröffnete Dernburg die Eisenbahnstrecke Lüderitzbucht–Kubub–Keetmannskoop. Während seines Aufenthaltes wurde ihm eine sensationelle Nachricht überbracht: In der Nähe von Lüderitzbucht waren im Wüstensand neben dem neuen Schienenstrang Diamanten gefunden worden.

Dernburg besichtigte sofort den Fundort. Die mitreisenden Berichterstatter meldeten das Ereignis per Telegraf ihren Zeitungen in der Heimat. Das Diamantenfieber brach aus. Tausende von Auswanderern kamen aus dem Reich in die Kolonie. Mit einem Schlag schien „Deutsch-Südwest" ein steinreiches Land geworden zu sein.

Am 21. Januar 1909 hielt Dernburg im Berliner Reichstagsgebäude vor der „Deutschen Kolonialgesellschaft" einen Vortrag zum Thema „Südwestafrikanische Eindrücke und die Zukunft unserer Kolonien". Überraschend erschien auch das Kaiserpaar und lauschte – so ein Chronist – „hochbefriedigt den vielversprechenden Äußerungen des Herrn Kolonialsekretärs". Der sagte am Ende seiner Rede: „Das Ziel müssen mit dem Vaterland eng verbundene, administrativ unabhängige, wirtschaftlich selbständige, gesunde Kolonien sein."

Um dieses Ziel zu erreichen, pumpte die Reichsregierung mehr Geld als je zuvor in die Kolonien. Häfen, Straßen, vor allem Eisenbahnlinien wurden gebaut. 4300 Kilometer Schienenstränge durchzogen schließlich das „überseeische Deutschland". In Afrika, in der Südsee und in China investierten wieder private Anleger und große Kapitalgesellschaften.

Dernburgs Verdienst war es auch, daß endlich Fachleute für die Arbeit in den Tropen ausgebildet wurden. In Hamburg wurde 1908 ein Kolonialinstitut gegründet, aus dem später die Universität hervorging; Halle erhielt eine Kolonialakademie; an der Berliner Universität wurden die Sprachen der Eingeborenen gelehrt; in Leipzig lernten Schüler der „Kolonialen Ackerbauschule", wie in den Tropen Landwirtschaft betrieben wird; in Witzenhausen an der Werra konnten sich künftige Plantagen-Besitzer und Viehzüchter in der „Deutschen Kolonialschule Wilhelmshof" auf ihre Arbeit in den „Schutzgebieten" vorbereiten.

Es ging wirtschaftlich aufwärts in den Kolonien. Der Export von Baumwolle aus Ostafrika stieg von 1906 bis 1914 um das

Zehnfache. Die Kautschuk-Ausfuhr aus Ostafrika, Kamerun und Togo vervierfachte sich, die Produktion von Palmöl wurde verdoppelt, und es wurde zweimal soviel Kakao geerntet wie vorher. Der Gesamthandel zwischen den Kolonien und dem Deutschen Reich stieg von 72 Millionen Mark im Jahr 1906 auf 264 Millionen Mark im Jahr 1913.

Aber mehr noch als an der wirtschaftlichen Ausbeutung begeisterten sich Kaiser Wilhelm II. und seine Machtpolitiker an der zunehmenden strategisch-militärischen Bedeutung der sogenannten Schutzgebiete. Vor Ausbruch des Ersten Weltkrieges durchpflügten Kanonenboote der kaiserlichen Kriegsmarine die Weltmeere und fanden an den Küsten der deutschen Kolonien sichere Häfen, Kohle-Bunkerstationen und Waffendepots.

Mehr als je zuvor berauschte sich Wilhelm II. an der Idee, Englands Vorherrschaft auf dem Wasser zu brechen und Deutschland zu Wasser und auf dem Lande zur mächtigsten Nation der Welt zu machen.

Vergebens warnten besonnene Politiker und Bürger vor dem kaiserlichen Größenwahn. „Er hat eine Million Soldaten und will immer mehr Panzerschiffe haben", schrieb Theodor Fontane kurz vor seinem Tod, „er träumt von einer Demütigung Englands. Er träumt das Höchstgefährliche, denn Deutschland soll oben sein, in all und jedem . . ."

DOKUMENT
ZUR KOLONIALPOLITIK IM REICH

August Bebel, geboren am 22. Februar 1840 in Köln-Deutz, gestorben am 13. August 1913 im Schweizer Exil, war einer der Gründer der Sozialdemokratischen Arbeiterpartei. Der gelernte Drechslermeister gehörte seit 1867 dem Reichstag an. Nachdem Bismarck das „Gesetz gegen die gefährlichen Bestrebungen der Sozialdemokratie" (Sozialistengesetz) durchgesetzt hatte, wurde Bebel mehrfach wegen angeblichen Hochverrats, Geheimbündelei und Majestätsbeleidigung verurteilt. Nach dem Erlöschen des „Sozialistengesetzes" (1890) gehörte er wieder dem Reichstag an. Er galt als einer der brillantesten Redner seiner Zeit und kämpfte mutig gegen die Machtpolitik der Regierung.

Am 17. März 1904 sprach Bebel über die Hintergründe des Aufstandes in Südwestafrika und lehnte für die Sozialdemokratische Partei eine Erhöhung des Etats für die Schutztruppe entschieden ab. Auszüge aus dem Reichstagsprotokoll:

„Mit derartigen Zielen und Maßnahmen wollen wir Sozialdemokraten nichts zu tun haben"

Nun ist der Aufstand ausgebrochen. Selbstverständlich wehren sich die Deutschen; das ist ihr gutes Recht. Auf der anderen Seite war vorauszusehen, daß, wenn einmal ein solcher Aufstand ausbrach, die Eingeborenen entsprechend ihrem niedrigen Kulturgrade den Kampf führen würden. Sie sind also in diesem Kampfe mit Grausamkeit, zum Teil mit ausgesuchter Grausamkeit vorgegangen; sie haben die in ihre Hände gefallenen Europäer teils auf das grausamste verstümmelt; unter allen Umständen aber haben sie, so scheint es, die Männer, die in ihre Hände fielen, ermordet. In bezug auf die Frauen sind einige Tatsachen bekannt geworden, die anders lauten, die sogar demjenigen, der kein Kenner von dem Kulturzustand der Wilden und speziell von dem Standpunkt der Wilden in bezug auf die Frauen ist, fremdartig erscheinen. In einem Auszug aus einem Briefe eines der jetzt in Südwestafrika kämpfenden Leute steht, daß die Hereros die Frauen schonten. Es ist weiter die Tatsache bekannt geworden, wonach die Gattin des ermordeten Farmers Pickert und ihre Schwester Fräulein Dömski beide volle drei Wochen sich in den Händen der Hereros befunden haben, und daß ihnen kein Leid zugefügt worden ist – etwas, was vielleicht im umgekehrten Falle, wenn Hererofrauen in die Hände der Europäer fallen würden (Große Unruhe und Zurufe in der Mitte und rechts – sehr richtig! bei den Sozialdemokraten) . . . Und da scheint es, als wenn von unserer Seite in schwerster Weise gefehlt wird. Ich habe schon bei der ersten Debatte dringend gebeten, nicht grausam den Krieg führen zu wollen, sich zu vergegenwärtigen, wer wir sind und wer die Gegner sind. Aber, meine Herren, diesem stehen, so scheint es, einige Tatsachen gegenüber – als solche muß ich sie betrachten –, und darüber wünsche ich eine Aufklärung von der Kolonialverwaltung.

Ich habe hier einen Auszug aus einem Briefe, veröffentlicht in der „Halleschen Zeitung" – es ist ein Brief, den ein Angehöriger der Schutztruppe aus Karibib unter dem 22. Februar an den Restaurateur Lutzmann in Diemitz bei Halle geschrieben hat. Darin heißt es: „Hier werden alle Tage Aufständische gefangen und aufgehängt oder erschossen. (Hört! hört! bei den Sozialdemokraten.) Der neueste Befehl ist aber, keine Gefangenen zu bringen, also alles totzuschießen." (Hört! hört! bei den Sozialdemokraten.) Und in einem anderen Briefe, der im „Trierischen Volksfreund" veröffentlicht worden ist, von dem Sohn des Schneidermeisters Peter Scherr in Trier, schreibt der Betreffende an seinen Vater: „Wir dürfen keine Gefangenen machen. (Hört! hört! bei den Sozialdemokraten.) Alles, was lebend ist und schwarze Farbe hat, wird niedergeschossen." (Hört! hört! bei den Sozialdemokraten.) . . .

Nun tritt noch ein weiterer Umstand hinzu. Die Hereros haben verschiedentlich ihnen in die Hände gefallene Frauen nicht nur nicht getötet, sie haben dieselbe Taktik gegenüber einem Teile der Missionare beobachtet; es wird gemeldet, daß Missionare von seiten der Hereros unbehelligt geblieben seien, man hat sie in Ruhe gelassen. Ich habe seinerzeit, als die Vorgänge in China uns beschäftigten, keinen Anstand genommen, in der schärfsten Weise mich gegen die Missionare auszusprechen, soweit deren Haltung nach meiner Überzeugung dazu beigetragen hat, den Boxeraufstand hervorzurufen. Aber, wenn es wahr sein sollte, was berichtet wird, daß die Hereros den Missionaren gegenüber human verfahren, daß sie dieselben nicht gefangen nehmen und nicht mißhandeln, am allerwenigsten töten, so muß man voraussetzen, daß die Missionare sich durch ihr menschenfreundliches Verhalten die Gunst dieser Wilden erworben haben, und das rechne ich ihnen hoch an. (Sehr richtig! bei den Sozialdemokraten.) . . .

Ich komme nun auf die Art zu sprechen, wie man in unseren kolonialen Kreisen den Aufstand ansieht. In einem Vortrage, den der Rechtsanwalt Dr. Rohde, der Vertreter der South West Afrika Company im Berliner nationalliberalen Verein gehalten hat, heißt es unter anderm:

Wichtiger als die übertriebenen Besorgnisse für den Ausfall des Krieges sei die Frage, was nach der Niederwerfung der Hereros zu geschehen habe. Hier gelte es, jede Nationalität beiseite zu lassen und schonungslos gegen die Hereros vorzugehen (hört! hört! bei den Sozialdemokraten), hier treffe das Wort zu: Landgraf werde hart! So traurig die kriegerischen Ereignisse seien, man werde doch der Ansicht zuneigen müssen, daß sie der Kolonie zu außerordentlichem Vorteil gereichen würden (Hört! hört! bei den Sozialdemokraten), indem nach Beendigung des Aufstandes den Ansiedlern die besten Gebiete zur Verfügung gestellt werden könnten. (Hört! hört! bei den Sozialdemokraten.)

Meine Herren, hier wird mit all der Brutalität und Herzlosigkeit, deren ein modernes Kapitalistenherz fähig ist, ausgesprochen: wir freuen uns, daß der Aufstand ausgebrochen ist, – was liegt an den Menschen, die dabei fallen, die als Kulturdünger in Südwestafrika zu Grunde gehen; die Hauptsache ist, daß wir durch den Aufstand und durch die rücksichtslose Anwendung unserer Machtmittel die Möglichkeit bekommen, die Hereros auf die Knie zu bringen, ihnen das, was sie besitzen, zu nehmen und sie zu unseren Sklaven zu machen . . . Das ist, mit dürren Worten gesagt, das, worauf man abzielt. Und das bedeutet die vollständige Vernichtung und Aufhebung dieser Völkerschaft als selbständige Organisation. Dieselbe soll um jeden Preis den neuen Eroberern dienstbar gemacht werden. Genau so, wie vor zwei Jahrtausenden die Römer im alten Deutschland verfuhren, als sie sich zu Herren des Landes machten, den Grund und Boden annektierten und die Deutschen in die Sklaverei führten, genau so soll heute von seiten des christlichen Deutschland, das so gern in alle Welt hinaus von der Höhe seiner Kultur, seiner Zivilisation und seines Christentums spricht, gegen die Hereros vorgegangen werden. (Sehr gut! bei den Sozialdemokraten.)

Mit derartigen Zielen und Maßnahmen wollen wir Sozialdemokraten nichts zu tun haben. Nunmehr ist unser Standpunkt klar gegeben: wir haben diesen Etats gegenüber nur ein klares, nettes Nein! (Lebhaftes Bravo bei den Sozialdemokraten.)

4. KAPITEL

DIE BRAUNEN KINDER DER WEISSEN HERREN

Worüber man in der Heimat nicht gern sprach: Das Sexualleben in den deutschen Kolonien, seine menschlichen und gesellschaftspolitischen Folgen – Die Geschichte der deutschen Mischlinge in Togo

Weiße Herren und schwarze Diener: Am festlich gedeckten Tisch tafeln Beamte und Kaufleute in Lomé, Togo

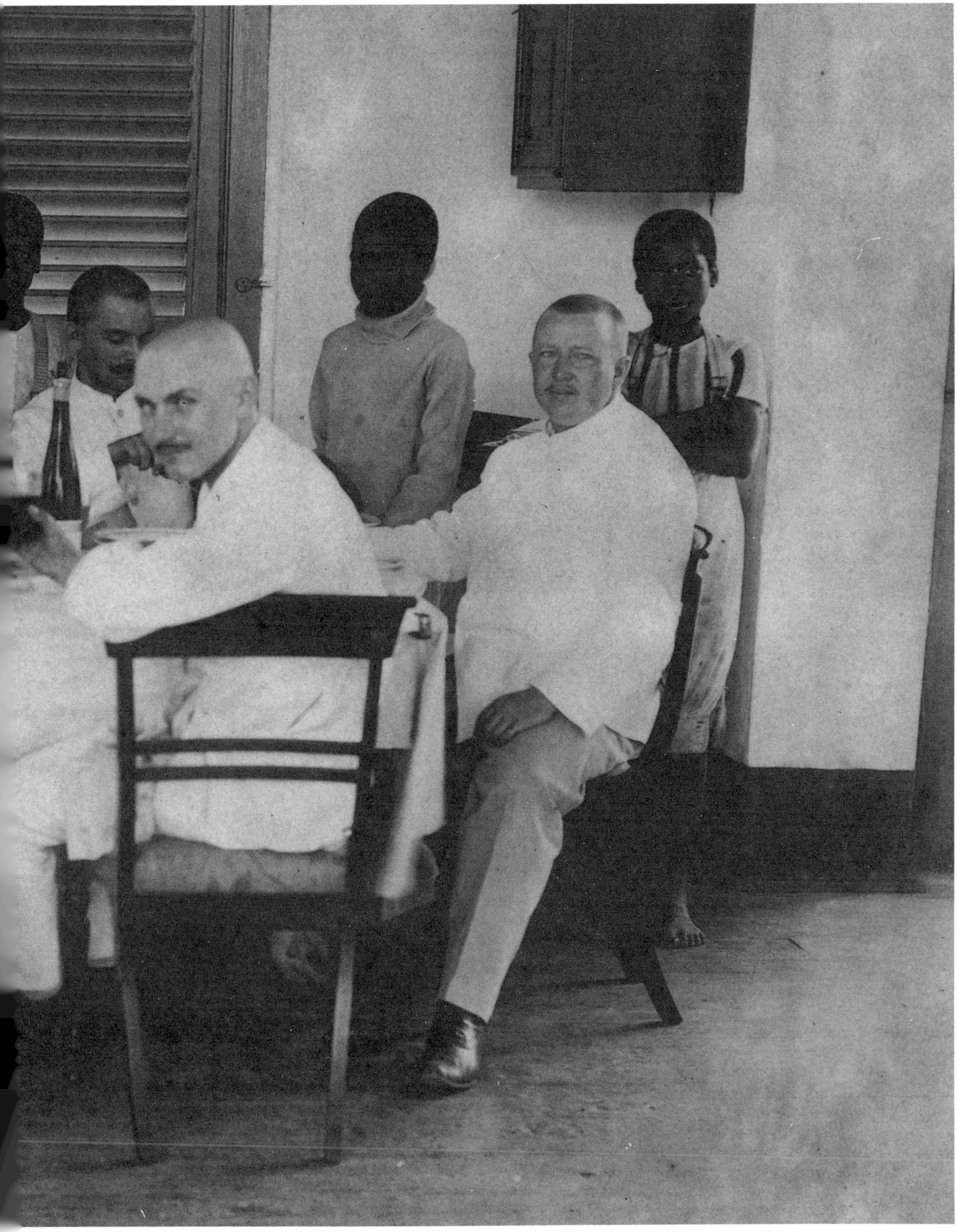

Dunkelhäutige Frauen aus den Fotoalben der weißen Herren – mal „oben ohne" und mal in züchtiger deutscher Tracht. In dem Buch „Neger-Eros" ist schon damals zu lesen: „Die Frage der geschlechtlichen Beziehungen der Weißen zu den Schwarzen gehört zu den vitalsten der gesamten Kolonialpolitik . . ."

Die altdeutsche Wanduhr neben dem Bild von Kaiser Wilhelm schlägt dreimal. Luise von Doering, die Tochter des Vize-Gouverneurs, führt mit zierlich abgespreiztem kleinen Finger ihre Kaffeetasse zum Mund. Julia Pfennigweit, die Tochter des Schulleiters, fächelt sich mit ihrem Handtäschchen Kühlung zu. Elisabeth von der Hellen tupft sich mit einem Ziertüchlein über die feuchte Stirn, denn es ist drückend heiß in Lomé, der Hauptstadt von Togo.

Gastgeber Otto Hundt, Sohn eines hanseatischen Im- und Exportkaufmanns, schenkt für die Herren kühles Bier nach. Dann lauschen wir wieder den Worten von Hans Gruner. Der Sohn des deutschen Bezirksamtmannes erzählt gerade, wie seine Mutter seinen Vater kennengelernt hat: „Mein Vater ritt mit seiner deutschen Truppe in ein Dorf ein, das im Hinterland von Togo bei Misahoe liegt. Zu seiner Begrüßung veranstalteten die Eingeborenen ein großes Tamtam. Die Männer schlugen die Trommeln, und die Frauen tanzten. Mein Vater warf als Dank Pfennigstücke in die Menge. Dabei hat mein Vater meine Mutter zum erstenmal gesehen. Die hatte sich nämlich im Gegensatz zu den anderen nicht nach den kleinen Geldstücken gebückt; sie ist stehengeblieben und hat die Fremden abweisend, beinahe feindselig, angeblickt."

Hans Gruner, 71, Sohn eines deutschen Bezirksamtmannes und einer Häuptlingstochter, zeigt stolz die Bilder seiner Eltern. Er war bis zu seiner Pensionierung Lehrer in Lomé. Sein weißer Halbbruder Wilhelm lebt in Jena in der DDR

Hans Gruner erzählt in perfektem Deutsch, so detailliert, als sei er selbst dabei gewesen. Seine Mutter, erklärt er, habe ihm diese Szene viele Male geschildert. „Meine Mutter gehörte zum Ewe-Stamm. Sie war die Tochter des Dorfhäuptlings. Sie war eine schöne Frau."

Noch am Abend nach dem Einzug der deutschen Schutztruppler hat sein Vater einen Adjutanten zum Dorfhäuptling geschickt und ihm ausrichten lassen, daß er seine Tochter kennenlernen und heiraten wolle. Ein paar Tage später ist bereits nach Landessitte Hochzeit gefeiert worden. Mit Trommeln, Tanz und viel Tamtam. Eine Hochzeit, die nach deutschem Recht keine war.

Dr. Gruner übergab den Eltern der Braut Geld und eine große Kiste voller Geschenke, mit Kleidern und Glasschmuck drin, und als bestes Stück eine deutsche Pickelhaube. Die ist von Generation zu Generation, von Häuptling zu Häuptling als eine Art Krone weitervererbt worden – bis heute.

Der Erzähler macht eine kunstvolle Pause, die vom Gezwitscher bunter Vögel im Geäst eines Mangobaumes erfüllt wird. Dann fährt er fort: „Am 26. Oktober 1910 wurde ich geboren – etwa neun Monate nach der Hochzeit." Hans Gruner lacht schallend und schlägt sich auf die Schenkel, als habe er einen guten Witz erzählt. Die Herren stimmen ein, die Damen halten sich zurück.

„Prost", sagt der Hausherr Otto Hundt, „die Deutschen sind alle unsere Brüder und Schwestern!" – „Prost", sagt auch Hans Gruner, der Sohn des Majors und Bezirksamtmannes Dr.

Otto Hundt, 77, Vorsitzender des „Clubs deutscher Mischlinge" in Lomé

Hans Gruner aus Jena und der Häuptlingstochter Nutsua aus dem Dorf Kuma-Tokpli, das im Bezirk Misahoe im Hinterland der ehemaligen deutschen Kolonie Togo liegt.

Ähnliche Geschichten könnten sie alle über ihre Herkunft erzählen, die braunhäutigen Kinder der deutschen Kolonialherren, die heute alle um 70 sind. In Lomé haben sie bereits 1934 nach gutem deutschem Brauch einen Verein gegründet, den „Club der deutschen Mischlinge". Damals, so berichtet der Vorsitzende Otto Hundt, hätten sie 153 Mitglieder gehabt, heute sind es nur noch 15. Früher hätten sie sich häufig getroffen, heute nur noch ein paarmal im Jahr; meist zu Beerdigungen, um wieder jemanden aus ihrem Kreis zu Grabe zu tragen.

Am Ende der deutschen Kolonialzeit, im Jahre 1918, so geht aus den Bevölkerungsstatistiken hervor, lebten in den sogenannten deutschen Schutzgebieten zwischen Samoa und Südwestafrika rund 5000 Kinder deutscher Väter und einheimischer Mütter. Tatsächlich dürften es drei- bis viermal so viele gewesen sein, denn die meisten unehelichen Geburten wurden nicht offiziell registriert. Hochgerechnet leben heute – nach zwei weiteren Generationen – wohl mehr als 100 000 Nachkömmlinge, Kinder, Enkelkinder und Urenkelkinder der Deutschen in den früheren Kolonien. Hans Gruner zum Beispiel hat elf Kinder und 40 Enkelkinder.

An seinen Vater hat er nur eine einzige, aber intensive Erinnerung: „Ich muß dreieinhalb oder vier Jahre alt gewesen sein. Mein Vater hat mich auf den Arm genommen und ein paarmal so hoch in die Luft geworfen, daß mir schwindlig geworden ist und ich vor Angst gezittert habe. Dann hat mein Vater mit lauter, dunkler Stimme zu meiner Mutter gesagt: ‚Alles, was du tust, tue für unseren Sohn! Er muß für dich wichtiger sein als du selbst!'"

Danach sei sein Vater in den Krieg gezogen. 1914, nach der verlorenen Schlacht um die deutsche Großfunkstation Kamina auf der Hochebene Togos, sei er in französische Gefangenschaft geraten und ein paar Monate später nach Deutschland entlassen worden. Zuvor habe er noch auf der deutschen Sparkasse in Lomé 300 Reichsmark eingezahlt. Von den Zinsen sollte Nutsua den gemeinsamen Sohn ernähren und großziehen.

Der Mischlingsjunge besuchte die Schule der Bremer Mission in Lomé. Er studierte Französisch und Pädagogik. Seine Mutter starb 1929. Sie hat noch erlebt, wie ihr Sohn Lehrer geworden ist. Hans Gruner war bis zu seiner Pensionierung 1966 zu seinen Schülern „streng, aber gerecht", wie er sagt. Auch sonst habe er deutsche Tugenden gelehrt: „Fleiß, Ordnung, Pünktlichkeit, Sauberkeit."

Im Alter von 66 Jahren, 1976, ist Hans Gruner zum ersten und einzigen Mal in seinem Leben nach Deutschland gereist. Er war bis heute der einzige aus dem „Club der deutschen Mischlinge", der das Land seiner Väter gesehen hat. Sein Halbbruder Wilhelm Gruner, der in Jena in der Melanchthonstraße lebt, hatte ihn in die Deutsche Demokratische Republik eingeladen.

„Ich wurde aufgenommen, als hätte ich schon immer zur Familie gehört. Am liebsten wäre ich in Deutschland geblieben", sagt der farbige Sohn des weißen Kolonialherrn.

Die Geschichte des Hans Gruner ist ein Ausnahmefall. Die deutschen Mischlinge in Lomé und in den übrigen deutschen Kolonien haben ihre Väter meist nicht kennengelernt. Die verdrückten sich nach der Geburt ihrer braunhäutigen Kinder ohne ein Abschiedswort und ohne Geld zu hinterlassen. Rechtmäßige Ehen zwischen weißen Männern und schwarzen Frauen hat es nur in der Anfangsphase der Kolonialzeit gegeben. Ab 1890 waren „Mischehen" aus rassischen Gründen unerwünscht. Gerichte und Standesämter weigerten sich, Schwarz-Weiß-Verhältnisse zu legalisieren.

Immer wieder waren Mischehen und Sexualität in den Kolonien Thema im Reichstag. Der Staatssekretär des Reichskolonialamtes, Dr. Wilhelm Solf, appellierte 1911 an das gesunde deutsche Volksempfinden: „Meine Herren, ich bitte Sie dringend, sich in dieser Frage von Ihren Instinkten leiten zu lassen und einfach die nackten Tatsachen auf sich wirken zu lassen: Wünschen Sie, daß Ihnen Ihre Söhne schwarze Schwiegertöchter ins Haus bringen? Wünschen Sie, daß sie Ihnen wollhaarige Enkel in die Wiege legen? Nein, meine Herren, die ganze Nation wünscht das nicht."

Da half es nicht, daß der Zentrums-Abgeordnete Gröber für das Recht auf Eheschließung zwischen Schwarz und Weiß eintrat: „Was will man mehr, als daß zwei Menschenkinder, die miteinander in Ehren zusammenleben wollen, sich glücklich fühlen, und es verlangt die Gerechtigkeit zu erwähnen, daß solche Verhältnisse in unseren Kolonien meistens glücklich sind."

1905 waren in den deutschen „überseeischen Schutzgebieten" Ehen zwischen Europäern und einheimischen Frauen verboten worden. 1907 wurden in Südwestafrika und in Kamerun sogar Ehen zwischen Schwarz und Weiß, die rechtsgültig vor dem Verbot geschlossen wurden, rückwirkend für nichtig erklärt. 1908 entzog man den Betroffenen das Wahlrecht und die bürgerlichen Ehrenrechte.

Der deutsche Farmer Becker schrieb daraufhin einen Brief an den Gouverneur von Lindequist in Windhuk: „Euer Exzellenz! Ich beehre mich nachstehend erneut meine Bitte um Wiederverleihung meiner bürgerlichen Ehrenrechte zu unterbreiten. Durch den Paragraphen 17f der Gemeindeordnung wird mir als Mann einer Bastardfrau das Wahlrecht entzogen. Die Folgen sind für mich niederschmetternd." Der Farmer klagte, er bekäme im Gegensatz zu „erwünschten" Familienvätern keine Beihilfe zu den Erziehungskosten seiner Kinder. Beihilfen für einen Dammbau seien mit dem Hinweis auf seine Mischehe abgelehnt worden. „Komme ich", so fuhr Becker fort, „mit meiner Frau, die fast weiß ist (ein Bild meiner Familie liegt bei) und sich in sittlicher und intellektueller Hinsicht getrost mit jeder weißen Frau im Schutzgebiet messen kann, irgendwohin, so kann ich auf Unannehmlichkeiten gefaßt sein."

Otto Hundts Mutter: Tochter eines Bauern vom Stamm der Ewe

Otto Hundts Vater: Im- und Exportkaufmann aus Hamburg

Die Macht der Gewohnheit

(Zeichnungen von F. von Reznicek)

Der Farmer schrieb abschließend: „Das alles geschieht mir, obwohl ich 13 000 Hektar Farmland mustergültig in Ordnung habe und Steuern und Abgaben für einen Haushalt von acht Weißen und 40 Eingeborenen pünktlich zahle. Das also ist der Dank dafür, daß ich als alter Schutztruppler mit dazu beigetragen habe, dieses Land für Deutschland zu erwerben und zu erhalten."

Sexualität zwischen Männern und Frauen weißer Hautfarbe – das war ein Problem in den Kolonien. Denn weiße Frauen gab es in der Fremde fast so selten wie Diamanten in der Wüste – auf zehn deutsche Männer kam, statistisch gesehen, nur eine weiße Frau.

Der Nachschub aus der Heimat klappte nicht so recht, trotz angestrengter Bemühungen. Der „Frauenbund" der Kolonialgesellschaft zählte im Reich 18 000 Mitglieder und machte auf die Nöte der meist alleinstehenden Männer in den Kolonien aufmerksam. In den Anzeigenspalten des Frauenbund-Organs „Kolonie und Heimat" erschienen Hunderte von Heiratswünschen deutscher Pflanzer und Farmer.

Das Blatt startete sogar eine regelrechte Kampagne, um die Vorbehalte heiratsfähiger, gesunder deutscher Frauen gegen das harte Leben im tropischen Klima auf einsamen Anwesen abzubauen – mit mäßigem Erfolg. Vom Oktober 1907 bis zum August 1910 folgten nur 158 abenteuerlustige Ehekandidatinnen dem Lockruf aus den Kolonien. Ein Drittel von ihnen war bereits nach einem Jahr Aufenthalt verheiratet. Erfolgreicher war der Versuch des evangelischen Vereins „Frauenhilfe für das Ausland", der deutsche Frauen und Jungfrauen zur Liebestätigkeit im Ausland aufrief – gemeint war allerdings christliche Nächstenliebe.

So hatten denn die allermeisten Männer in den Kolonien kaum eine Chance, eine weiße Frau zu heiraten. Dunkelhäutige Frauen aber gab es in ihrer Umgebung zur Genüge. Und die natürlichste Sache der Welt nahm, trotz aller Rassenvorurteile, ihren Lauf. Allerdings längst nicht immer mit Zustimmung beider Seiten. Vergewaltigung farbiger Frauen galt unter weißen Männern als Kavaliersdelikt. Die Statistiken sind erschreckend hoch. Bestraft wurde so gut wie nie.

Der Sexualwissenschaftler Felix Bryk belehrte Puritaner im Reichstag und in der Kolonialverwaltung: „Die Frage der geschlechtlichen Beziehung gehört zu den vitalsten der gesamten Kolonialpolitik . . . Man halte sich zunächst vor Augen: eine Legion von jungen, unternehmungslustigen Abenteurern nach der anderen wird plötzlich ins Eldorado ihres erträumten Freilandes losgelassen. . . . Das freie Leben unter der tropischen Sonne . . . das tägliche Umgebensein von prachtvollen nackten oder halbnackten Frauen, all dies treibt einer Entspannung und Entladung der geschlechtlichen Leidenschaft entgegen." Deutlicher ging's nicht.

Nach den ersten Erfahrungen mit dunkelhäutigen Frauen, so der Sexualkundler, bemächtigte sich der weißen Männer „oft

Karikatur von 1904 aus dem „Simplicissimus": Der weiße Mann verläßt seine schwarze Geliebte und kehrt heim ins Reich zu seiner angetrauten weißen Frau – und kann sich zu Hause nicht die Umgangsformen abgewöhnen, die er in Afrika gelernt hat eine starke Zuneigung und Leidenschaft für die Schwarz-Eva", und vielfach werde dann übertreibend gesagt, „kein weißes Weib macht es so gut!".

„Ich kenne keinen gesunden weißen Mann", so schrieb Bryk weiter, „der längere Zeit in den Kolonien gelebt hat, ohne regelmäßige Beziehungen zu schwarzen Frauen gehabt zu haben, und das betrifft Männer in allen gesellschaftlichen Schichten."

Das erfahren wir auch bei unseren Recherchen im Nationalarchiv von Togo in Lomé. Da schrieb am 10. März 1901 der Faktorei-Angestellte Hermann Schubert an die Polizeidienststelle Lomé: „Gestern nacht wurde von Ihnen die Eingeborene Eugenea Malami ihrerseits irrtümlich als Prostituierte aufgegriffen. Richtigerweise handelt es sich um meine Konkubine. Ich bitte ergebenst, sie mir wieder umgehend zur Verfügung zu stellen."

Ein anderes Dokument zeigt uns der junge Archivar Sengor Moussa, der im Bundesarchiv in Koblenz ausgebildet worden ist. Ein Auszug aus dem Geburtenregister von Mischlingskindern: „Name des Kindes: Joseph Komla; Name der Mutter: Dualia; Name und Stand des Vaters: Köhler, Gouverneur von Togo." August Köhler aus Eltville am Rhein, der Geliebte der eingeborenen Frau Dualia, war erst Richter, dann Landeshauptmann und schließlich bis zu seinem Tode im Jahre 1902 kaiserlicher Gouverneur der Kolonie Togo. Er galt als energischer Verfechter deutscher Sitte und Moral.

„Ich bin Joseph Köhler, der Sohn des Gouverneurs"

„Ich habe gehört", sagt der Archivar, „daß sein Sohn heute noch leben soll." Warum haben uns die Damen und Herren des „Clubs der deutschen Mischlinge" nicht von dem Gouverneurssohn erzählt? Hans Gruner sagt entschuldigend: „Dem Sohn des Gouverneurs geht es sehr schlecht. Er ist schwer krank. Er liegt im Sterben." Ob wir ihn trotzdem besuchen können?

Wir fahren in einen slumartigen Vorort von Lomé. Staubige Straßen, kleine, verwitterte Häuser hinter schmuddeligen, halbhohen Mauern. Vor einer der schäbigeren Lehmhütten läßt Hans Gruner den Taxifahrer halten. Ein Mann, Mitte 30, öffnet die Tür. Es ist – so erfahren wir später – Theodor Köhler, der Enkel des Gouverneurs, Postangestellter in Lomé. Er zögert, als er hört, daß wir deutsche Journalisten sind und seinen Vater sprechen möchten. Doch dann führt er uns in die kleine Hütte. Hinter einem Plastikvorhang liegt ein alter Mann mit blassem, fleckigem Gesicht und fiebrigen Augen. Er spricht nur wenig zusammenhängende Worte, nickt oder schüttelt auf Fragen den Kopf. Nein, er habe keine Erinnerungen an seinen Vater. Ja, er sei sein Leben lang Arbeiter bei der Bahn in Lomé gewesen. Nach einer langen Pause strafft sich sein Gesicht, dann sagt er, Wort für Wort betonend: „Ich bin Joseph Köhler, der Sohn des Gouverneurs." Er lächelt mühsam, nachdem er den Satz geschafft hat. Als wir uns verabschieden, hat er Tränen in den Augen.

Auf dem nahegelegenen Friedhof von Lomé finden wir das Grab seines Vaters. Ein prächtiger schwarzer Marmor-Obelisk, von einem schmiedeeisernen Gitter umgeben. „Köhler, Gouverneur von Togo", ist in den Stein gemeißelt.

Der alte deutsche Friedhof liegt unter hohen schattenspendenden Mangobäumen, gleich neben der Eisenbahnlinie, die die Deutschen von Lomé nach Bagida und weiter nach Anecho gebaut haben. Morgens und abends fährt hier ein Zug vorüber. Von der 500 Meter entfernten Küste hört man das an- und abschwellende Grollen der westafrikanischen Brandung, der „Kalema", wie sie die Eingeborenen nennen.

Hier an der Küste stand zu Beginn der Kolonialzeit das erste primitive deutsche Verwaltungsgebäude, die Polizeistation. Nebenan hatte der erste Polizeichef von Togo, Richard Küas, seine Wohnung. Küas schreibt in seinen Erinnerungen: „Von der Veranda aus überschaue ich mein Reich: in etwa 70 Meter Entfernung nach Süden zu braust und siedet und donnert unaufhörlich die Kalema und schickt ihren Sprühregen zu mir herauf. Nach Ost und West streckt sich der Strand, dahinter der drei bis vier Meter hohe Busch, und dann die Palmenhaine. Zwölf Kilometer östlich sieht man bei klarer Luft die Dächer der Hütten von Bagida, wo Gustav Nachtigal, Generalkonsul in Tunis und Sonderbeauftragter des Kaisers für Westafrika, die Flagge des deutschen Reiches aufgezogen hat." Das war am 5. Juli 1884.

Heute kann man von Lomé aus nicht mehr bis nach Bagida blicken. Zwischen den beiden Orten liegen eine große Ölraffinerie und das staatliche Zementwerk, das die Palmen kilometerweit mit grauem Staub überpudert. Auch das Eingeborenendorf Bagida hat sich in den vergangenen 100 Jahren verändert. Statt runder Hütten mit Strohdächern leben die Eingeborenen heute in rechteckigen Lehmbauten mit Wellblechdächern. Telegrafenmasten stehen am Rande der Sandstraße, die das Dorf durchquert.

Vor Sonnenuntergang erscheint der Ort menschenleer. Thomas Höpker und ich suchen die Stelle, an der damals die deutsche Fahne gehißt worden ist. Auf der staubigen Hauptstraße fragen wir einen Mann mit würdigem Gesicht, der auf einem Teppich lagert und auffallende Kleidung trägt: braune Plastiksandalen, ein faltiges türkisfarbenes Gewand und eine Art zottelige weiße Badehaube auf dem Kopf. Warum wir danach suchen, fragt er auf französisch zurück. Wir seien deutsche Journalisten, antworten wir. „Ich bin Häuptling Gassu von Bagida", sagt er. „Mein Großvater hat den Vertrag mit Gustav Nachtigal mit unterzeichnet."

Er lächelt über unsere erstaunten Gesichter, erhebt sich und bittet uns in seine Hütte, als hätte er schon auf uns gewartet. Der Häuptling knipst an einem Schalter, und grellblaue Neonröhren erhellen den Raum. Dann schaltet er zwei Ventilatoren ein. Zwei Frauen stellen Bierflaschen auf den Tisch mit der imitierten Nußbaumplatte. Drei junge Männer, seine Söhne, rücken rote Kunstledersessel zurecht. Wir stoßen mit Gassu-Samedi III. von Bagida an. Wir fragen, ob er die alte Geschichte kenne, ob er uns die Stelle der Flaggenhissung zeigen könne, ob er noch alte Dokumente und Fotos habe. Jedesmal nickt die weiße Bademütze – die dunklen Gesichtszüge sind im blauen Neonlicht kaum zu erkennen. Ja, er wisse alles, und er werde uns alles erzählen – morgen. Heute müßten wir erst miteinander anstoßen.

Am nächsten Morgen berichtet Häuptling Gassu III., was ihm sein Vater, Häuptling Gassu II., erzählt hat, der es wiederum von seinem Vater, Häuptling Gassu I., gehört habe. Zusammengefaßt war die Geschichte so: Vor 100 Jahren waren die Leute von Bagida Ackerbauern und Jäger. Es gab noch Gazellen, Büffel und Elefanten in der Gegend. Die Leute opferten dem „Blitz-und-Donner-Fetisch" und baten um Jagdglück, um Schutz vor ihren Feinden, vor Sturmflut und Unwetter.

Am Morgen des 5. Juli 1884, kurz nach Sonnenaufgang, donnerte es gewaltig. Die Menschen von Bagida verkrochen sich ängstlich in ihren Hütten, da sie glaubten, es sei ein Gewitter aufgezogen. Aber die älteren Leute wußten, daß dies kein gewöhnlicher Donner war, sondern Kanonendonner, wie er von den Schiffen der weißen Männer schon ein paarmal abgefeuert worden war.

Häuptling Gassu III. am Strand von Bagida, an dem 1884 die deutsche Flagge gehißt wurde

Etwa eine Stunde nach diesem Donner seien plötzlich weiße Männer mit einer großen Fahne auf dem Dorfplatz erschienen, hätten nach dem Häuptling gefragt und diesem, Gassu I., erklärt, daß sie im Auftrage des mächtigen deutschen Kaisers von weither über das Meer gekommen seien, um mit den Menschen von Bagida feierlich Freundschaft zu schließen. Danach hätten die Deutschen Kleidungsstücke, Zündhölzer, Glasperlen, ein paar Gewehre mit Munition sowie ein paar Fäßchen Rum übergeben. Auf Wunsch der Deutschen hätte der Häuptling von Bagida Häuptlinge aus den umliegenden Dörfern herbeiholen lassen, darunter Mlapa, Häuptling des Dorfes Togo.

Noch am selben Vormittag sei ein Schutzvertrag geschlossen und von den Häuptlingen und dem Anführer der deutschen Gruppe, Dr. Gustav Nachtigal, unterzeichnet worden. Und gleich darauf sei direkt an der Küste ein Mast mit der deutschen Fahne errichtet worden. Wieder hätten die Kanonen des in der Bucht liegenden deutschen Schiffes gedonnert, und die Leute von Bagida seien wieder verängstigt in ihre Hütten geflüchtet.

Ob er uns nun die Stelle der Flaggenhissung zeigen könne?

„Ja", sagt er, lächelt, erhebt sich, steigt in einen verbeulten, etwa 20 Jahre alten Ford Taunus 17 M und bittet uns, ihm in unserem Wagen zu folgen. Wir fahren aus dem Dorf hinaus über die Bahngleise durch Palmenhaine bis zur Küste, von der nach der letzten Sturmflut wieder ein paar Meter ins Meer gespült worden sind. Der Häuptling tritt an die Abbruchkante. Während der Seewind sein wallendes Gewand zu einem Ballon aufbläst, weist er mit ausgestrecktem Arm in die schäumende Brandung. Dort, 300 bis 400 Meter vom heutigen Ufer entfernt, hätten die Deutschen 1884 die schwarz-weiß-rote Flagge des Kaiserreiches aufgezogen, dort hätte damals auch das Dorf Ba-

Häuptling Gassu I. von Bagida unterzeichnete am 5. Juli 1884 zusammen mit anderen Häuptlingen einen Schutzvertrag mit den Abgesandten des deutschen Kaisers

Gustav Nachtigal, Afrikaforscher und Diplomat, schloß im Auftrag der kaiserlichen Reichsregierung den Schutz- und Freundschaftsvertrag mit den Eingeborenen-Häuptlingen von Togo

gida gelegen. Das Meer habe sich seitdem das Land Stück für Stück geholt. Die Hütten von Bagida seien deshalb immer weiter zurückverlegt worden.

Auf den Spuren der deutschen Vergangenheit fahren wir am nächsten Tag von Lomé in das Hinterland von Togo. Wir wollen in das Dorf, in dem damals die Hochzeit zwischen dem deutschen Expeditionsleiter Dr. Gruner und der Häuptlingstochter Nutsua gefeiert worden ist. Wir wollen das Hochzeitsgeschenk, die preußische Pickelhaube, suchen und fotografieren.

Die asphaltierte Straße führt 150 Kilometer weit in die Provinzhauptstadt Palime und weiter in die Berge bis nach Misahoe, das an der Grenze nach Ghana liegt. In dem Ort Assahoun machen wir Station. Hier soll „Papa Placca" wohnen, ein alter Togolese, der perfekt deutsch sprechen und noch alle alten deutschen Lieder auswendig singen könne. Papa Placca, so erfahren wir, wohnt in einem Haus gleich neben der Hauptstraße. Ein kleiner, gebeugter Mann, etwa 90 Jahre alt, fast glatzköpfig, mit dicker Brille, kommt auf uns zu. Der Mann wirkt wie der alte Mahatma Gandhi. Wir sagen auf deutsch „Guten Tag". Er breitet beide Arme aus und ruft: „Seid mir willkommen, deutsche Freunde!" Dann singt er mit krächzender Stimme: „Es braust ein Ruf wie Donnerhall . . . fest steht und treu die Wacht, die Wacht am Rhein!"

An der Wand seiner Hütte hängen vergilbte Fotos von Gustav Nachtigal. Im Bücherschrank, dessen Borde sich im Laufe der Jahrzehnte unter dem Gewicht durchgebogen haben, steht Hermann Hesses „Narziß und Goldmund", finden sich Werke von Goethe und Schiller, Exemplare der „Berliner Illustrirte" und alte STERN-Hefte aus den 50er und 60er Jahren, daneben Zeichnungen und Fotos deutscher Landschaften und Städte. „Ich wandere oft durch Deutschland", sagt Papa Placca, der mit Vornamen Chrysostomus heißt, und nimmt eines der Bilderbücher in die Hand. „Schade, daß ich es nie gesehen habe."

Dann verfällt er wieder in einen atemlosen Singsang: „Lieb Vaterland magst ruhig sein, niemand soll dieses Land entweihn." Den Deutschen verdanke er alles, sagt Papa Placca, seine Schulausbildung, seine Weltanschauung, sein Lehrerstu-

Chrysostomus „Papa" Placca wurde von den Deutschen erzogen und spricht heute noch perfekt deutsch. Der heute über 90 Jahre alte Mann gehörte nach der Unabhängigkeitserklärung Togos im Jahr 1960 zu den Mitbegründern der ersten demokratischen Partei des Landes

dium – und auch die Prügelstrafe, zu der er verurteilt worden war. Weshalb, daran kann er sich nicht mehr erinnern. „Ja, ja, ‚hart, aber gerecht', haben die Deutschen immer gesagt."

1914 zog er an der Seite des Feldmeisters Dr. Sengmüller in den Ersten Weltkrieg, zur Schlacht von Kamina. Trotz des verlorenen Krieges sei er unverdrossen dem „Deutschtum" treu geblieben.

Im Jahre 1925 habe er seine Heimat verlassen, weil dort die früheren Mitarbeiter der ehemaligen deutschen Kolonialmacht immer mehr drangsaliert worden seien.

Papa Placca ging nach Lambarene zum Urwaldarzt Albert Schweitzer. Er arbeitete als Helfer im Lazarett. „Wir haben oft zusammen vierhändig Orgel gespielt, der Doktor und ich", sagt er und läßt seine gichtigen Finger im Zeitlupentempo über die Tischplatte fahren. Dazu summt er die Melodie der „Donauwellen".

Nach dem Zweiten Weltkrieg hat Chrysostomus Placca die erste demokratische Partei Togos mitbegründet. Sein Parteichef und Staatspräsident des unabhängigen Togo war der deutschstämmige Mischling Nicolas Grunitzky, Sohn eines preußischen Kolonial-Kaufmannes. Heute, nach der Machtergreifung des diktatorischen Staatspräsidenten Eyadéma, will Papa Placca von Politik nichts mehr wissen. „Ich habe alles geduldig ertragen", sagt der strenggläubige Christ beim Abschied, „ich erwarte nichts mehr als die Heimfahrt."

Wir brechen auf nach Misahoe. Hier, in einer Landschaft, die an deutsches Mittelgebirge erinnert, unter tropischen Schlingpflanzen und haushohen Bäumen stehen noch immer die Gebäude der ehemaligen deutschen Bezirksstation. Das Wohnhaus liegt über einem dichtbewachsenen, weiten Tal, darüber das Verwaltungsgebäude. Hier hat der Bezirksamtmann Dr. Hans Gruner gelebt. Unter seiner Leitung ist ein langgestrecktes stallartiges Gebäude mit vergitterten Fenstern errichtet worden. Es dient noch heute als Gefängnis von Misahoe. Augenblicklich bewachen vier Wächter sechs Räuber und Diebe.

Die Gefängniswärter erklären uns mühsam den Weg in das versteckt gelegene Dorf Kuma-Tokpli, den Heimatort von Gruners Frau. Wir verfahren uns ein paarmal, bleiben auf der sandigen Piste stecken, finden schließlich eine Ansammlung wellblechgedeckter Lehmhütten gleich hinter einem Hügel. Am Rande der Straße liegen Kaffeebohnen zum Trocknen ausgebreitet. Die Dorfbewohner, Angehörige des Ewe-Stammes, umringen neugierig unseren Wagen. Erst sind es Dutzende, dann kommen etwa hundert zusammen. Unser Dolmetscher fragt nach dem Häuptling. Der, so erfahren wir, bereise gerade eine etwas abgelegene Gegend, um dort nach der Kaffee-Ernte zu sehen.

Wir erklären, daß wir aus Deutschland kommen und eine Pickelhaube aus der deutschen Kaiserzeit suchen. Die Leute verstehen erst nicht, machen ratlose Gesichter. Dann drängt sich ein älterer Mann durch den Menschenwall und spricht heftig gestikulierend. Er sei der Bruder des Dorfhäuptlings, wir möchten mit in seine Hütte kommen.

Dort ist es angenehm kühl. Der Häuptlingsbruder heißt Kodzu Gameti. Warum wir gekommen seien, will er wissen. Wir erzählen ihm die Geschichte des deutsch-togolesischen Mischlings Hans Gruner aus Lomé, dessen Vater eine Häuptlingstochter aus diesem Dorf geheiratet habe. Wir fragen, ob es stimme, daß in Kuma-Tokpli noch immer das Hochzeitsgeschenk von damals aufbewahrt werde, ein Helm aus der deutschen Kaiserzeit, eine sogenannte Pickelhaube.

Der Bruder des Häuptlings überlegt, lacht: Nein, das stimme nicht – sie hätten nicht einen, sondern zwei Helme. Beide hätte sein Großvater von dem deutschen Stationsleiter in Misahoe bekommen – einen als Hochzeitsgeschenk für seine Tochter und einen zweiten für seine Verdienste als Leiter der einheimischen Waffen- und Munitionsträger für die deutsche Expeditionsmannschaft.

Ob wir die Helme sehen und fotografieren können? Er nickt und gibt ein paar Anweisungen an die herumstehenden Männer und Mädchen. Kurz darauf kommt eine junge Frau mit einem bunt bedruckten Wolldeckenbündel herein, Abra Gameti, die jüngste Tochter des abwesenden Häuptlings. Vorsichtig öffnet sie die Decke. Zum Vorschein kommen zwei blitzblank geputzte Kopfbedeckungen, ein golden glänzender französischer Kürassierhelm und ein preußischer Polizeihelm. Auf dessen Wappenadler steht: „Mit Gott für König und Vaterland". Diese Helme, so erklärt uns Kodzu Gameti, trage der Häuptling nur bei besonders festlichen Anlässen, zuletzt bei einem Empfang des togolesischen Staatspräsidenten im Stadion der Provinzhauptstadt Palime.

Als wir uns verabschieden, wickelt die Häuptlingstochter die Reliquien aus Kaisers Kolonialzeit wieder in das Tuch, trägt sie vorsichtig in ihre Hütte und legt sie in eine Holzkiste zurück. Dann hängt sie ein handtellergroßes Vorhängeschloß vor die Schatztruhe.

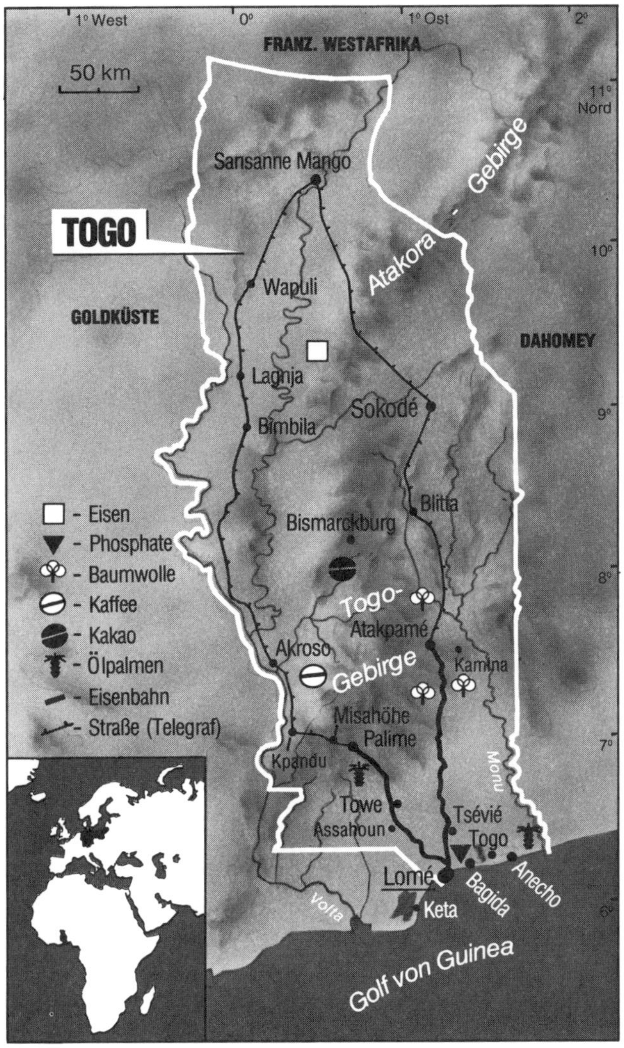

Togo, deutsche Kolonie von 1884 bis 1914, liegt am Golf von Guinea. Die Küste ist 53 Kilometer lang. Von Süden nach Norden hat das schmale Land eine Ausdehnung von 600 Kilometern

Togo damals – Togo heute

Die Kolonie Togo, etwas größer als Bayern, hatte eine Million Einwohner. Die größten Stämme waren die Ewe, die Guang und die Aschanti. Am 5. Juli 1884 wurde ein Schutzvertrag zwischen Dr. Gustav Nachtigal, dem Generalkonsul von Tunis und Sonderbeauftragten der Reichsregierung, und den Häuptlingen Mlapa von Togo und Gassu von Bagida geschlossen.

Es folgte die Eroberung des Hinterlandes durch Expeditionen von Dr. Hans Gruner. Togo galt als „deutsche Musterkolonie", weil Bremer und Hamburger Handelsgesellschaften an der Küste so gute Geschäfte (Palmöl, Baumwolle, Kakao, Kaffee, Elefantenzähne) machten, daß kein Reichszuschuß gezahlt werden mußte. Es gab kaum Eingeborenenaufstände; deshalb wurde nur eine kleine Polizeitruppe stationiert, keine reguläre Schutztruppe.

Kurz nach dem Ausbruch des Ersten Weltkrieges im August 1914 eroberten französische und britische Truppen ohne nennenswerte Gegenwehr die Kolonie.

Das Land, 1922 vom Völkerbund zur Verwaltung an Frankreich gegeben, ist seit 1960 Republik. Der erste Präsident, Sylvanus Olympio, wurde 1963 bei einem Militärputsch von dem Feldwebel Eyadéma erschossen; der Nachfolger Nicolas Grunitzky (Mischlingssohn eines deutschen Kolonial-Kaufmannes aus Danzig) ebenfalls von Eyadéma abgesetzt. Seit dem 14. April 1967 herrscht der heute 46jährige Gnassingbe Eyadéma über die 2,54 Millionen Einwohner zählende „République Togolaise" wie ein Diktator. Er ist Staatspräsident, Verteidigungsminister und Chef der Einheitspartei RPT („Rassemblement du Peuple Togolais"). Togo wird von Eyadéma auf prowestlichem Kurs gehalten. Wichtigster Rohstoff des Landes ist Phosphat. Durch stark gesunkene Weltmarktpreise gibt es wirtschaftliche Probleme. Kapitalflucht aus den umliegenden sozialistischen Ländern (Ghana und Benin) führten in der Hauptstadt Lomé zu einer Scheinblüte. Die Bundesrepublik unterstützt die ehemalige deutsche Kolonie mit Krediten und technischer Entwicklungshilfe. Eine besondere Beziehung besteht zwischen Togo und Bayern: Präsident Eyadéma ist mit Franz Josef Strauß befreundet. Die CSU-nahe Hanns-Seidel-Stiftung betreibt in Togo u.a. sogenannte „Erwachsenenbildung", durch die das Regime Eyadéma politisch stabilisiert wird. Bayrische Geschäftsleute stellen in Togo Bier und Fleischprodukte her und bauten Touristenhotels.

DOKUMENTE ZUR KOLONIE TOGO

In der Heimat wurde nicht darüber gesprochen, aber in den deutschen Kolonien wurde sie täglich praktiziert – die Liebe zwischen Weiß und Schwarz. In einer Broschüre aus dem Jahre 1924 mit dem Titel „Neger-Eros – Ethnologische Studien über das Sexualleben bei Negern" berichtete der Sexualkundler Felix Bryk zum ersten Mal öffentlich darüber. Seine Schilderung löste damals große Empörung aus.

„Dieser Heuchler, in seinem Bett liegt bereits eine Schwarze"

Die Frage der geschlechtlichen Beziehungen der Weißen zu den Schwarzen gehört zu den vitalsten der gesamten Kolonialpolitik, weil sie sich vor allem auf das körperliche wie seelische Wohl des weißen Kolonisten – das der Schwarzen zählt ja nicht mit – bezieht; sie wurde aber aus heuchlerischen Motiven bisher öffentlich nicht erörtert.

Sie existiert, allen Vertuschungsversuchen zum Trotze, so lange der nach Befriedigung lechzende Geschlechtstrieb der in den Kolonien sich betätigenden weißen Bevölkerung besteht.

Man halte sich zunächst vor Augen: eine Legion von jungen, unternehmungslustigen Abenteurern nach der anderen wird plötzlich ins Eldorado ihres erträumten Freilandes losgelassen. Er, der zum großen Teile seine Heimat deshalb verließ, um sich vom drückenden Zwange bindender Rücksichten und steifer Vorschriften zu befreien, sich über ihn hinwegzusetzen, darf nun in Afrika, der großen Besserungsanstalt, nach der Auffassung seiner Eltern, auf einmal den großen Herrn spielen . . .

Diese lebenskräftigen und -lustigen Menschen, die nach beendigter Tagesarbeit sich durch Sport, Jagd, Kartenspiel und vor allem reichlichen Alkoholgenuß zerstreuen, leben anfangs Monate, ja ein Jahr lang, ohne jeden geschlechtlichen Verkehr, da sich ihnen hierzu keine erwünschte Gelegenheit bietet: sie sind meistens unverheiratet und weiße Weiber sind so gut wie nicht zu haben. Das freie Leben unter der tropischen Sonne, das allein schon jede in Zügeln gehaltene Sinnlichkeit losläßt, der reichliche Alkoholgenuß, die unfreiwillige lang andauernde geschlechtliche Enthaltsamkeit, das tägliche Umgebensein von prachtvollen, nackten oder halbnackten Frauen, all dies treibt einer Entspannung und Entladung der geschlechtlichen Leidenschaft entgegen.

Und nun stellt sich eines Tages für jenen Weißen mit seiner Herrenmoral ein scheinbar dramatischer Konflikt ein: ich sage scheinbar, weil er ihn nicht als solchen auffaßt. Er, der weiße Herr, der Überherr, der Bwana mkubwa, „der große Herr", ist unwillkürlich auf die Schwarze angewiesen. Anfangs kostet es ihm freilich Überwindung, sich über sein rassentreues Vorurteil hinwegzusetzen und mit der erstbesten Schwarzen sein Bett zu teilen. Bezeichnend hierfür mag ein Ausspruch, den ein Dandy mir gegenüber gelegentlich fallen ließ.

„Ich muß mich zuerst immer gehörig betrinken, ehe ich mir ein schwarzes Weib nehme."

Es fragt sich nun, wer von beiden menschlicher ist, die schwarze Sklavin, die, nichts Schlimmes ahnend, sich ihrem gelegentlichen weißen „Liebling" ganz hingibt? oder der Weiße, der zur Überwindung seines mag sein berechtigten, weil anerzogenen Ekels zu Whisky greift, ehe er sich an einen „Liebes"akt heranmacht?

Kann es da noch weiter verwundern, wenn angesichts eines solchen Ausspruches ein anderer Farmer sich dahin äußerte:

„Mit einer Negerin zu schlafen, ist dasselbe wie mit einer Äffin."

Oder ein Dritter den köstlichen Satz prägte:

„Wer mit einer Negerin verkehrt, ist pervers."

Doch das sind nur Vorsätze aus erfahrungsloser Vorstellung.

Ist das Eis einmal gebrochen, hat sich der Weiße einmal zu einer vorübergehenden Mesalliance herabgelassen, dann beginnt sich auch ihm der giftige Zauber, den Schwarz-Eva zu verbreiten weiß, mitzuteilen. Er revidiert die falschen Gefühle seiner vorgefaßten Meinung, und ich höre ihn, der es noch vor ein paar Tagen für unmöglich hielt, ein schwarzes Weib zu berühren, heute übertreibend sagen:

„Kein weißes Weib macht es so gut!"

Es läßt sich nicht leugnen, daß mit der Zeit, nach der überstandenen Prüfung seiner Rassenpsychose und erfolgter Umwertung seiner Gefühle, sich seiner eine Starke Zuneigung und Leidenschaft für die Schwarze bemächtigt, die seiner früheren Verachtung und Abneigung Platz räumt. Es entstehen so allmählich aus den losen Liebesnächten engere Verhältnisse, die oft Jahre, ja Jahrzehnte hindurch andauern und schließlich – freilich selten – zu echten Liebesbündnissen „ausarten" können. So kommt es, daß jeder seit Jahren in Afrika ansässige alte Junggeselle in festen schwarzen Händen ist . . .

Die Schwarze ist einem Weißen gegenüber wahrer Liebe fähig. Selbst Eifersuchtsszenen bescheidener Aufmachung, bei denen freilich nicht geweint wird, macht sie ihm, wenn er ohne ihr Wissen nach anderen Schwarzen schielt. Sie vermag ihn sogar aus diesem Grunde zu verlassen. Weißen Frauen mag er noch so viel nachstellen, das berührt sie nicht; nur keiner Schwarzen ohne ihre Einwilligung. Hinsichtlich der weißen Frauen urteilt sie: die gehören ja ihm. In Uganda hat eine Schwarze, nachdem sie erfahren hat, daß ihr Herr, ein Oberst, sich ein anderes schwarzes Weib genommen, von Sehnsucht nach ihm getrieben, aber von ihm zurückgestoßen, sich durch einen Messerstich in die Brust getötet . . .

Vor der weißen Dame hat die Schwarze einen besonders großen Respekt. Sie fürchtet sie auf Grund der unter den Schwarzen allgemein verbreiteten Vorstellung, die geradezu zu einer Wahnidee wurde: die weiße Frau, Mamzabu, würde sofort, nachdem sie den Fehltritt ihres Mannes in Erfahrung gebracht hätte, die schwarze Geliebte mit einer Pistole niederschießen.

Tatsächlich haßt die Weiße die Schwarze noch mehr als der Weiße den Schwarzen. Keine Rassen- oder soziale Frage ist es, die sie zu jenem unchristlichen Affekte treibt. Hier handelt es sich um einen sexuellen Kampf: auf Leben und Tod. In der Schwarzen erblickt sie ihre Rivalin, sie sieht und erlebt es, wie der Weiße bei der Schwarzen das sucht und findet, was zu haben sie sich als ihr einziges Vorrecht einbildet: bei ihr, diesem „schmutzigen, stinkenden, angesteckten" und nun der Weißen gleichgestellten Wesen . . .

Angesichts dieser Auffassung über die Schwarze unter den Weißen, darf es eigentlich nicht so verwundern, daß der Weiße alles was sich auf die Negerin bezieht, verheimlicht, somit aus seinem Gesprächsthema das Wort „schwarze Liebe" völlig ausschaltet. Er wird sich über alles unterhalten, vor allem über die Kaffee-, Mais- und Weizenpreise, auch über die begangenen schwarzen Diebereien, die Art und Weise, wie er dem Neger dafür das Kinn mit der Faust blutig geschlagen oder wieviel Kibokohiebe er ihm erteilt hat. Doch bei der Negerin – da bricht er das Gesprächsthema ab. Dieser Heuchler, dieser Champion von Verlogenheit, der jetzt so entrüstet tut, wenn man ihn über ein schwarzes Weib befragt . . . in seinem Bette liegt bereits eine Schwarze.

Der Bremer Kaufmann Johann Karl Vietor war einer der ersten Geschäftsleute in der Kolonie Togo. Er beschreibt Leben, Handel, Expeditionen und eine Begegnung mit einem reichen Nachbarhäuptling.

„Wer mehr als 25 Pfg. ausgibt, versündigt sich am Deutschen Reich"

Etwas Primitiveres als den deutschen Besitz in Afrika im Jahre 1884 kann man sich kaum denken.

In Keta an der Goldküste war ich gelandet. Nach einigen Wochen wurde ich in das deutsche Gebiet nach Togo geschickt, das ich in einer achtstündigen Hängemattentour durch tiefen Dünensand erreichte. Der Eindruck war ein ganz kümmerlicher. Fast keinen Menschen traf man auf dem Wege den Strand entlang. In der Nähe der Grenze standen ein paar elende Negerhütten aus Stroh. In Lome selbst gab es nur ein einziges Haus aus Holz erbaut auf einem Sockel stehend. Es bestand aus einem kleinen Laden und einem Raum, der dem Europäer gleichzeitig als Wohn- und Schlafraum diente, und in dem wir oft genug zu 2, 3 oder 4 Europäern Unterkunft suchen mußten. Das Haus des deutschen Konsuls war zu ebener Erde aus Lehm erbaut und zeichnete sich durch eine Menge Winchestergewehre aus, die wie in einer Försterwohnung an den Wänden aufgehängt waren. Die übrigen wenigen Europäer, die Angestellten der deutschen Firmen, wohnten in einfachen Negerhütten. Unregelmäßig waren die Hütten der wenigen Schwarzen hingesetzt, wie es gerade paßte. Kein Baum war gepflanzt, und der tiefe, lose Sand machte schon den Weg durch den Hof oder zu der nächsten Faktorei sehr beschwerlich. Verkehr mit dem Inneren gab es nicht. Die Europäer erwarteten in ihren Anwesen die Schwarzen, die aus der Umgegend, höchstens 1–2 Tagereisen weit herkamen und in irdenen Töpfen oder selbstgeflochtenen Säcken Palmöl und Palmkerne zum Verkauf anbrachten. Der Handel war minimal. Vor allen Dingen wurde Schnaps verkauft, der zuerst, als die Regierung eine Zollstatistik anlegte, mehr als 30 Prozent aller europäischen importierten Waren betrug. Die Eingeborenen hatten damals eben fast noch keine Bedürfnisse . . .

Ende 1884 oder Anfang 85 folgte ich einer Einladung eines deutschen Kaufmanns, ihn in Dahomey zu besuchen. Ich machte auch dem Häuptling von Whydah, einem Mulatten, einen Besuch, und er lud uns zu einer großen Gesellschaft ein. Ich hätte mir niemals eine solche Üppigkeit unter den Negern träumen lassen. Die riesige Tafel, an der Weiße, Gelbe und Schwarze in bunter Reihe saßen, war mit Blumen und dem erlesensten Geschirr geschmückt. Der Tisch bog sich unter der Last der ausgesuchtesten europäischen und afrikanischen Speisen. Aus silbernen Karaffen wurden die verschiedensten Weine angeboten und hinter jedem Stuhle stand eine schöne Sklavin zur Bedienung des Gastes. Die weiblichen Gäste waren über und über mit schwerem Goldschmuck behangen. Bis spät in die Nacht blieben wir bei den hübschen Tänzen der in bunte Kostüme mit gleichartigen Mützen gekleideten Sklavinnen beisammen, und unsere Wirte zeigten sich von der größten Liebenswürdigkeit. Am nächsten Tage ließ mich aber der Häuptling volle 12 Stunden auf meinen Paß warten, um mir seine Macht zu zeigen, da ich ohne einen solchen die durch Verhaue befestigte Grenze nicht passieren konnte. Der König hat mich später verschiedene Male eingeladen, ihn zu besuchen, da ich aber wußte, daß ich ganz in seiner Hand war und er früher schon einmal einen unserer Angestellten 6 Monate bei sich behalten hatte, habe ich es immer abgeschlagen. Das hinderte uns aber nicht, miteinander Geschäfte zu machen, die damals noch sehr lukrativ waren. In der Tat habe ich mit ihm das beste Geschäft gemacht, das mir jemals in meinem Leben gelungen ist. Der König sandte mir, als ich ihm geschrieben hatte, daß ich mich in Togo als Kaufmann niedergelassen hätte und gerne Geschäftsverbindungen mit ihm anknüpfen wolle, durch einen seiner Unterhändler 13 Elfenbeinzähne, die ich ihm für 1000 Mk. abkaufte. Ich verkaufte sie in Europa für 2000 Mk. und kaufte für den gleichen Betrag sehr große Korallen, die der König damals als eine Art Orden an seine Großen verteilte und verkaufte sie ihm gleich wieder für 4000 Mk. Dafür war es aber auch Sitte, daß man dem König von Zeit zu Zeit ein Geschenk sandte, und ich wählte einmal eine große, sehr bunt bemalte Badewanne mit Doucheapparat, der damals in Dahomey noch ganz unbekannt war, und der König soll sich herrlich darüber amüsiert haben, so daß er in seinen Mußestunden seine Weiber abdouchte und sich an ihrem Gekreisch freute, wenn sie unverhofft den kalten Strahl auf den Kopf oder über den Rücken bekamen . . .

Die europäischen Kaufleute waren ganz in der Hand des Königs. Ohne Paß konnte keiner kommen oder gehen. Wenn der Häuptling Nachricht sandte, mußten die Weißen zu Hause bleiben und durften sich nicht zeigen. Wenn ein Europäer nicht sofort alle Wünsche des Königs erfüllte, wurde er boykottiert. Ein alter Mann setzte sich vor die Faktoreitür und erklärte, daß hier kein Geschäft gemacht werden dürfe, und kein Eingeborener oder Händler dachte daran, dies Gebot zu überschreiten. Steuern wurden ganz willkürlich eingetrieben, dafür entschädigte der König aber die Kaufleute, indem er ihnen enorme Quantitäten Palmöl und Palmkerne zukommen ließ, die ihm die Dorfschaften zu liefern hatten . . .

Die Gouverneure schufen den Anfang einer Verwaltung, bauten ihre Regierungssitze und berichteten über das Land und die Verhältnisse. Zugleich wurde eine große Reihe Expeditionen ausgerüstet. In Togo wurde die erste 1888 von Hauptmann von François geführt, der den Volta entlang über Salaga und Jendi, der Hauptstadt des Dagombareiches, nach Moshi ging und im Osten der Kolonie zurückkehrte. Diese ersten Expeditionen waren von einer rührenden Einfachheit. Hauptmann von François erklärte mir eines Tages, daß ein Reisender sich am Deutschen Reich versündige, wenn er an einem Tage mehr als 25 Pfg. für sich ausgäbe, und Oberleutnant Kling überlegte sich immer, ob er sich den Luxus eines Huhnes gestatten solle, und die ungenügende Ernährung auf seinen Reisen wird auch wohl an seiner Krankheit mit Schuld gewesen sein. Da vom Volta aus ein lebhafter Schmuggel in das deutsche Gebiet stattfand, ward in Agome Palime von Leutnant Herold und in Kete-Kratschi von Leutnant von Döring eine Station angelegt, die den Schwerpunkt des Handels nach Lome verlegten.

Diese wenigen Expeditionen hatten aber den Vorteil, daß die Engländer, als sie von Herrn v. François erfolgreichen Reisen hörten, gleich mit uns 1888 einen Vertrag abschlossen, um uns nicht weiter nach Westen vordringen zu lassen.

„Und nun regieren Sie!"

Auszüge aus dem Tagebuch des ersten deutschen Polizeichefs von Togo, Richard Küas: Das Leben der deutschen Kolonialpioniere an der afrikanischen Westküste – Handel, Heimweh und Pistolenduelle.

Herr Zimmerer, der Kaiserliche Kommissar, ein mittelgroßer breitschultriger Herr, empfängt mich mit einigen Worten des Willkommens. Die dienstliche Unterhaltung ist sehr kurz. „Ja, also", sagt er in unverkennbar bayrischem Dialekt, „wir Kommissare sind vom Reichskanzler ermächtigt, unsere Beamten nach allen ihren Fähigkeiten einzusetzen. Und nach dem, was man mir von Ihnen geschrieben hat, kann man Ihnen schon etwas zumuten. Sie haben die Lokalverwaltung der Küstenorte Lome und Bagida zu übernehmen . . ." Er strich sich den langen wehenden Vollbart. „Daneben müssen Sie halt versuchen, Ihren Einfluß soviel wie möglich ins Innere des Westbezirkes vorzuschieben. Ich mache Sie aber gleich darauf aufmerksam, eine militärische Macht haben wir nicht. Wir haben allerdings eine kleine Polizeitruppe von vierzig Mann für ein Gebiet so groß wie das Königreich Bayern, aber die ist gewissermaßen . . .", der Schatten eines Lächelns huscht über seine ernsten Züge, „eine Paradetruppe, ein Trost, wenn's donnert." Dann wieder ernster: „Unser Ausgabenetat für dieses ganze Gebiet beträgt achtzigtausend Mark."

„Verzeihung, Herr Kommissar, habe ich recht gehört? Achtzigtausend? Für ganz Togo?"

Er nickt. „Für ein Gebiet so groß wie Bayern. Nein! Sie haben sich nicht verhört. Jede, auch die kleinste Ausgabe, sofern sie nicht von vornherein festgelegt ist, müssen Sie erst beantragen. Und schauens halt zu, daß Sie unbedingt in Frieden auskommen. Mit den Weißen und mit den Schwarzen erst recht. Was die Weißen anbelangt . . . Sie kommen da in eine entzückende kleine Demokratie. Die jungen Leute haben nämlich bis jetzt ungefähr gemacht, was sie wollten. Na, Sie werden ja selbst sehen! Und nun", schloß Herr Zimmerer freundlich, „gehen Sie hin und regieren Sie!"

Mein Gesicht ist lang und länger geworden. Das Bleibende dieser kurzen Orientierung sind jedenfalls die Worte: „Und nun regieren Sie!" . . .

In etwa siebzig Meter Entfernung nach Süden zu braust und siedet und donnert unaufhörlich die Kalema, die gefürchtete westafrikanische Brandung, und schleudert ihren Sprühregen bei der fast immer starken Seebrise oft bis zu mir herauf. Dahinter dehnt sich in unabsehbarer Weite der Atlantische Ozean. In Ost und West streckt sich niedriger Strand, mit drei bis vier Meter hohem Gestrüpp bewachsen, der Busch. Zwölf Kilometer östlich tauchen die weißen Dächer von Bagida auf. Und im Westen, in fünfzehn Minuten erreichbar, beginnt die Grenze der englischen Goldküstenkolonie. Ein unangenehmer Nachbar, denn wirtschaftlich liegt Lome andauerd im Kampf mit dem englischen Ort Quittah. Die fünf europäischen Faktoreien, vier davon hanseatische Firmen, liegen rechts von mir nebeneinander. Ihre Häuser und Höfe sind meist von dichten mannshohen Kaktushecken umzäunt; aus Furcht vor Einbruch und Überfall, wie ich erfahre. Die Gebäude sind niedrig, aus Holz, Dächer und Wände der Hitze wegen weiß getüncht. Hinter ihnen befindet sich die einzige Parallelstraße zum Strand, die durch mattenumzäunte Negerhöfe begrenzt wird. Daran schließt sich ein achtzehnhundert Meter breiter grüner Streifen hohen Gebüsches, das bis auf einen schmalen knöcheltiefen Sandweg beinahe undurchdringlich ist. Hinter diesem breiten Buschstreifen zeigen sich hochstämmige Kokospalmen und riesige Laubbäume, in deren Schatten die berüchtigten Fetischnester, die Be-dörfer liegen. Freiwillig hat sich bis jetzt noch kein Weißer dorthin gewagt, und wer sich durch bösen Zufall dorthin verirrte, dem wurden die Kleider vom Leibe gerissen, und er mußte im Adamskostüm herumwandeln, bis er außerhalb der Bannmeile war . . .

Die Morgenstimmungen sind wunderbar. Wie die Dämmerungsschatten über dem Ozean vor dem Herannahen des leuchtenden Gestirns des Tages verblassen; wie der Himmel immer lichter, blauer wird, und das unendliche Meer dessen heiterer werdendes Antlitz mehr und mehr widerspiegelt, bis es in fast golfstromartiger Bläue vor dem Blicke liegt . . .

Die ersten Sonnenstrahlen fallen auf immer zahlreicher werdende Trupps Männlein und Weiblein, die mit Traglasten auf dem Kopf nach Lome kommen. Mit Bastsäcken voll Palmkernen und Rohgummi, mit großen irdenen Töpfen voll Palmöl. Sie wandern nie nebeneinander, stets hintereinander im Gänsemarsch, aus wohlüberlegtem Beginnen, in dem generationenlange Erfahrung steckt; ist doch der Pfad eines afrikanischen Wanderers voll von Gefahren. Wo aber der Vordermann seinen nackten Fuß gefahrlos hingesetzt hat, kann auch sein Hintermann sicher wandern.

In den Faktoreihöfen beginnt jetzt reges Leben. Der schwarze Böttcher und sein Lehrling schlagen riesige Fässer zusammen, aus Dauben, die mit dem Schiff aus Deutschland kommen, und die dafür bestimmt sind, das Palmöl aufzunehmen und damit nach Deutschland zu wandern. Die Herren Clerks kommen an, in weißen Anzügen, mit tadellos durchgezogenem Scheitel, und warten auf den Augenblick, in dem sie in Tätigkeit treten werden. Der Kerneclerk läßt seine Dezimalwaage an das Eingangstor der Faktorei stellen. Weib auf Weib tritt jetzt heran, die meisten haben außer ihrer Last auf dem Kopf noch ein kleines Kind auf dem Rücken, und der Schweiß rinnt in großen schweren Tropfen von ihrem spärlich bekleideten Körper. Sie werfen ihre Bastsäcke auf die Waage, der Clerk läßt die Kerne prüfend durch seine Hand gleiten. Mehr als zehn Prozent Schalen scheinen ihm nicht dazwischen zu sein, er kann sie also unbeanstandet kaufen. Er kontrolliert das Gewicht und schreibt einen Scheck, den er der Betreffenden gibt. Schon bemächtigt sich ein Arbeiter der gekauften Kerne und schüttet sie auf einen großen Haufen. Die schwarze Bootsmannschaft schaufelt andere bereits gelagerte Kerne um und füllt sie in Säcke für den nächsten Norddampfer. Unter dem Ölschuppen nehmen die Faktoreiarbeiter den Weibern die Töpfe mit Palmöl vom Kopf. Der Ölclerk mißt das Öl nach Gallonenmaßen und rechnet mit den Verkäufer ab. Die Arbeiter schütten das Öl in einem mächtigen Kessel, der über offenem Feuer steht, um das Öl zu reinigen, indem sie es abschäumen . . .

Salz wird am notwendigsten gebraucht. Weit im Innern hilft man sich durch Verbrennen von Gräsern und sammelt die salzhaltige Asche. Im englischen Quittah und im französischen Grandpopo sammeln die Schwarzen die Rückstände der ausgetrockneten Lagune. Das Salz ist ein so begehrter Artikel, daß er, je weiter man ins Innere kommt, desto häufiger als Zahlungsmittel in Tassenköpfen von Mann zu Mann verhökert wird. Natürlich wird es in großen Mengen von Deutschland oder von Marseille in Säcken eingeführt, die in der Faktorei in einem besonderen Schuppen für sich lagern.

Schnell ist es Mittag geworden. Die Faktoreiglocken läuten. Alles geht zum Mittagessen. Auch der Weiße hat Hunger bekommen. Die Faktoristen haben ausgezeichnete Köche, die ihre Kochkünste bei Franzosen, Deutschen und Engländern gesammelt haben. Am berühmtesten unter ihnen und über die Landesgrenzen hinaus bekannt ist Herrn von Puttkamers Koch Peter, der ein wahres Schlemmerdinner für dreißig Personen mühelos „zu schmeißen" weiß. Meistens ist der Koch auf Geflügel angewiesen, manchmal bekommt er auch einen Hammel, und ab und zu gibt es auch ein Stück Rindfleisch durch den Mulatten Olympio, der eine Rinderherde hat.

Bis um zwei Uhr gönnt auch der Weiße sich Ruhe, dann ist er wieder fleißig. Die Korrespondenz mit seinem Stammhaus muß vielleicht erledigt, Stock, also Lager aufgenommen werden, das Zeichnen der für die Verschiffung fertigzumachenden Güter beobachtet, Nachbestellungen zu Hause gemacht und so manches andere mehr getan werden. An gewöhnlichen Tagen arbeiten Clerks und Arbeiter bis die Sonne untergeht, was hier jahraus, jahrein fast mit der Regelmäßigkeit einer Uhr gegen sechs geschieht. Der Weiße hat inzwischen seinen Strohhut aufgesetzt, oder sein Käppchen aus Weidahgeflecht, das einem Studenten-Zerevis sehr ähnlich sieht und auch so kokett getragen wird, hat sein Spazierstöckchen ergriffen und geht, um in den Nachbarfaktoreien Besuche zu machen. Man sitzt auf der Veranda zusammen, bei einem Whisky, Absinth oder Cocktail und ergeht sich in Küstenklatsch. Andere haben sich dazugefunden und man bleibt zum Abendbrot da.

Für eingeborene Straftäter führten die Deutschen in Togo sogenannte Zwangs- oder Besserungssiedlungen ein. Diese Einrichtungen galten als besonders fortschrittlicher Strafvollzug. Auszug aus einem in der „Kolonialen Rundschau" im September 1911 erschienenen Bericht:

„Der Neger geht mit großer Gleichgültigkeit in den Tod"

Betrat der Weiße ein kulturfernes Land und nahm er die Ausübung der Strafgerichtsbarkeit in die Hand, so hatte er zunächst über Taten zu urteilen, die nur ihm als Verbrechen erschienen, dem Farbigen jedoch nur berechtigte Betätigungen der überlegenen Kraft waren. Dort, wo bislang Gewalt vor Recht galt oder richtiger Gewalt das Recht war, ward jetzt die Ausübung dieses „Rechts" zum Verbrechen, und so erfüllten in den ersten Zeiten europäischer Herrschaft Gewalttätigkeitsdelikte in europäischem Sinne in allen Variationen die Straflisten der Behörden. Mord und Totschlag, Menschenraub und Sklavenhandel, Raub und Notzucht – auch nur ein Raub an dem Gewalthaber des Weibes – wenn gerade die Begierde entfacht, gewaltsame Entsetzung aus dem Lande in den Gegenden, in denen eine Übervölkerung Landnot geschaffen hatte, waren die charakteristischen Delikte der ersten Periode. Heimlicher Diebstahl war selten. Was sollte man auch stehlen. Der Nachbar hatte nicht mehr, nicht weniger, wenn man nur Land zur Lieferung der Nahrung und Frauen hatte.

Nun gebot der Weiße Landfrieden und erzwang ihn sich. Not oder Begierde mußten jetzt schon beträchtlich gewachsen sein, wenn sie die Scheu vor dem Weißen, den Gehorsam gegenüber dessen Wort überwinden sollten. So wurden denn die Ausbrüche überschäumender Kraft seltener und kamen nach und nach nur noch vereinzelt vor.

Dafür trat aber ein ganz anderes Moment in den Vordergrund. Der Weiße brachte schöne Tücher, Schnaps, der viel schneller die köstliche Wirkung des Palmweins oder Sorghumbiers hervorrief, Gewehre, die noch sicherer töteten als der Pfeil; er brachte das Geld, für das man all diese schönen Sachen kaufen konnte. Stand der Schwarze allen diesen Dingen zunächst auch mißtrauisch gegenüber, so wuchs doch bald der Wunsch, die Sachen zu besitzen. Zudem strafte der Weiße den Dieb nicht mehr mit dem Tode; einige Monate Gefängnis, mit besserer Wohnung, besserem Essen wie bisher, das war alles. Er nahm also die Dinge, wo er sie unbeachtet nehmen konnte; und eine außerordentliche Zunahme der Vermögensdelikte war die erste Folge des Eindringens europäischer Kultur. Noch waren sie unter diesen Anfängern in der Kunst des Stehlens einfach und naiv.

Doch die, die ständig um den Weißen waren, lernten bald die Macht des Herrn zum eigenen Vorteil auszunützen. Betrügerische Gewaltanmaßung gegenüber den tieferstehenden Stammesangehörigen, Mißbrauch von Amtsgewalt verhalfen noch schneller und bequemer zum Besitz. Verleumdung und falsches Zeugnis schützten vor der Strafe des Weißen. Sie gaben zusammen mit dem Diebstahl der breiten Masse diesem 2. Abschnitt das Gepräge . . .

Diese Entwicklung vollzog sich jedoch nicht gleichmäßig überall. Diejenigen Farbigen, die in unmittelbare Berührung mit dem Europäer kamen, machten den Prozeß sehr schnell durch, während die außerhalb der Europäereinflußsphäre stehende Bevölkerung noch lange auf der ursprünglichen Stufe verblieb.

Ihr gegenüber versagten die europäischer Auffassung entlehnten Strafmittel.

War für die Tötung eines Menschen, die zwar in sich den Tatbestand des § 211 des Strafgesetzbuches barg, jedoch nur dem oben skizzierten ungebändigten Kraftgefühl entsprungen war, die Todesstrafe die gerechte Strafe? Das Land verlor eine seiner Arbeitskräfte, die sich vielleicht noch den anders gearteten Verhältnissen anzupassen lernte; den Täter selbst schreckte der Tod nicht. Der Neger geht, solange seine Nerven noch nicht durch europäische Kultur angekränkelt sind, mit großer Gleichgültigkeit in den Tod; er hat für ihn keine Bedeutung. Hinrichtungen, bei denen der Verurteilte mit größtem Gleichmut sich selbst die Schlinge um den Hals legt und ohne ein Zeichen der Erregung vom Galgengerüst herunterspringt, sind nicht selten. Langfristige Freiheitsstrafen in Ketten waren für die an ungebundenes Leben Gewöhnten nur eine in die Länge gezogene Todesstrafe. Die Tötung eines Menschen mit körperlicher Züchtigung oder nach Negerrecht mit einer Vermögensbuße zu ahnden, widersprach europäischem Vergeltungsgefühl. Andererseits konnte die deutsche Verwaltung derartige Exzesse nicht ungerügt durchgehen lassen.

So kamen denn in Togo die örtlichen Verwaltungsbehörden auf einen anderen Ausweg: Sie verbannten im Verwaltungswege den Täter aus seiner Heimat und siedelten ihn zwangsweise unter behördlicher Aufsicht an einem anderen Orte an. Hier konnte er nach eigenem Ermessen für seines Leibes Notdurft und Nahrung sorgen, verlassen durfte er jedoch den Ort nicht. Für den Neger ist diese Zwangssiedlung fern von der Heimat eine außerordentlich empfindliche Strafe. Im Gegensatz zu der so häufig gehörten Behauptung, der Neger hänge nicht am Grund und Boden, hat jedenfalls der Neger Togos durchweg ein ausgesprochenes Heimatgefühl. Der Gedanke, dauernd fern von den Orten, auf denen er groß geworden ist, wo seine Verwandten und Freunde wohnen, wo seine Toten begraben liegen, zu leben, ist für ihn im ersten Augenblick die schwerste Strafe, die für die Zurückbleibenden abschreckender wirkt als der Tod.

5. KAPITEL

„VERDAMMT SEIEN DIE DEUTSCHEN!"

Wie die Deutschen in Kamerun einige hundert ausgewählte Eingeborene zum Deutschtum erzogen und anschließend zur Ausbeutung der Bevölkerung einsetzten – Der Aufstand der „Duala-Neger" – Die letzten Worte des Häuptlings Manga Bell vor seiner Hinrichtung

Kontrolliert und angetrieben von deutschen Aufsehern, verlegen einheimische Arbeiter einen Schienenstrang durch den Urwald von Kamerun. Der Lohn pro Tag betrug damals etwa 80 Pfennig. Oft mußten die Eingeborenen umsonst arbeiten, weil sie keine Steuern gezahlt hatten, oder weil sie zu Zwangsarbeit verurteilt worden waren

Bilder aus der deutschen Kolonie Kamerun: Farbige Soldaten werden für die deutsche Schutztruppe zu Scharfschützen ausgebildet (links oben) – Der „König von Bamum" posiert stolz in seiner Paradeuniform, einem Geschenk Kaiser Wilhelms II. – Bei einem Besuch in Kamerun schreitet der Staatssekretär Solf eine Ehrenkompanie schwarzer Askaris ab (links unten)

Hans Dominik – oft, wenn man einer Geschichte nachgeht, stößt man zuerst nur auf einen Namen. Der Name hat einen gewissen Klang, weckt vage Vorstellungen, sagt aber nichts über den Menschen, seinen Charakter und sein Leben. Kommt man als Deutscher nach Kamerun und sucht nach den Spuren deutscher Vergangenheit, dann stößt man überall auf denselben Namen, in der Hafenstadt Duala, in der Hauptstadt Jaunde, im Steppenland des Nordens ebenso wie an der Südküste – Hans Dominik.

„Ich habe Hans Dominik noch selber gesehen", sagt „Papa Louis", ein alter Mann mit freundlichem, runzligem Gesicht. Wir stehen an der Palmenküste von Kribi, einer kleinen Hafenstadt im Süden Kameruns, unterhalb des alten deutschen Leuchtturmes. „Dominik ist oft unten am Strand spazierengegangen", erzählt Papa Louis weiter, „er war damals Mitte 30, nicht groß, aber kräftig. Er trug einen Tropenhelm und hatte einen gezwirbelten Bart. Unter den rechten Arm hatte er meistens eine Nilpferd-Peitsche geklemmt." Die Erwachsenen hätten damals die Kinder gewarnt: „Wenn ihr Dominik trefft, dann müßt ihr ihn laut grüßen und schnell links an ihm vorbeigehen, weil er rechts immer mit der Peitsche schlägt."

Major Hans Dominik gilt heute noch als „Schreckensherrscher von Kamerun"

Felix Georg Zenker, der dunkelhäutige Enkel des deutschen Kolonialpioniers August Zenker lebt in dem von seinem Großvater gebauten „Bipindi-Hof", einem Gutshof in einer verwilderten Kakaoplantage im tropischen Regenwald Süd-Kameruns

Der Mann mit der Peitsche, so wird heute noch erzählt, habe im Zorn Dutzende von Eingeborenenkindern ins Meer treiben lassen, und alle seien ertrunken. Eine Legende – aber zugetraut hätten die Leute von Kribi dem Dominik so ein Verbrechen.

„Hans Dominik war ein ganz einzig gearteter Mensch", schrieb dagegen der frühere deutsche Gouverneur von Kamerun, Jesko von Puttkamer, in seinen Erinnerungen über seine Amtszeit in Kamerun. „Man sah diesem jungen, blonden Offizier nicht an, welch eine Fülle von Willenskraft und unbeugsamer Energie, ja welch Heldenmut in ihm steckte." Dominik habe, so Puttkamer, ganz alleine mit seiner schwarzen Söldnertruppe das Binnenland von Kamerun für das Kaiserreich erobert und befriedet. Seine bloße Anwesenheit sei so viel wert gewesen wie zwei aktive Kompanien. Dominik selbst sei stolz auf seinen „Trommelnamen" gewesen, den ihm die Eingeborenen von Kamerun gegeben hatten. Wenn sie seine Ankunft von Dorf zu Dorf, von Berg zu Berg meldeten und weitergaben, dann trommelten sie: Katakara – „Schrecklicher Kerl".

Hans Dominik kam aus Kulm im heutigen Polen. Er stammte aus einer alten Offiziersfamilie, wurde 1894 als junger Leutnant nach Kamerun versetzt und galt als Spezialist für Strafexpeditionen, bei denen die Deutschen ganze Eingeborenenstämme „niederwarfen", die sich gegen die neuen Herren wehrten. Solche Menschenjagd pflegte Hans Dominik mit dem Gruß „Weidmannsheil" zu beginnen.

Hans Dominik, so heißt es in einer Kurzbiographie, die vom Goethe-Institut in Jaunde herausgegeben wurde, „ist wohl die bekannteste Soldatenfigur aus der deutschen Kolonialzeit in Kamerun und mag hauptsächlich das Bild des grausamen, gerechten und wirksamen deutschen Kolonialsoldaten geprägt haben. Schon vor seinem Tode wurde er zur Legende und lebt heute noch weiter als Schreckgespenst in der Kameruner Überlieferung".

Von der Hafenstadt Kribi im Südwesten Kameruns, unter deutscher Verwaltung wichtigster Handelsort und Ankerplatz der kaiserlichen Marine, fahren wir nach Osten in den Urwald. Die Regenzeit ist erst vor ein paar Tagen zu Ende gegangen, die sonst bretthharte Sandpiste gleicht einem schlammigen Flußbett. Immer wieder drehen die Räder unseres Wagens im Morast durch. Nach vier Stunden endlich erreichen wir die alte Holzbrücke über den Tchangue-Fluß, unter der sich lehmige Wassermassen dem Meer entgegenwälzen. In Bipindi, dem nächsten Dorf – zwei Kirchen, rund fünfzig Wellblechhütten, ein paar Kramläden – erklären uns Eingeborene den Weg zur alten Kakaoplantage des deutschen Soldaten, Botanikers und Pflanzers Georg August Zenker.

Am Ortsrand müssen wir den Wagen stehenlassen und zu Fuß einen schmalen Pfad in den Dschungel nehmen. In dem mächtigen Bambuswald kommen wir uns vor wie Gulliver im hohen Grasland. Nach zwei, drei Kilometern in dampfend heißer Luft erreichen wir endlich eine Lichtung. Darauf steht, umgeben von verwilderten Palmen, ein heruntergekommenes riesiges Farmhaus, der Bipindi-Hof. Kein Mensch ist zu sehen. Wir entdecken drei Gräber, das größte mit einem Grabstein, einem Kreuz und einer vergoldeten Inschrift: „Hier ruht in Gott unser lieber Vater Herr Georg August Zenker, Botaniker und Plantagenbesitzer, geboren am 11. Juni 1855, Leipzig, gestorben am 12. Februar 1922 zu Bipindi-Hof als letzter Deutscher."

„Suchen Sie was?" Die Stimme kommt aus dem ersten Stock des alten Hauses. Hinter einer Säule steht ein dunkelhäutiger Mann, grauhaarig, unrasiert, etwa 50 Jahre alt. „Ich bin Felix Georg Zenker", sagt er in gutem Deutsch, „der Enkel von Georg August Zenker." Dann begrüßt er uns so selbstverständlich, als ob er regelmäßig Besuch aus der fernen Heimat seines Großvaters bekäme.

Im Haus ist es angenehm kühl. Eine leichte Brise weht durch die unverglasten Fensteröffnungen. Die Räume sind groß und hoch. Es gibt Dielenfußböden, geschnitzte Holzkassettendecken und abblätternde Pastellfarben an den Wänden. Wir steigen eine brüchige Treppe hinauf, in der einige Stufen fehlen. In einem Verandazimmer steht ein altdeutscher Schreibtisch. An der Wand hängt eine Schwarzwälder Uhr, daneben Landschafts- und Städtebilder in Öl, vom alten Zenker selbst gemalt, darüber ein vergilbtes Foto des früheren Hausherrn. Ein streng dreinblickender Herr mit weißem Stehkragen und dunklem Jakkett, blondem Haar und Schnauzbart.

Der dunkelhäutige Nachkomme sagt: „Ich bin ein Viertel deutsch, und ich bin stolz darauf." Sein Familienstammbaum

sei sehr verzweigt. Sein Großvater Georg August habe eine Frau aus Dahomey namens Susse Mimbwilla nach Landessitte geheiratet. Ihr erster Sohn wurde Kurt-Julius getauft. Der habe später das Mädchen Zanga Teckla aus Bipindi geheiratet. Kurt-Julius und Zanga Zenker hätten einen Sohn bekommen, den sie Felix Georg nannten – und das sei er. Deutsch habe er von seinem Vater gelernt.

Der Kakaoplantagen-Besitzer Georg August Zenker nahm selbst die Gesundheitsuntersuchungen und Impfungen an seinen Arbeitern vor

Felix Georg Zenker führt uns zu einem verstaubten Vitrinenschrank. Dort stehen Bücher, liegen Bilder, Karten und beschriebene Blätter. Dies alles stamme noch aus Großvaters Zeiten, sagt der Erbe des Bipindi-Hofes und fordert uns auf, im Bücherschrank herumzustöbern; darin seien viele Dokumente aus der Kolonialzeit.

Die Lektüre des Bipindi-Hof-Gründers steht da, als sei sie seit 100 Jahren unberührt geblieben: „Das Buch der Tierwelt", „Das Pflanzenreich", „Doktor Mabuse, der Spieler". Mittendrin finden wir einige in speckiges Schweinsleder gebundene Werke ohne Aufschrift. Auf der Innenseite steht „Tagebuch 1891 bis 1893". Es sind die Aufzeichnungen des früheren Hausbesitzers.

Häufig ist hinter den Daten nur der Vermerk „Nichts besonderes vorgefallen". Doch manchmal war was los auf dem Bipindi-Hof: „15. Dezember 1891. Großes Palaver im Mozimbu-Dorf wegen Weiberangelegenheit." – „Montag, den 16. Mai 1892: Eingeborene haben dreist die Ramsayische Expedition überfallen. Drei Leute getötet. Dominik zu Hilfe gerufen!" Der Offizier der deutschen Schutztruppe in Kamerun, Hans von Ramsay, Freund und häufiger Kampfgefährte von Hans Dominik, war während einer Strafexpedition in der Nähe von Bipindi in einen Hinterhalt geraten. Seine Truppe wurde mit Giftpfeilen be-

schossen, drei eingeborene Träger kamen ums Leben. Hans Dominik sollte den Überfall rächen.

Diese Eintragung ist der erste Hinweis auf Hans Dominik. Schließlich finden wir ein paar zerfledderte Buchseiten und den dazugehörenden Umschlagdeckel „Sechs Kriegs- und Friedensjahre in deutschen Tropen" von Hans Dominik. Das Buch ist 1901 erschienen. Aus den Aufzeichnungen geht hervor, daß der „Schreckensherrscher von Kamerun" offenbar auch eine dichterische Ader gehabt hat. Er führt nicht einfach stichwortartig Tagebuch wie Zenker und viele Deutsche damals in den Kolonien, sondern ist um einen eleganten Stil bemüht.

Dominik über die Landschaft am Kamerunberg: „Der Limbe-Fluß rieselt mit seinem klaren Gebirgswasser über rundgeschliffene Steine dem Meere zu und die feinen Wedel stolzer Kokospalmen schwanken unter den Atemzügen der Brise, während zahllose bunte Vögel singen, schlagen und trillern, und das fast noch buntere Heer der großen Insekten seine wunderlichen zirpenden, pfeifenden und knarrenden Laute ertönen läßt und große Schmetterlinge sich auf den herrlich gefärbten übergroßen Blüten seltener Pflanzen schaukeln – so herrscht heilige, fast beängstigende Stimmung inmitten der Wälder, die wie ein schweres tiefgrünes Gewand mit lichterem Saume den Hang des Götterberges bedecken . . ."

Auch für das Grausame fand Hans Dominik noch gewählte Worte von makabrer Eindringlichkeit. 1895 beschreibt er eine seiner „Befriedungsaktionen" in einem „aufständischen" Dorf: „Da saß ich nun am Mittag meines ersten Geburtstages in Afrika inmitten des brennenden Mpako. Krachend stürzten die brennenden Häuser zusammen, rot schlug die Lohe gen Himmel, Frauen und Kinder irrten ratlos umher, laut aufkreischend,

Ein deutscher Fotograf ließ den Häuptling von Balibe mit seinen zwanzig Frauen in Reih und Glied zum Familienfoto antreten

wenn sie auf einen ihnen bekannten Gefallenen stießen, denn echt afrikanisch – mit dem Bajonette – hatten die Sudanesen gearbeitet . . . Hoch oben kreisten gierig krächzend, reicher Beute gewiß, die Aasgeier.

Ich gedachte der Lieben daheim, ich blickte vorwärts an das, was mir noch im dunklen Erdteil bevorstand und schlief ein, meinen alten Wahlspruch im Herzen: Nicht rechts geschaut nicht links geschaut, vorwärts gradaus, auf Gott vertraut – und durch!"

Im Vitrinenschrank des Kolonialpioniers Zenker finden wir noch ein anderes zeitgenössisches Werk. Es berichtet über einen jungen Mann aus dem Dorf Bitutuk in der Nähe der Bezirkshauptstadt Edea. Sein Familienname war Momha. Deutsche Missionare hatten ihn „Franz" getauft. Der Kameruner Schriftsteller Ikelle Matiba hat die Geschichte des Franz Momha nach dessen Erzählungen aufgeschrieben.

Sie begann Anfang 1895, als kurz nach Tagesanbruch eine Gruppe weißer Männer, begleitet von schwarzen Soldaten, in Bitutuk erschien. Sie forderten den Häuptling auf, alle Dorfbewohner zusammenzurufen. Franz Momha berichtet, der Anführer der weißen Herren verlangte einen einheimischen Führer, der das Land kenne und die Dialekte der Eingeborenen spreche. „Die Wahl fiel auf mich, zuerst war ich entsetzt, doch ich war jung und mußte mich fügen." Mit Hilfe seiner Kenntnis von Land und Leuten hätten die Deutschen dann zunächst ohne größere Gegenwehr eine ganze Provinz in Besitz genommen.

Als Belohnung für seine Teilnahme an den Expeditionen durfte Franz Momha die deutsche Schule in Edea besuchen. Er war damals 16 oder 17 Jahre alt.

Er sollte zu der schwarzen Elite gehören, die sich die Deut-

schen in ihren Kolonien heranzogen. Sein Lehrer kommandierte den Unterricht mit einer Trillerpfeife. Oft gab es Schläge mit dem Bambusstock oder mit der Peitsche.

Franz Momha gefiel es dennoch bei den tüchtigen Deutschen. Er und seine Freunde waren stolz auf ihre Ausbildung, sie fühlten sich klüger und wichtiger als die anderen Eingeborenen. Sie staunten, wie immer mehr Häuser, Straßen, Brücken und Bahnhöfe gebaut wurden.

Franz Momha schaffte den Mittelschulabschluß, machte eine Ausbildung in der deutschen Verwaltung und wurde Assistent des Bezirksamtmannes von Edea. Gemeinsam mit seinem Chef organisierte er die Eröffnungsfeier der neuen Eisenbahnlinie Edea-Duala. Franz Momha erzählt: „Auf allen Gebäuden wehten deutsche Fahnen. In der ganzen Stadt wimmelte es von Menschen, die von weither gekommen waren, um das große Ereignis mitzuerleben. Sie betasteten die Schienen, bewunderten die neue große Brücke über den Sanaga und staunten mit offenen Mündern."

Von 1895 bis 1906 war Jesko von Puttkamer Gouverneur der deutschen Kolonie Kamerun. Er war verantwortlich für einen nach außen glanzvollen Aufbau des „Schutzgebietes" – und für eine skrupellose Ausbeutung der Bevölkerung. Tausende von Zwangsarbeitern, auch Frauen, mußten vom Hafen Victoria aus schwere Zementsäcke in den 30 Kilometer entfernten, 985 Meter hoch am südöstlichen Abhang des Kamerunberges gelegenen Ort Buea schleppen, von Peitschenhieben der Aufpasser angetrieben. Denn der Gouverneur brauchte dringend eine Residenz in gesunder Höhenluft, weil er in der sumpfigen Hafenstadt Duala oft von Malariaanfällen geschüttelt wurde.

Der protzige Gouverneurspalast von Buea steht mit seinen meterdicken Mauern, Balustraden und Türmen heute noch am Abhang des Kamerunberges, solide wie eine Burg am Rhein. Er wird streng bewacht und dient dem Staatspräsidenten von Kamerun gelegentlich als Residenz. Terrassenförmig angelegte Gärten zieren das Anwesen. Ein Tennisplatz diente der körperlichen Ertüchtigung des Bauherrn, der nie ein Hehl aus seiner Verachtung für die schwarzen Untertanen gemacht hat. Jesko von Puttkamer über die Kusteneinwohner Kameruns: „Die Duala sind das faulste, falscheste und niederträchtigste Gesindel, welches die Sonne bescheint, und es wäre sicherlich das beste gewesen, wenn sie bei der Eroberung des Landes im Jahre 1884 wenn schon nicht ausgerottet, so doch außer Landes verbracht worden wären." Puttkamer lobte ausdrücklich die Einstellung seines Gesinnungsfreundes Hans Dominik: „Er hatte den Negern gegenüber das einzig richtige Prinzip: Sie müssen wissen, daß ich der Herr bin und der Stärkere; solange sie das nicht glauben, müssen sie es eben fühlen, und zwar hart und unerbittlich, bis ihnen das Auflehnen vergeht!"

Der Missionar Hecklinger fotografierte in Duala einen einheimischen Lehrer und seine Braut nach der Trauungszeremonie

Der Herrenmensch Puttkamer wurde 1906 durch die Reichsregierung in Berlin von seinem Posten in Kamerun abberufen – nicht nur weil unter seinem Regime die Eingeborenen

Wie eine feste Burg steht noch heute der ehemalige deutsche Gouverneurssitz in Buea am Fuße des Kamerunberges, den Jesko von Puttkamer von Tausenden von einheimischen Arbeitern hatte errichten lassen

rücksichtslos unterdrückt, ausgebeutet, geprügelt und auch hingerichtet wurden; nicht weil liberale und sozialdemokratische Politiker und Journalisten im Reich immer energischer seinen Rücktritt gefordert hatten – sondern schlicht wegen eines Paßvergehens. Der sittenstrenge Gouverneur hatte seiner deutschen Geliebten Marie Ecke in Kamerun eigenhändig einen Paß mit falschem Namen ausgestellt.

Franz Momha, der junge Mann aus Bitutuk, erkannte mit der Zeit immer deutlicher, wie seinem Volk von den weißen Herren mitgespielt wurde: „Freiheit gab es für unsere Menschen nicht, aber Rassendiskriminierung zur Genüge. Der Schwarze wurde zum Gegenstand herabgewürdigt. Er sollte den Weißen als Gott ansehen."

Momha erzählt: „Sobald ein Weißer durch die Straße ging, mußten alle anderen einen großen Bogen machen und die Kopfbedeckung abnehmen, sonst gab es Prügel. Die Ängstlichen rissen deshalb schon von Ferne ihre Kappen herunter. Im Büro hatte man sich stets bescheiden zu verhalten. Wer sich unhöflich benahm, wurde zum Polizeirevier geschickt. Dort gab es Prügel. So erzwangen sich die Deutschen die Arbeit und die Unterwürfigkeit der Bevölkerung."

Nach dem amtlichen Bericht der deutschen Kolonialjustiz wurde im Verwaltungsjahr 1912/13 in den afrikanischen Schutzgebieten – Südwestafrika, Ostafrika, Togo und Kamerun – aufgrund gerichtlicher Urteile oder amtlicher Verfügungen in 15 392 Fällen die Prügelstrafe vollstreckt. In Kamerun wurde die Strafe in diesem Zeitraum 4800mal vollzogen. In Buea lebt heute noch ein Zeuge der deutschen Gerichtsbarkeit, der 95 Jahre alte Robinson Lambe. Er war 15, als er zum erstenmal zusah, wie die

Auch ein Tennisplatz gehörte zum Anwesen des Gouverneurs von Puttkamer, der im Bild vorne rechts zum Fotografen blickt

Deutschen als abschreckendes Beispiel einen Dieb öffentlich auspeitschen ließen: „Der Mann wurde ausgezogen und nackt auf ein Bierfaß gebunden. Vier Kameruner in deutscher Uniform standen mit Peitschen in den Händen wartend daneben. Ein deutscher Offizier gab das Zeichen zum Zuschlagen, 25mal. Immer wenn er an seiner Zigarette sog, sauste die Peitsche auf den nackten Körper nieder, bis er blutig war. Ich habe vor Angst gezittert und bin weggelaufen."

In Jaunde wurde Franz Momha bei einem Besuch im deutschen Bezirksamt von einem Freund zu einer halbhohen, sehr breiten Mauer geführt – einem Schauplatz schrecklicher deutscher Kolonialjustiz:

Eingeborene, die Widerstand gegen die weißen Herren geleistet hatten, wurden hier grausam gefoltert, bevor man sie oft lebendig in den Abgrund hinter der Mauer stieß; schwangeren Frauen wurde der Leib aufgeschlitzt; Männer wurden zerstükkelt und die einzelnen Körperteile in den Abgrund geworfen. Die schwarzen Söldner, die diese Verbrechen im Auftrag der Deutschen begingen, wurden von jenem Offizier kommandiert, den die Buschtrommel „Schrecklicher Kerl" nannte.

Als der Freund ihm bei einem Spaziergang durch Jaunde diesen Mann zeigte, erschrak Franz Momha: Es war derselbe Mann, der in sein Heimatdorf Bitutuk gekommen war, um es zu unterwerfen; derselbe Mann, in dessen Gefolge er als junger Mann durch das Land gezogen war – der Major Hans Dominik. Nach ihm wurde die Hinrichtungsstätte von Jaunde „die Dominik-Mauer" genannt. (Als die deutsche Herrschaft in Kamerun zu Ende ging, ist diese Stätte der Schande dem Erdboden gleichgemacht worden.)

Erschüttert von seinen Erlebnissen, wandte sich Momha erbittert von den Deutschen ab. Er ging im Alter von etwa 40 Jahren heimlich in sein Heimatdorf Bitutuk zurück, arbeitete und lebte dort als einfacher Bauer wie sein Vater und sein Großvater. Bevor er starb, sagte er seinen Kindern: „Wir müssen unser eigenes Leben leben. Wir bedürfen des weißen Mannes nicht, er bringt nur Zwiespalt, Haß, Verbrechen und Krieg."

Als wir das Buch mit der Geschichte des Franz Momha – es heißt auf deutsch „Adler und Lilie in Kamerun" – wieder in den Bücherschrank des Bipindi-Hofes zurückstellen, erzählt der heutige Hausherr, Felix Georg Zenker, daß dieses Buch vor etwa zwanzig Jahren von einem deutschen Besucher dort hineingestellt worden sei. Er habe es seitdem nicht herausgenommen, denn er könne zwar Deutsch sprechen, aber nicht Deutsch lesen.

Der Duala-Häuptling King Bell von Belltown unterzeichnete zusammen mit zwei anderen Häuptlingen den ersten Schutzvertrag mit den Deutschen in Kamerun

Für unsere Rückfahrt von Bipindi über Kribi nach Duala, eine Strecke von knapp 200 Kilometern, brauchen wir fast einen Tag. Die Straßen sind morastig, von Lkw aufgewühlt und mit großen Löchern durchsetzt. Allein die Überfahrt mit einer alten Fähre über den Dibamba-Fluß dauert zwei Stunden.

In Duala, der Hafen- und Handelsmetropole des Landes, steht mitten in der Stadt zwischen modernen, aber äußerlich heruntergekommenen Bürohäusern, ein altes Holzhaus im Zukkerbäcker-Stil und davor ein Denkmal für den früheren Bewohner dieses Hauses: Rudolph Manga Bell. Der Sohn des Duala-Häuptlings King Bell wird in Kamerun als Rebell gegen die Deutschen und Märtyrer seines Volkes verehrt. Sein Vater hatte am 14. Juli 1884 mit dem Reichskommissar Dr. Gustav Nachtigal einen Schutzvertrag abgeschlossen, mit dem die deutsche Herrschaft in Kamerun begann.

Der deutsche Bezirksamtsmann von Duala, Hermann Röhm, legte 1910 dem Gouverneur in Buea und dem Kolonialamt in Berlin einen Plan zum Ausbau der Stadt vor. Dafür brauchten die weißen Herren das von den Schwarzen bewohnte Land am Hafen. Unter dem Vorwand „hygienischer Gründe" sollten die einheimischen Bewohner aus ihren Hütten vertrieben werden. Als Entschädigung bot die Kolonialverwaltung den Besitzern 1,11 Reichsmark pro Quadratmeter an – ein auch für damalige Verhältnisse lächerlicher Preis. Die Eingeborenen lehnten ab, doch ihre Beschwerden halfen nichts. Die Enteignung sollte notfalls mit Gewalt durchgesetzt werden.

Häuptling Manga Bell schickte Telegramme mit verzweifelten Hilferufen an den deutschen Reichstag. Als seine Telegramme auf dem Postamt Duala abgefangen und er mit Amtsenthebung bestraft wurde, schickte Rudolph Manga Bell heimlich seinen Sekretär Ngoso Din nach Berlin. Der sollte die Reichstagsabgeordneten persönlich um Hilfe gegen die Willkür der deutschen Kolonialherren in Kamerun bitten. Ngoso Din fand Unterstützung bei liberalen Journalisten und bei sozialdemokratischen Abgeordneten.

Der Abgesandte des Duala-Häuptlings konnte dem Reichstag schließlich seine „Petition gegen die Zwangsenteignung des Duala-Volkes" überbringen. Darin hieß es: „Die Erbitterung der Duala über die Willkür der deutschen Behörden ist so groß, daß die Häuptlinge Mühe haben, den Ausbruch der Verzweiflung zu verhindern."

Konservative Abgeordnete und bürgerliche Zeitungen faßten diese Bittschrift als eine Art Kriegserklärung auf. Sie wetterten gegen die Sozialdemokraten im Reichstag, nannten sie „Negrophile" und hetzten gegen die „Unverschämtheit des Negercharakters". Der Kolonial-Staatssekretär Solf rief im Reichstag aus: „Meine Herren, wenn ich die Neger von dem Grundsatz aus behandeln wollte, daß alle Menschen gleich sind, dann würde ich die Kolonialverwaltung ganz aufgeben können."

Ngoso Din, der Abgesandte des Volkes der Duala, wurde in Berlin kurzerhand „wegen Hochverrats" verhaftet, in seine Heimat abgeschoben und dort in Haft genommen.

In Duala lud der Bezirksamtmann Röhm am 14. Mai 1914 Häuptling Manga Bell unter dem Vorwand zu einer Vernehmung, er sei „dringend verdächtig, Kamerun einer fremden Macht, nämlich England, gewaltsam einzuverleiben". Der Häuptling bestritt dies energisch und benannte zahlreiche Zeugen für seine Unschuld. Dennoch wurde auch er ins Gefängnis geworfen.

Am 8. August 1914 fand ein Hochverratsprozeß gegen Häuptling Rudolph Manga Bell und seinen Emmissär Ngoso Din statt. Noch am selben Tag teilte der letzte amtierende Gouverneur von Kamerun, Karl Ebermaier, dem Reichskolonialamt in Berlin in einem verschlüsselten Telegramm das Ergebnis mit: „Duala Manga Bell und Ngoso Din wegen Hochverrats zum Tode verurteilt!"

Gegen das Todesurteil gab es Proteste in der Kolonie Kamerun, im Deutschen Reich. Politiker, Missionare und Einheimische beteiligten sich an gewaltlosen Protestkundgebungen. Es half nichts. Schon einen Tag nach dem Prozeß wurden die Verurteilten zum Galgen geführt, der mitten auf dem Gefängnishof errichtet worden war. In der ganzen Stadt stießen Frauen und Kinder laute Klagetöne aus, und Männer weinten um ihren Häuptling.

Bevor ihm die Henker den Strick um den Hals legten, so erzählt man heute noch in Kamerun, soll Manga Bell den deutschen Beamten und Offizieren zugerufen haben: „Ich scheide jetzt von meinen Leuten, aber verdammt seien die Deutschen! Gott! Ich flehe dich an, höre meinen letzten Willen, daß dieser Boden niemals mehr von Deutschen betreten werde!"

King Bells Sohn, Häuptling Rudolph Manga Bell, in dem Speisezimmer, das ihm die Deutschen geschenkt hatten; später wurde er von der Schutztruppe wegen „Hochverrats" hingerichtet

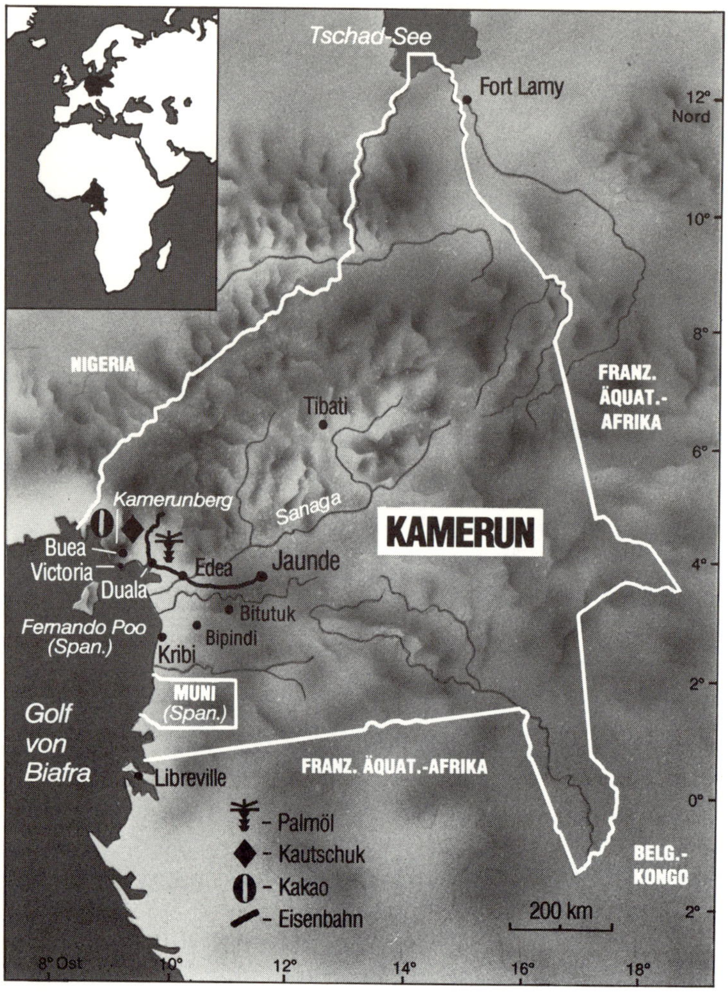

Kamerun am Golf von Biafra: 1911 herrschten 2000 Deutsche über 2,6 Millionen Einheimische

Kamerun damals – Kamerun heute

Vom 14. Juli 1884 (Flaggenhissung durch Nachtigal) bis 1919 deutsche Kolonie; am Golf von Biafra gelegen, nördliche Spitze bis zum Tschadsee, südlicher Ausläufer bis zum Kongo; knapp 800 000 qkm groß; drei Landschaftszonen: im Süden und an der Küste tropischer Regenwald, in der Landesmitte Hochland mit milderem Klima, im Norden trockenes Steppenland. Die Einwohnerzahl wurde auf 2,6 Millionen geschätzt; 1912 gab es 58 Plantagenunternehmen, davon 13 Aktiengesellschaften, befehligten 195 deutsche Aufseher 17 827 schwarze Arbeiter; Hauptprodukte: Palmöl, Kautschuk und Kakao; Verwaltungssitz des Gouverneurs war Buea am Abhang des 4070 Meter hohen Kamerunberges. Die kleine, aber schlagkräftige Schutztruppe hat während der gesamten deutschen Kolonialzeit immer wieder Aufstände gewaltsam unterdrückt. 1916 räumten die deutschen Truppen die Kolonie.

Nach 41 Jahren als Völkerbundsmandat (verwaltet von Franzosen und Engländern) 1961 unabhängig; 1972 wurden der Norden und Süden des Landes zur „République Unie du Cameroun" vereinigt. Seither werden die 8,5 Millionen Einwohner von einer marktwirtschaftlich und pro-westlich orientierten Einheitspartei, der „Kameruner Nationalunion" (UNC), regiert. Kamerun gehört zu den politisch und wirtschaftlich stabilsten Ländern Schwarzafrikas. Wichtigste Landwirtschaftsprodukte: Kakao, Kaffee und Baumwolle. Kleinere Öl- und Erdgasvorkommen decken den Eigenbedarf. Bodenschätze wie Bauxit, Uran und Zinn gewinnen für die Volkswirtschaft an Bedeutung. Kamerun hat eines der höchsten Pro-Kopf-Einkommen Zentralafrikas: Ein Arbeiter verdient umgerechnet etwa 140 Mark im Monat. Die Hauptstadt Jaunde (von den Deutschen gegründet) ist mit pompösen Regierungs- und Verwaltungsgebäuden und breiten Straßen eine der modernsten Hauptstädte Afrikas. Während Arbeitslosigkeit, Landflucht und die Verslummung der städtischen Randgebiete zunehmen, geht es der Oberschicht immer besser. Kuriosum: Mit 560 000 Flaschen pro Jahr liegt Kamerun an der Spitze des Champagnerverbrauchs in Afrika.

DOKUMENTE ZUR KOLONIE KAMERUN

Der Major der deutschen Schutztruppe in Kamerun, Hans Dominik, wurde während der Kolonialzeit und auch im „Dritten Reich" als Held gefeiert. In Kamerun gilt er noch heute als brutaler Herrenmensch, der Land und Leute rücksichtslos drangsalierte. Dominik selbst hat mehrere Bücher geschrieben. Auszüge aus „Sechs Kriegs- und Friedensjahre in deutschen Tropen":

Da saß ich nun am Mittag meines ersten Geburtstages in Afrika inmitten des brennenden Mpako. Krachend stürzten die brennenden Häuser zusammen, roth schlug die Lohe gen Himmel, Frauen und Kinder irrten rathlos umher, laut aufkreischend, wenn sie auf einen bekannten Gefallenen stießen, denn echt afrikanisch – mit dem Bajonett – hatten die Sudanesen gearbeitet. Zum ersten Male hatte ich die Bestie im Menschen entfesselt gesehen und noch stand ich unter dem Eindruck all des Grausigen, als die ersten Patrouillen, die den Fliehenden in den Wald nachgesetzt waren, jubelnd mit allen möglichen Beutestükken beladen, eintrafen und meldeten, wie sie im dichten Walde mit dem Feinde handgemein geworden waren. Ich ließ zum Sammeln blasen und schlug fern von dem blutbedeckten Kampfplatz mein Lager auf. Mpako war ein Trümmerhaufen, mit den Überresten der Hütten fachten die Soldaten ihre Lagerfeuer an, eine schwarze Rauchwolke stieg in der klaren Luft gerade auf zum Himmel. Hoch oben kreisten gierig krächzend, reicher Beute gewiß, die Aasgeier. Es war ein ernster Geburtstagsabend. Ich dachte der Lieben daheim, ich blickte vorwärts auf das, was mir noch im dunkeln Erdtheil bevorstand, und schlief ein, meinen alten Wahlspruch im Herzen: „Nicht rechts geschaut, nicht links geschaut, vorwärts gradaus, auf Gott vertraut und durch." . . .

„Nicht rechts geschaut, nicht links geschaut, auf Gott vertraut und durch"

Wir hörten in der Ferne Hörner blasen und trommeln, hin und wieder hallte auch ein dumpfer Schuß durch die Stille des Waldes, aber vom Gegner selbst war nichts zu sehen. Vorsichtig überschritten wir das Wasser und stiegen zu den vernachlässigten Befestigungen hinauf. Sie waren unbesetzt. Die Bakwiris waren augenscheinlich auf unser Kommen noch nicht vorbereitet gewesen. Jetzt sahen wir die ersten Hütten durch das Dunkel des Waldes schimmern; im „Marsch, Marsch" ging es vorwärts. Zäune und kleine Steinwälle umgaben dürftige Felder, in deren Mitte die Gehöfte liegen. Schüsse ertönten, wildes Geschrei. Die einzelnen Züge gingen nach verschiedenen Seiten hin auseinander und folgten den schmalen Fußpfaden, die rechts und links in den Busch bergauf zu den Siedlungen führten. Aus einzelnen Hütten flohen in wilder Hast Frauen und Kinder, in anderen wieder hatten sich mehrere trotzige Gesellen zusammengerottet und empfingen die Soldaten mit Salven aus ihren Vorderladern. Nach einer Stunde ungefähr wurde das Schießen schwächer, ich hörte „Sammeln" blasen und fand Stetten mit dem geschlossenen Teil der Expedition und den Lasten auf einem größeren freien Platz wieder, der von mehreren elenden Hütten gebildet wurde. Man hatte hier etwas Übersicht; der Kommandeur beschloß daher, sich hier festzusetzen. Mehrere tote Bakwiris und einige verwundete Soldaten zeigten, daß hier ein ernsterer Kampf stattgefunden hatte.

Es wurden nun Posten ausgestellt, Patrouillen vorgetrieben und mit der Einrichtung des Lagers begonnen. Hin und wieder schlichen sich noch einige freche Bakwiris durch die Postenkette und feuerten auf die arbeitenden Leute. Aber unheimlich war es ihnen doch, als sie die scharfen Schüsse unserer Patrouillen überall weit in den Bergen in ihrem Rücken hörten; sie zogen es bald vor, uns bis zum Abend, wo an der Wasserstelle noch öfter geschossen wurde, nicht mehr zu belästigen . . . Nur Ausdauer konnte hier in den unwirtlichen, unzugänglichen Gebirgswäldern zum Ziel führen. Den Missionshügel hatte Stetten nicht als Lagerplatz gewählt, weil er zu weit vom Wasser entfernt war. Das klare Bächlein, das an unseren Quartieren vorbeirauschte, wurde von uns Europäern fleißig zum Baden benutzt. Das Wasser war wunderbar kühl, befanden wir uns doch schon 900 m hoch in den Bergen, auch die Temperatur war wie daheim, und abends, wenn die Nebel niedergingen, hüllten wir verweichlichten Tropenmenschen uns erschauernd in Decken und Mäntel. Wie erquickend und wohltuend waren diese Nächte! Unten in Kamerun wirft man sich des Nachts oft stundenlang bei 25 bis 26° R. ruhelos hin und her. Hier zog man einmal wieder die Kamelhaardecke bis an das Kinn hinauf und hütete sich, selbst nur eine Zehe aus der schützenden Hülle herausschauen zu lassen.

Den Weihnachtsabend feierten wir bei einem kräftigen Punsch. Stetten versammelte um einen kleinen künstlichen Weihnachtsbaum, der im Glanze winziger Lichter erstrahlte, sämtliche Europäer in unserer gemeinsam bewohnten kleinen Bakwiri-Hütte. Am ersten Feiertag Morgen ging es mit Spaten und Schaufeln zur Mission. Preuß und Stetten fanden nach einigem Suchen den Platz, wo sie Gravenreuth* vor dem Rückzug der Expedition begraben hatten, um ihn nicht den Bakwiris in die Hände fallen zu lassen. Altes Gerümpel, Balken, Steine und gewaltige Erdhaufen wurden entfernt. Eifrig gruben die Arbeiter, tiefer und tiefer. Plötzlich etwas Hartes, Glänzendes – es war der richtige Fleck! Der Lauf eines Maximgeschützes, das man gleichfalls hatte zurücklassen müssen, wurde sichtbar. Steine flogen, alles beteiligte sich am Graben, neugierig glitten die Blicke in die Tiefe, und als das Geschütz freigelegt und von kräftigen Armen emporgewuchtet war, da sahen wir das weiße Gerippe des tapferen Löwen von Ostafrika am Boden. Lang ausgestreckt lag er da. Wenige Zeugfetzen fielen bei der ersten Berührung wie Zunder von den weißen Knochen, nur die Füße streckten noch in den wohlerhaltenen gelben, festen, nägelbeschlagenen Schnürschuhen. Es war ein weihevoller Augenblick! Selbst die Schwarzen standen, auf ihre Spaten und Hacken gestützt, still und fast andachtsvoll dabei, als wir die Hüte von den Köpfen zogen und in stiller Betrachtung den tapferen Soldaten ehrten. Stetten ließ die Gebeine aufheben, sie sollten nach Kamerun überführt, eingesargt und unter dem Denkmal, das dem Helden gesetzt ist, bestattet werden.

Der aus Sachsen stammende Kolonial-Pionier Georg August Zenker kam als Soldat nach Kamerun. Er war Mitbegründer der Militärstation Jaunde, der heutigen Hauptstadt von Kamerun. Zenker, der gelernte Botaniker, ließ sich später als Kakaopflanzer im südlichen Regenwald von Kamerun nieder und baute den Bipindi-Hof auf, der heute noch steht. Bis zu seinem Tode im Jahre 1922 führte Zenker Tagebuch. Auszug aus dem Jahr 1891:

„Betreffs des Heiratens herrschen hier merkwürdige Gebräuche"

Sonntag, den 23. August 1891. Betreffs des Heiratens herrschen hier merkwürdige Gebräuche. Ein junges Mädchen, welches noch nicht ganz bezahlt ist von dem jungen Mann, welcher sie heiraten will, kann so viel Freunde haben als sie will; je mehr, desto angesehener ist sie als Frau. Jeder ist willkommen, doch muß er etwas bringen, Jams, einen Bund Planten oder Knöpfe, Tuch, etc., um die Gunst zu erwerben u. darf dann 1 oder 2 Nächte mit ihr zubringen. Eifersucht gilt nicht, kommt aber vor und dann gibt es Prügel: dieses tut der Liebe keinen Abbruch. Selbst ihr zukünftiger Mann, welcher vielleicht schon einen Teil darauf bezahlt hat, kann zu dieser Sache nichts sagen. Liebt er das Mädchen wirklich (dieses ist jedoch bloß bei jungen Männern der Fall), so trinkt er mit ihr Medizin und das

* Freiherr Karl v., geb. 1858, trat 1885 in die Dienste der Deutsch-Ostafrikanischen Gesellschaft und fiel 1891 bei der Erstürmung des befestigten Buea.

Mädchen verläßt vor der Bezahlung das elterliche Heim. Kommt dann der Vater von dem Betreffenden seine Tochter zu reklamieren, so schlachtet diese eine Ziege u. verspricht, sie nach u. nach zu bezahlen. Sehr oft kommt es auch vor, wenn sie sieht, daß ihr Mann sie trotz allem schlecht behandelt, sie wieder ins elterliche Heim zurückkehrt, wo sie natürlich mit offenen Armen empfangen wird, sich aber schleunigst weiter verkauft. Die Weiber haben hier wirklich einen bedauerlichen Stand: oft werden sie an alte Männer verkauft, u. da sie dieselben nicht lieben, so kommt es natürlich vor, daß beim Tode eines dieser eines oder mehrere jener unglücklichen Geschöpfe verklagt werden, denselben per Zauberei in die andere Welt geschafft zu haben, und werden vorher auf eine ganz gemeine u. niederträchtige Art und Weise mißhandelt und dann mit Gift u. Schlägen gewaltsam getötet. Diese Greueltaten geschehen bei jedem Todesfalle eines Chiefs, der mehrere Frauen hat. Am Tage arbeiten sie in der Farm, um für die faulenzenden Männer Lebensmittel anzubauen. Nachmittags kochen sie und gehen fischen in den Bächen, und nachts haben sie auch keine Ruhe. Heiratsgebräuche wie Hochzeit etc. gibt es nicht, höchstens schießt der Betreffende nachts, um der Umgegend seinen Zuwachs an Frauen zu verkünden. Ein Weib ist für ihren Mann dasselbe wie ein Sklave; gebiert sie ihm keine Kinder, so kommt es auch vor, daß er sie für Salz verkauft oder sie als Pfand für einen Elefantenzahn läßt.

Der sozialdemokratische Reichstagsabgeordnete Gustav Noske empörte sich noch 1914 über die „Prügeljustiz" in den deutschen Kolonien. Er kämpfte wie viele andere liberale Abgeordnete aller Fraktionen gegen die Kolonialjustiz der Reichsregierung, gegen Kettenhaft und leichtfertig verhängte Todesstrafen. Noske schrieb damals unter anderem:

Die Strafrechtspflege an den Eingeborenen gehört zu den unerfreulichsten Erscheinungen der deutschen Kolonialpolitik und bedarf recht bald einer gesetzlichen Regelung. Wegen ihrer barbarischen Formen gab sie dauernd zur schärfsten Kritik Anlaß. Eine Anzahl der Beamten mit richterlichen Befugnissen sind offenbar auch heute noch der Meinung, daß den Eingeborenen Gesittung und Kultur durch drakonische Strafen beigebracht werden kann. Ziemlich häufige Todesurteile, langjährige Gefängnisstrafen und ein widerliches Prügelsystem zeichnen die deutsche Kolonialjustiz sehr zu ihrem Nachteil von derjenigen anderer Kolonialländer aus.

„Es ist in barbarischer Weise auf die Neger losgeprügelt worden"

Von den allerersten Anfängen der deutschen Kolonialpolitik an ist in barbarischer Weise auf die Neger losgeprügelt worden, so daß Kamerun bald an der ganzen Westküste von Afrika den Namen „Fünfundzwanzigerland" erhielt und bis auf den heutigen Tag behalten hat. Die Kunde von wüsten Prügelszenen drang bald nach Deutschland und gab den Anlaß zu Erörterungen im Reichstag. Als Bebel im Februar 1894 von der amtlichen Prügelei in Kamerun sprach, antwortete ihm der Reichskanzler v. Caprivi: „In dem Bericht des Gouverneurs, also in dem einzigen amtlichen Anhalt, den ich habe, steht von der Anwendung der Peitsche nichts. Es ist an sich auch unwahrscheinlich, daß sie in Kamerun gebraucht sein sollte." Darauf legten noch im Jahre 1894 die sozialdemokratischen Abgeordneten auf den Tisch des Hauses Nilpferdpeitschen nieder, die Arbeiter aus Kamerun mitgebracht hatten. Diese fürchterlichen Instrumente, mit denen die Prügelstrafe vollzogen wurde, erregten geradezu Entsetzen im Reichstag. Die Regierung unternahm jedoch gegen den barbarischen Brauch nichts . . .

In Ostafrika wurden im Verwaltungsjahr 1912/13 auf Grund gerichtlicher Urteile oder amtlicher Verfügungen in nicht weniger als 8057 Fällen Prügelstrafen vollstreckt, das sind 2213 Fälle mehr als im Vorjahr. In Südwestafrika ist trotz der geringen Zahl von Eingeborenen 1713mal geprügelt worden, 58 Fälle mehr als im Vorjahr. In Kamerun stieg die Zahl der amtlichen Prügelfälle auf 4800; die Zunahme beträgt in einem Jahre 2000 Fälle. In

Togo wurde die Prügelstrafe 832mal verhängt. Es ist ebenso empörend wie widerlich, daß in diesen vier deutschen Kolonien von Amts wegen in nicht weniger als 15 392 Fällen Eingeborenen das bißchen Menschenwürde ausgeprügelt wurde. Dazu kommt noch die viele Prügelei, die sich Privatpersonen leisten dürfen. Der Oberrichter von Kamerun hatte in einem Falle entschieden, daß weiße Privatpersonen Eingeborene nicht schlagen dürfen. Daraufhin ließ die oberste Kolonialbehörde wissen, daß sie diese Auffassung nicht teile. Unter der Voraussetzung, daß die Ausübung der Züchtigung sich in angemessenen Grenzen halte und nicht gesundheitsschädigend wirke, stehe der Anwendung des Züchtigungsrechtes weder in rechtlicher Beziehung noch aus sonstigen Gründen etwas im Wege . . .

Schwere Verbrecher macht man in den tropischen Kolonien zu Kettengefangenen, falls nicht ein abgekürztes Verfahren beliebt wird, indem man sie aufhängt. Das Verurteilen zur Kettenstrafe bedeutet für einen erheblichen Teil der davon betroffenen Neger nichts anderes als die Verhängung einer langsam wirkenden Todesstrafe. Die armen Teufel, die oft wegen Vergehen zu schwerer Strafe verurteilt werden, die nach ihren Rechtsanschauungen vielleicht gar nichts Strafbares sind, werden aus ihren gewohnten Lebens- und Ernährungsverhältnissen herausgerissen und zu dauernder harter Arbeit im Freien gezwungen. Daher das Legen an die Kette, weil man der Meinung ist, daß das Einsperren und überhaupt ein Strafvollzug in europäischen Formen von den Negern, die an andauernde und anstrengende Arbeit nicht gewöhnt sind oder solche bei dem Klima ihrer Heimat überhaupt nicht leisten können, angeblich gar nicht als Strafe empfunden wird. Die vollständig neuen Verhältnisse, in die man sie während der Strafdauer hineinzwingt, wirken in der verheerendsten Weise auf die Schwarzen. Besonders zahlreich sind die Erkrankungen an Dysenterie und Wurmkrankheit. Die Sterblichkeit ist außerordentlich groß.

Nachdem 1902 Häuptlinge des Akwa-Stammes ohne Erfolg eine Delegation nach Berlin entsandt hatten, um dort Beschwerden über die deutsche Kolonialverwaltung in Kamerun vorzubringen, schrieben sie eine Petition an Reichskanzler und Reichstag, die am 5. September 1905 in Berlin eintraf. Auch als Folge dieser Klagen wurde der Gouverneur Jesko von Puttkamer von seinem Posten abgelöst. Auszüge aus den Briefen der Eingeborenen-Häuptlinge, die ihre Beschwerden numeriert hatten:*

„Die ganze Regierungsbesatzung wollen wir nicht mehr haben"

An den allerdurchlauchtigsten allergnädigsten deutschen Reichstag Berlin.

Banaku, Duala-Kamerun, den 19. Juni 1904.

Dem „Deutschen Reichstag" senden wir die unterzeichneten Häuptlinge von „Bonambla-Duala-Kamerun" dem heutigen Berichte beiliegend, unsere Beschwerden in nummerierten Bögen, um unsere hohen Herren des „deutschen Reichstag" in Kenntnis über sämmtlichen Unfug, der durch das Kaiserliche Gouvernement von „Kamerun" unter Leitung des Herrn Gouverneur v. Puttkamer hier bei uns verübt wird, besonders was er bisher an unseren „King" uns Häuptlingen und dem ganzen Volke gethan hat.

Da solche Behandlungen, wie die beiliegenden Blätter schildern, Unruhe im Lande erregen, und dem Volke leicht Reiz zu Ungeziemtheiten geben, und wir Häuptlinge sowie das ganze Volk dem „deutschen Reiche" nicht abhängig oder in irgend einen bösen Zustand kommen möchten, wie andere ungebildeten Völker es gleich gemacht hätten, haben wir für geratener ersehen, unserem „allerdurchlauchtigsten allergnädigsten deutschen Reichstag" die Mitteilung zu machen, damit dortseits befohlen sein möchte, daß zur Vermeidung etwaiger Unregelmäßigkeiten, die Quälereien des hiesi-

* Aus: Entwicklungspolitische Korrespondenz (Hg.): Deutscher Kolonialismus, Materialien zur Hundertjahrfeier 1984, EPK-Drucksache Nr. 1, Hamburg 1983

gen „deutschen Gouvernements" an uns und unserem „King" ein Ende nehmen möchten.

Derartigen Aufführungen des hiesigen „deutschen Gouvernements" erniedrigen das Land und verderben den guten Namen des „deutschen Reiches"!

Unser „King" ist für uns das Oberhaupt des Landes, wenn er nun so viehisch behandelt wird, so können die Gemüther des Volkes sich niemals beruhigen, und bringt eher nur Zwietracht im Lande!

Uns befriedigen Vorschlag über unsere Klagen, dürfen wir allerunterthänigst hier, wie folgt, unserem „allerdurchlauchtigsten allergnädigsten deutschen Reichstag" eröffnen, nämlich:

Den Herrn Gouverneur v. Puttkamer, dessen Richtern, Bezirksamtmännern, kurz seine ganze Regierungsbesatzung wollen wir nicht mehr hier haben.

Sämmtliche jetzige Gouvernementsbeamten des Schutzgebiets „Kamerun" bitten wir fort räumen zu wollen, denn ihre Regierung führen sie nicht gut, sie sind nicht gerechtfertigt, ihre Art und Weise exploitieren das Land . . . Vor Eröffnung der Untersuchung unserer eingereichten Beschwerden, bitten wir den „deutschen Reichstag" allerunterthänigst, die sämmtlichen hiesigen Beamten des Gouvernements sofort zu räumen, damit sie nicht vor Angst vor der ihnen bevorstehenden gerechten Gerichtsbarkeit noch etwas Ärgeres, das unseren gewünschten Frieden bricht, anrichten . . .

Allerunterthänigst bitten wir, unseren allergnädigsten „Kaiser Wilhelm von Deutschland und Kamerun etc. etc. etc." von uns höchlichst grüßen zu wollen, und „Ihm" mittheilen zu wollen, daß wir wiederholt sagen, wie damals, als Herr „Dr. Nachtigall" „Seine" „deutsche Flagge" in unserem Lande aufhieß, gesagt haben, daß wir von da an deutsch sind und deutsch bleiben werden bis an das Ende der Welt; wir machen uns nie dem „deutschen Reiche" abhängig sondern wollen uns stets befleißigen, treue „deutsche Unterthane" zu bleiben. – Ebenso bitten wir unsere „Kaiserin Augusta Victoria" und den „Kronprinzen Wilhelm des deutschen Reiches" und „Seine" Braut „Herzögin Cecilie von Mecklenburg-Schwerin" allerunterthänigst grüßen zu wollen, und unserem „Kronprinzen Wilhelm des deutschen Reiches" unsere nachträglichen allerunterthänigsten Gratulationen zu „Seiner" Verlobung bestellen zu wollen; der liebe Gott segne „Ihn und Seine Braut." –

Gleichzeitig senden wir unsere verbindlichsten Grüße an „Sie" unsere hohen Herren des „deutschen Reichstags" und zeichnen in Allerunterthänigkeit.

(Handzeichen des „King Akwa von Bonambela", sowie 27 weiterer Häuptlinge und Unterhäuptlinge.)

Die Richtigkeit der Abschrift wird beglaubigt. Bonaku, den 19. Juni 1905

G.A.a. Dibonge „Mntiledi a Bonambela"

Bonaku, den 19. Juni 1905. Nro. 1.

Die ungerechten und dem Lande zuwidrigen Thaten des deutschen Gouvernements in Duala-Kamerun.

Nach der Erholungsreise des Herrn Gouverneur v. Puttkamer und des Herrn Regierungs-Rath v. Brauchitsch im Jahre 1902, ordnete Herr Regierungs-Rath v. Brauchitsch im Auftrage des Herrn Gouverneur v. Puttkamer in Buea am 10. Januar 1903, daß die Stadt Duala mit Straßen nach europäischem Styl angelegt werden soll, die ganze einheimische Bevölkerung war mit diesem Vorschlage einverstanden.

Die Arbeit begann nach der amtlichen Verfügung in den darauf folgenden Tagen in „Bonanjo" (Bellstadt) an. Die zu dieser Arbeit amtlich eingestellten Arbeiter wurden besold. Die im Wege stehenden Häuser in „Bonanjo" (Bellstadt) wurden taxiert, abgerissen und die Eigenthümer derselben erhielten freiwillig den Taxipreis ihrer abgerissenen Häuser, ebenso erhielten die Eigenthümer der abgehauenen Fruchtbäume, und die der zerstörten Gärten mit Eßbarkeiten den Werth ihres Schadens in Cassa ausgezahlt. Die Straßenarbeit in „Bonanjo" (Bellstadt) war bis dahin vollbracht, und am 14. Januar begann die Zerstörung der Stadt „Bonaku" (Akwastadt). Gleich beim

Beginn der Zerstörung unserer Stadt „Bonaku" (Akwastadt) erließ „Herr Regierungs-Rath v. Brauchitsch" den Befehl, daß die zu zerstörenden Häuser, bebaute Gärten, Fruchtbäume und dergleichen der Stadt „Bonaku" (Akwastadt) nicht ersätzt werden, auch werden dieselben nicht vorher taxiert.

Die Stadt wurde zu unserem achtungslosen Bedauern zerstört, und wir „Bonakuleute" mußten unentgeltlich trotz unserer Unzufriedenheit das zerstörte Material aus dem Wege räumen.

Während der Zerstörung unserer Stadt „Bonaku" (Akwastadt) lud „Herr Regierungs-Rath v. Brauchitsch" eines Tages uns sämmtliche „Bonaku-Häuptlinge" im Anschluße unseres Oberhäuptlings dem „King Akwa" in das Gerichtshaus vor, wir erschienen, und er eröffnete uns eine neue schwere Qual, nämlich:

Auf „Befehl" sollen wir, die ganze Bevölkerung „Bonakus" eine Straße über die sümpfige Schlucht zwischen „Bonaku" und „Bonebela" (Didodorf) anlegen, und zwar müssen wir die Straße von „Bonakuamnang" dem östlichen Stadttheile „Bonakus" anfangend 10 Meter breit und 4 Meter tief aushölen, die Erde dieser zu aushölenden Straße ist starker Lemm.

Wir sämmtliche „Bonaku-Häuptlinge" im Anschluße unseres „Oberhäuptlings" dem „King Akwa" begaben uns zum Bezirksamtmann Regierungs-Rath v. Brauchitsch, und baten ihn, daß die Arbeit zu groß sei, er möchte doch einwenig sich unser erbarmen, und den Schluchtarbeitern bezahlen, er wies uns nur barsch mit dem Bemerken ab, wir müssen mit unseren Leuten uns schleunigst an die befohlene Arbeit machen, bezahlt werden wir nicht dafür, thäten wir nicht nach seinem Befehle, so werden wir endgültig die Arbeit doch zwangsweise verrichten.

Bis heut noch arbeiten wir an der Aushölung der Straße, und darben im heillosen Hunger . . .

Nro. 2. Ungerechte Verurtheilung.

Ein Faktorist aus „Accra" Angestellter der hiesigen englischen Firma „David Jones & Co." beging eine Veruntreuung der ihm von seiner Firma anvertrauten Waaren, und entwich von seiner Geschäftsstelle „Ndjanga" unbemerkt von seinem Chef aus dem Schutzgebiet „Kamerun" nach seiner Heimat „Accra". „Kuo a Mukuri" ein freiwilliger Händler und noch andere viere desselben Standes, welche bei dem Faktoristen seiner Zeit ihre eingehandelten Landesprodukte verkauften, wurden wegen verschwiegener Mittheilung an die Firma „David Jones & Co.," daß ihr Faktorist aus dem Schutzgebiet entlaufen sei, vor das Kaiserliche Bezirksgericht in Duala am 10. September 1903 geladen. Die Vernehmung dieser fünf freien Händler, leitete Herr Regierungs-Rath v. Brauchitsch. Die Angeschuldigten bestritten das Bewußtsein der Anschuldigung, und Zeugen gegen ihre Aussagen wurden nicht vorgefunden, und doch wurde trotzdem „Kuo a Mukuri" mit 2 Jahren Freiheitsstrafe in's Gefängnis gelegt, die übrigen Angeschuldigten, Namens: Tamba Eyango mit 18 Monaten Freiheitsstrafe, Jeka Manjombe mit 18 Monaten Freiheitsstrafe, Mukumbulan Ngoso mit 12 Monaten Freiheitsstrafe, Ebute Mukuri mit 18 Monaten Freiheitsstrafe . . .

Nro. 4. Steuer.

Anfang Juli 1903 wurden wir Duala-Häuptlinge vor den Herrn Regierungs-Rath v. Brauchitsch geladen, es wurde uns bei der Sitzung eröffnet, daß wir „Duala" von nun an Kopfsteuer zahlen müssen, beginnend mit dem letzten Quartal laufenden Jahres, zahlungspflichtig ist jede erwachsene Person beides Geschlechts, ungefähr vom 16. – 17. Lebensjahre an, und so weiter. Im ersten Steuerjahre zum Satze von 3 M. (drei Mark) pro Mann und 2 M. (zwei Mark) pro Weib oder unverheirathetes Mädchen. Wir erklärten dem Herrn Regierungs-Rath v. Brauchitsch, daß das Volk sehr in Armuth herabgekommen sei, und es sei nicht im Stande Steuer zu zahlen, er schloß die Sitzung mit dem Auftrage an uns Häuptlinge, die Sache in einer besonderen Volksversammlung unter uns „Duala" noch einmal zu überlegen, und sollen einem jeden „Duala" in der Versammlung frei seine Meinung über die Einführung der Steuer sprechen lassen. Dies geschah, und während der Versammlung des ganzen Duala Volks erwähnten zwei angesehene Leute aus dem Volk, Namens: 1. Edimo Elang-Bonaku, 2. Bebe Ndumbe a Singi-Bonanjo, daß das Volk nicht im Stande sei, Steuer zu zahlen, genehmigen wir die Einführung der Versteuerung an den Gouverneur, so wird später bei unserem vermögenslosen Volk blutige und gar mörderische Zänkereien im Lande entstehen, wenn einer seine Steuer nicht bezahlen kann, und soll zur Verbüßung seines Steuerbetrages von seinem Häuptlinge verhaftet werden. – Der Herr Regierungs-Rath v. Brauchitsch erfuhr diese Äußerungen der beiden Obengenannten, ließ dieselben am 22. Juli laufenden Jahres zur Untersuchungshaft wegen ihrer Ausäußerungen während der öffentlichen Versammlung verhaften, und verurtheilte beide je mit 5 Jahren Freiheitsstrafe am 23. desselben Monats, und transportierte sie zur Zwangsarbeit nach „Campo" hiernach nach dem Bezirksamt „Kribi".

Solche Thaten sollen nun Gerechtigkeit sein.

Nro. 5. Grundeigenthum!

Am 19. November 1904 wurden wir sämmtliche Duala-Häuptlinge vor den Herrn Regierungs-Rath v. Brauchitsch geladen, wir erschienen, und er eröffnete uns, daß von nun an verordnet worden sei, daß falls ein Duala-Grundstücksbesitzer zum Verkaufe seines Grundstücks mit einem Europäer übereins kommt, soll er wie stets üblich den Kaufvertrag vor das Gericht bringen, das verkaufte Grundstück wird alsdann amtlich vermessen und skizziert; der Erlös des verkauften Grundstücks aber, ist nicht Eigenthum des verkaufenden Grundeigenthümer, sondern dieser Erlös des verkauften Grundstücks wird an die Bezirksamtskasse abgeführt, die Leiterin dieser Kasse ist die Basler Mission in Bonaku-Duala; der Verkäufer des Grundstücks hat dagegen von dem Erlös seines verkauften Grundeigenthums nur 1/3 Theil des Erlöses als eigene Vergütung zu erhalten, und zwar nicht bei dem Käufer direkt, sondern bei dem Bezirksamtmann, welcher sich gerechter Weise unparteiisch in der ganzen Sache hätte zeigen sollen, schließt sich nun von uns sehend der europäischen Parthei an.

Das soll Gerechtigkeit heißen!! . . .

Nro. 15. Unmenschliche Behandlung an „King Akwa von Bonambela".

Im Jahre 1902 fuhr unser „King Akwa von Bonambela" in Begleitung mehrer Häuptlinge nach Deutschland, die Beschwerden des Landes wider das Kaiserlich deutsche Gouvernement in Kamerun unter Leitung des Herrn Gouverneur von Puttkamer, dem Kolonial-Amt in Berlin vorzutragen. Nach der Rückkehr unseres „King Akwa von Bonambela" aus Deutschland, wurde er von Herrn Regierungs-Rath v. Brauchitsch aufgefordert, ihn nach einem Handelsfluß „Dibamba" mittelst des Regierungsfahrzeug „Mungo" zu begleiten; da „King Akwa von Bonambela" gerade aus der kalten in die warme Zone kam, war er stets bettlägerig krank. An dem Terminstage der Reise, war er besonders sehr krank; Herr Regierungs-Rath v. Brauchitsch sandte einen seiner Zustellungsbeamten, den „King Akwa von Bonambela" zur Reise zu rufen, diesem wurde die Krankheitsmeldung des „Kings" an Herrn Regierungs-Rath v. Brauchitsch aufgetragen, er trug seine Schuldigkeit an seinen Herrn ab, und bald darauf sah man einige Polizeisoldaten auf dem „Kingshof" stehen, diese forschten nach dem Krankenlager unseres „Kings", dasselbe wurde ihnen gezeigt, sie stürtzten herein und schleppten unseren „King" aus dem Krankenbett, auf Befragen der Krankenwächterinnen, erwiederten die Soldaten: Herr Regierungs-Rath v. Brauchitsch hätte befohlen den „King" ohne Zögern so zu bringen, wie sie ihn antreffen, krank oder gesund, das sei einerlei!

Unser „King" bekam nicht einmal 5 Minuten Zeit, um sich anzuziehen, sondern mußte das Bettuch um die Hüften binden, und von den groben „Monroviasoldaten" angebellt, starken Marsches nach dem Bezirksamt eilen. Dort angekommen ließ ihn Herr Regierungs-Rath v. Brauchitsch durch den Herrn Regierungsarzt (Name unbekannt) untersuchen, welcher feststellte, daß „King Akwa von Bonambela" am Klimawechsel thatsächlich krank sei. Alsdann durfte unser „King" der „Dibambareise" entbleiben.

Ist dies nicht selbst für das „Deutsche Reich" eine große „Schande", einen Deutsch-Kameruner Fürsten derartig zu entehren?! . . .

Nro. 22. Die Peitschung.

Von dem ersten hier regierten Kaiserlichen Gouverneur bis auf den heutigen regierenden Gouverneur, werden wir trotz unsere mehrmaligen Bitten, die schreckliche Gewohntheit zu lassen, stets für ein jedes geringes Vergehen in Civil- oder Strafprozeße mittelst einer Seekuhpeitsche oder eines dikken in Kohlentheer eingetauchten und im scharfen Sande umgewüllten und steifgetrockneten Tau ohne Rücksicht der Person mit 25 Hieben gepeitscht; öfters bei etwas schwereren Fällen, wird man mit 75 Hieben bestraft, welche dem Sträflinge in 3 Raten ertheilt werden, die Zwischenzeit jeder Rate ist nur höchstens 3–4 Wochen.

Nr. 23. Zwang zur Unterschrift.

Mitte April dieses Jahres (Datum verloren) wurde unser „King Akwa von Bonambela" aus dem Gefängnis dem Kaiserlichen Gerichtshof vorgeführt; anwesend waren die Mitglieder des Gerichtshofes: 1. Herr Regierungs-Rath v. Brauchitsch, 2. Herr Assessor Kirchhof, die übrigen Kaufleute, welche als Schiedsrichter des Gerichtshofes anwesend waren, können wir leider nicht bei Namen angeben.

Als unser „King" vorgeführt war, wurde ihm gesagt, daß er Kreuze, weil er nicht schreiben kann, auf das ihm vorgelegte Schriftstück malen solle, er bat, ihm den Inhalt des Schriftstücks vor das Malen seiner Kreuze zu erklären, Herr Regierungs-Rath v. Brauchitsch schällte ihn nur:

Halt das Maul! „King Akwa von Bonambela" weigerte die Unterschrift des Schriftstücks, auf Befehl faßten ihm der Sekretär und noch ein anderes Mitglied des Gerichtshofes die Hand, und schmierten trotz seines Weigerns die gewünschten Kreuze auf das Schriftstück.

Nro. 24. Schändlicher Gebrauch der Amtsgewalt.

2 junge eingeborene Mädchen, welche bereits von 2 jungen eingeborenen Männern verlobt waren, und nach Landessitte für jedes dieser beiden Mädchen bereits eine Hälfte des Kaufpreises an die Eltern bezahlt war, wurden zu unserem Schrecken im Laufe dieses Monats von den höchsten Beamten des hiesigen deutschen Gouvernements gewaltsam von den Eltern wucherisch abgekauft und zu Frauen geheirathet.

Das erste Mädchen, die Tochter des „Mududu Eyum", welche Braut des „Rudolf Masako" war, wurde von Herrn Regierungs-Rath v. Brauchitsch am 22. dieses Monats für 650 Mark gekauft und geheirathet.

Das zweite Mädchen, Tochter des „Ekwe Ntone", Braut eines jungen Mannes in „Dibombari" (Name unbekannt) wurde am 27. dieses Monats von Herrn Oberrichter „Dr. Meyer" in Buea für gleichen Betrag wie oben gekauft und geheirathet.

Die Bräutigams dieser beiden Mädchen gedachten sich an ihre Wucherer zu rächen, doch haben wir umgehend sie bisweilen beruhigt.

Die Regierung des Gouverneurs v. Puttkamer und deren Beauftragten ist geradezu eine Schande für das hochlöbliche Deutsche Reich!

6. KAPITEL

DIE BLUTSBRÜDER VON BAGAMOJO

Der Pfarrerssohn Carl Peters aus Niedersachsen wollte sich in Ostafrika „ein Reich nach eigener Fasson" schaffen – Peters schloß zunächst mit den Häuptlingen Blutsbrüderschaft, beutete dann Land und Leute aus und rief schließlich das Militär zu Hilfe, als sich die Einheimischen zur Wehr setzten

Der zweirädrige Karren war in Deutsch-Ostafrika für die Kolonialherren ein beliebtes Fortbewegungsmittel: Zwei Schwarze ziehen und drei schieben, damit der weiße Mann bequem vorankommt

Weiße Damen in weißen Kleidern und weiße Herren in weißen Tropenanzügen bei einem Empfang vor dem Palast des deutschen Gouverneurs in Daressalam, der Hauptstadt von Deutsch-Ostafrika, dem heutigen Tansania (Bild oben) — Der von den Engländern erbaute Palast des Sultans von Sansibar auf der Insel Sansibar war Treffpunkt internationaler Diplomaten, Kaufleute und Afrika-Abenteurer während der deutschen Kolonialzeit in Ostafrika

Die Sonne steht senkrecht am Himmel von Bagamojo. Eine Dhau dümpelt mit schlaffem braunen Segel im türkisfarbenen Wasser des Indischen Ozeans. Auf der menschenleeren Hauptstraße zieht ein Inder die schwere Teakholztür seines Gemischtwarenladens ins Schloß. Ein Hund hebt am silbrig-glänzenden Stamm des verdorrten „Galgenbaumes" sein Bein, gähnt und trollt sich gleich wieder in den Schatten der halbverfallenen deutschen Festung.

Nebenan, auf dem alten Friedhof, zupfen ein paar Zwergziegen am Gras, das die Gräber überwuchert. „Unterleutnant Max Schwalbe – allen voran der erste im feindlichen Lager", steht auf einem der verwitterten Steine. Aus der am Ortsrand gelegenen Missionskirche weht mit dem Passatwind Orgelmusik herüber.

Mittagszeit in Bagamojo, einem weltvergessenen Küstennest in Tansania, das einmal Hauptstadt von Deutsch-Ostafrika war.

Wir sitzen am Strand unter einem Mangobaum und blättern in einem abgegriffenen Buch mit dem Titel „Wie Deutsch-Ostafrika entstand! Persönlicher Bericht des Gründers". Dr. Carl Peters – geboren 1856, gestorben 1918 – schildert, wie er, vom Fieber geschüttelt, mit seiner Trägerkolonne Bagamojo erreicht: „Ängstliche und wilde Träume quälten mich, und halb betäubt ließ ich mich ankleiden, um in einer Hängematte die kleine Expedition bis an die Küste hin zurückzuführen . . . Zweimal ließ eine der Kanaillen mich auf die Erde fallen, daß mein Körper auf dem steinigen Boden erdröhnte und mir die Stange ins Gesicht schlug . . . Zuweilen mußte der Revolver den Kerlen beweisen, daß wir noch immer ihre Herren waren."

Tagsüber habe er unendliche Qualen durch „den Schmerzbringer, den unheimlichen glühenden Sonnenball", ausgestanden und abends fiebernd „mit 140 Pulsschlägen" im Zelt gelegen. Am 14. Dezember 1884 glaubte der ermattete Eroberer, das Ende sei gekommen. „Ich verbot Jühlke, welcher traurig und ängstlich meine Hand hielt, sich auch nur für das Eingraben meines Körpers in Kangasi aufzuhalten; er habe ohne Unterbrechung bis an die Küste zu eilen."

Doch der Fiebernde kam wieder zu sich. Und weiter ging es in der schaukelnden Hängematte durch den Urwald in Richtung Meer. Die nächsten Tage seien „zwischen Sterben und Leben" verronnen, bis am Abend des 17. Dezember kurz vor Sonnenuntergang plötzlich am Horizont der Indische Ozean auftauchte: „Vor uns lag Bagamojo."

Am Ortsrand traf die Karawane auf einen Mann in schwarzer Kutte, der Französisch und Deutsch sprach, ein elsässischer Mönch der „Kongregation vom Heiligen Geist", die damals schon die Missionsstation in Bagamojo betrieb, die heute noch am selben Platz steht. Auch die breite Allee zur Hauptkirche ist noch da, ebenso die Jesusstatue mit den ausgebreiteten Armen

Dr. Carl Peters, der schmächtige Sohn eines Pfarrers aus Neuhaus an der Elbe, wollte sich in Ostafrika „ein Reich nach eigener Fasson" schaffen: Er gründete in Berlin die „Deutsche Gesellschaft für Kolonisation", sammelte Geld für eine Expedition und schloß im Inneren Ostafrikas auf eigene Faust mit mehreren Stammeshäuptlingen „Schutzverträge" ab. Kaiser Wilhelm I. stellte Peters' zweifelhafte Landerwerbungen unter den Schutz des Deutschen Reiches

Zwei umstrittene deutsche Afrika-Eroberer trafen sich im Juni 1890 mit ihren Begleitern in dem ostafrikanischen Ort Mpapua: Carl Peters (sitzend mit weißem Helm und weißer Jacke) und links neben ihm Emin Pascha, mit richtigem Namen Eduard Schnitzer

davor. Carl Peters notierte: „Vom Portal herunter winkte das christliche Kreuz . . . da plötzlich flammten uns die hell erleuchteten gotischen Fenster entgegen, und daraus brausten die ernsten Töne der Orgel! – Den ersten Eindruck zu beschreiben, ist nicht möglich; aber ich schäme mich nicht, zu bekennen, daß ich in ein krampfartiges Schluchzen ausbrach und die ganze Spannung der letzten Wochen in einem Tränenstrom sich Luft machte."

So endete vor fast hundert Jahren in Bagamojo die berühmt-berüchtigte deutsche Usagara-Expedition. Angeführt von dem erst 28 Jahre alten schmächtigen Pfarrerssohn Dr. Carl Peters aus Neuhaus an der Elbe, hatten vier Abenteurer der „Gesellschaft für deutsche Kolonisation" während eines 37 Tage langen Gewaltmarsches den sogenannten „Sultanen" der Provinzen Usagara, Nguru, Useguha und Ukami ihr Land und ihre Rechte abgeschwatzt.

Dabei ging es nach den pathetischen Aufzeichnungen des Expeditionsleiters Peters nicht gerade wie in einem Heldenepos, sondern eher wie in einem Schmierentheater zu. Die deutschen Herren, die sich von Sansibar aus mit 36 schwarzen Trägern nach Ostafrika eingeschifft hatten, machten sich auf dem afrikanischen Festland an Dorfhäuptlinge heran, überreichten Geschenke, tranken Schnaps und schlossen Blutsbrüderschaft. Peters: „Nach einer halben Stunde wagte ich es, Sr. Hoheit [dem Sultan Mafungu Biniani von Nguru] Freundschaft anzubieten. Er geruhte nicht nur, diese anzunehmen, sondern trug mir sogar Blutsbrüderschaft an . . . Wir traten, jeder seine Mannschaft hinter sich, von zwei Seiten auf einen freien Platz; es ward ein tiefer Ritz in beide Oberarme geschnitten, und daraus sogen wir gegenseitig von jenem roten Naß, welches nach Mephistopheles ‚ein ganz besonderer Saft' ist."

Schon eine Stunde nach dieser vertrauensbildenden Zeremonie habe der Häuptling von Nguru bereits sein Land „für ewige Zeiten zu völlig freier Verfügung an Herrn Dr. Peters als den Vertreter der Gesellschaft für deutsche Kolonisation" abgetreten. Er machte sein Kreuz unter ein beschriebenes Papier. Danach durften die Deutschen in Nguru „Farmen, Straßen, Bergwerke usw." anlegen. Sie erhielten das Recht, „Grund und Boden, Forsten und Flüsse usw. in jeder beliebigen Weise auszubeuten, Kolonisten in das Land zu führen, eigene Justiz und Verwaltung einzuführen, Zölle und Steuern usw. aufzulegen". Einzige Gegenleistung der „Carl Peters und Genossen" war es, das Volk des Sultans „gegen jedermann zu schützen, soweit es in ihren Kräften steht".

Diese Verpflichtung wäre nach internationaler Rechtsauffassung Betrug, Hochstapelei, Amtsanmaßung und Vortäuschung falscher Tatsachen gewesen. Carl Peters hatte außer seinem Revolver und ein paar Gewehren keinerlei Machtmittel, um im Ernstfall sein Schutzversprechen einzulösen. Er hatte nicht einmal eigenes Geld. Er lebte auf Pump. Seine in Berlin gegründete „Gesellschaft für deutsche Kolonisation" hatte im Spätsommer 1884 auf einer Werbeveranstaltung von 35 Geldgebern Einzelspenden zwischen 50 und 5000 Reichsmark gesammelt. Alles in allem waren 65 000 Mark zusammengekommen.

Die vier deutschen Afrika-Abenteurer Dr. Peters, Graf Pfeil, Dr. Jühlke und der Kaufmann Otto reisten als „Deckspassagiere mit Verpflegung 2. Klasse" auf einem britischen Dampfer nach Sansibar. Ihre Usagara-Expedition war im Vergleich zu britischen Unternehmungen spottbillig. Sie kostete alles in allem nur 17 000 Reichsmark – inklusive der Geschenke für die Dorfhäuptlinge.

Die Deutschen ließen bei den einheimischen Häuptlingen ihren teutonischen Charme spielen. Peters: „In Mbusine bei Mbuela knüpften wir sofort ein recht kordiales Verhältnis an, indem wir den Sultan zwischen uns auf ein Lager nahmen, von beiden Seiten unsere Arme um ihn schlagend. Wir tranken dann einen Trank guten Grogs und brachten Seine Hoheit von vornherein in die vergnüglichste Stimmung." Später wurden Ehrengeschenke ausgetauscht, und der Kontrakt wurde abgeschlossen. Mit einem „Hoch auf Seine Majestät, den deutschen Kaiser" und mit drei Gewehrsalven sei das Ritual beendet worden. Beim Abmarsch in die Berge sangen die neuen weißen Herren des Landes, ebenfalls vom Grog angeheitert, das gute alte deutsche Volkslied „Was kommt dort von der Höh' . . ."

Triumphierend kehrte Carl Peters über Sansibar und Bombay in die Reichshauptstadt Berlin zurück. Er präsentierte seine dubiosen Verträge der staunenden Öffentlichkeit. Ostafrika, so sagte er, sei nun fest in deutscher Hand. „Ein Stück Papier mit Neger-Kreuzen darunter" nannte Otto von Bismarck das Ergebnis von Peters' Ostafrika-Tour.

Doch nach heftigen innenpolitischen Diskussionen ließ Kaiser Wilhelm I. am 27. Februar 1885 der von Dr. Carl Peters gegründeten „Gesellschaft für deutsche Kolonisation" den ersten Schutzbrief des Reiches für die „mit den Herrschern von Usagara, Nguru, Useguha und Ukami . . . abgeschlossenen Verträge" ausfertigen.

Vergebens protestierte der Sultan von Sansibar, der das ostafrikanische Küstenland seit Generationen als Herrschaftsgebiet seiner Familie beanspruchte. Kaiser Wilhelm I. schickte ein halbes Dutzend deutscher Kriegsschiffe nach Sansibar. Als die Geschützrohre der Flottille auf den Sultanspalast schwenkten, unterschrieb der Herrscher von Sansibar, Said Bargasch, ein Abkommen, das den Deutschen entlang der gesamten Sansibar gegenüberliegenden Küste bis 10 Kilometer tief ins Landesinnere alle Hoheitsrechte einräumte. Später zahlte das Deutsche Reich „großzügig" vier Millionen Reichsmark.

Das Bild des Eroberers schwankt in der Geschichte. Für Nationalisten und später für die Nationalsozialisten war Peters „der geborene Tatmensch, der Typus des modernen Eroberers, der wikinghaft in die Welt hinausstürmt . . . nur mit den Konquistadoren der Zeit um 1500" vergleichbar.

Ein Foto aus dem Erinnerungsalbum eines deutschen Ostafrika-Pflanzers: Er hatte einen Eingeborenen-Knaben in einen ausgehöhlten Elefantenfuß klettern lassen

Für den DDR-Historiker Fritz Ferdinand Müller ist Peters „ein Psychopath mit sadistischen Neigungen, krankhaft übersteigertem Geltungsbedürfnis und hysterischem Ehrgeiz, der sich zeitweise zu einer Art Cäsarenwahn steigerte".

In dem heute friedlich-verschlafenen Küstenort Bagamojo hat sich Carl Peters von den fiebrigen Strapazen seiner ersten Ostafrika-Expedition erholt. Er und seine Begleiter erhielten im Kloster eine Tasse Schokolade, ein Glas Rotwein und eine Dosis Chinin. Die Männer schliefen tief und gesund, bis „uns nach mehreren Tagen die Klänge der Orgel endgültig wieder ins Leben zurückriefen".

Noch heute werden die Klänge derselben Orgel morgens, mittags und abends vom Passatwind über den Ort Bagamojo getragen. Knapp 8000 Menschen leben in den malerisch unter Palmen liegenden verwitterten Häusern: Afrikaner, Inder und Mischlinge. Die Männer arbeiten als Fischer, Bauern, Händler und Plantagenarbeiter. Einmal am Tag fährt der Bus über die tiefgefurchte Sandpiste in die 70 Kilometer südlich gelegene Hauptstadt von Tansania, Daressalam.

Die größten Gebäude des Ortes erinnern an die Zeit der deutschen Herrschaft. Schlingpflanzen winden sich durch das geborstene Gemäuer des deutschen Zollhauses am Strand. In der alten Festung der Schutztruppe versehen sechs tansanische Polizisten ihren Dienst. Das ehemalige deutsche Gefängnis ist noch immer Gefängnis. Im langgestreckten alten Gouverneurspalast haben sich zwei Dutzend Eingeborenenfamilien wohnlich eingerichtet. In den früheren Faktoreien der Hamburger Handelsunternehmen O'Swald und Hansing bieten indische Händler Coca-Cola und Bier, Stoffe und Petroleum feil. Die Leute von Bagamojo bewegen sich ohne Hast. Hier findet weder

Der deutsche Bergsteiger und Pflanzenkundler Hans Meyer bestieg im Jahr 1889 als erster den schneebedeckten Gipfel des Kilimandscharo, der zum Gebiet von Deutsch-Ostafrika gehörte

Konkurrenz- noch Existenzkampf statt – die Zeit steht still.

Im 19. Jahrhundert war Bagamojo eine brodelnde, geschäftige Stadt, von mehr als 20 000 Menschen bewohnt. Im größten Handelsplatz an der afrikanischen Küste zwischen Mombasa und Maputo begann und endete die Karawanenstraße, die sich 1500 Kilometer weit quer durch den afrikanischen Kontinent, durch Urwald, über Steppen und Berge bis zum Tanganjikasee zog. Auf dem schmalen Trampelpfad marschierten Karawanen mit mehreren tausend Trägern aus dem Inneren Afrikas zur Küste. Sie brachten kostbare Fracht – Elfenbein und Sklaven. Am Zielort Bagamojo ließen die in Ketten und in Halseisen gelegten Gefangenen aus dem Landesinnern jegliche Hoffnung auf Flucht fahren: „Baga mojo" bedeutet in Suaheli „Wirf dein Herz hin".

Auf dem Marktplatz, wo heute mit Ananas, Zwiebeln, Kopra, Salz und Pfeffer gehandelt wird, zahlten damals arabische und indische Aufkäufer für einen Sklaven umgerechnet zwischen 50 und 75 Mark. Auf der 30 Kilometer entfernten Insel Sansibar wurde schon das Doppelte geboten, in Arabien kostete derselbe Mensch das Fünf- bis Zehnfache.

Von Bagamojo aus waren lange vor Carl Peters die Forschungstrupps berühmter weißer Männer in das Innere des schwarzen Kontinents gezogen. David Livingstone, der schottische Missionar und Entdecker, war von hier aus zu den Quellen des Kongo und des Nil aufgebrochen. Als er jahrelang verschollen blieb, folgte der Journalist und Afrikaforscher Henry Morton Stanley seinen Spuren. Auch er startete in Bagamojo. Stanley fand Livingstone schließlich im November 1871 am Ufer des Tanganjikasees und begrüßte ihn mit der klassisch gewordenen

Floskel: „Dr. Livingstone I presume?" („Dr. Livingstone, wie ich annehme?") Der Deutsche Hermann Wissmann erreichte 1881 den Küstenort, nachdem er als erster den afrikanischen Kontinent von West nach Ost durchquert hatte.

Eine nördlichere Route schlug der deutsche Geograph Hans Meyer von Bagamojo aus ein. Er bestieg 1889 als erster den schneebedeckten Gipfel des Kilimandscharo, mit 6010 Metern der höchste Berg Afrikas.

Den Pionieren und Forschern folgten Eroberer und Ausbeuter vom Schlage eines Carl Peters in die Sklaven- und Elfenbeinmetropole. Seine „Deutsch-Ostafrikanische Gesellschaft" errichtete hier ihr Hauptquartier. Von 1887 bis 1891 war der Küstenort Hauptstadt der deutschen Kolonie Ostafrika.

Kaum hatten sie die Macht, da begannen die Deutschen die Einheimischen auszubeuten und alle, die sich widersetzten, drakonisch zu bestrafen. Sogar die einflußreichen Walis, die Gouverneure des Sultans von Sansibar auf dem Festland, mußten in den Küstenorten Zoll an die Deutschen zahlen. Die Flagge des Sultans wurde von den neuen Herren an mehreren Orten heruntergerissen und zum Zeichen der Verachtung mit Füßen getreten.

Major Hermann von Wissmann, Kommandeur der ersten deutschen Schutztruppe in Ostafrika, die hauptsächlich aus sudanesischen Söldnern bestand. Er schlug mit seinen Leuten den sogenannten „Araber-Aufstand" nieder

Auf der von der „Deutsch-Ostafrikanischen Plantagengesellschaft" betriebenen Tabakpflanzung Lewa in den Usambara-Bergen beschäftigten die Deutschen 600 Sklaven, die sie vom arabischen Herren gegen geringen Lohn ausgeliehen hatten. Bei miserabler Ernährung wurden die Schwarzen zur Zwangsarbeit angetrieben. Viele Arbeitssklaven flüchteten vor den brutalen Herren, viele wurden krank, manche krankgeschlagen, so daß sich die arabischen Besitzer bei den Deutschen beschwerten: Sie hätten gesunde Männer geliefert und Kranke und Krüppel zurückbekommen.

Zorn, Unruhen und lokale Aufstände waren die Folgen derartigen Machtmißbrauchs. Ende 1888 rief der einflußreiche arabische Sklaven- und Elfenbeinhändler Buschiri Bin Salem zum Widerstand und Krieg gegen die Deutschen auf. Er rüstete 6000 Afrikaner und Araber mit modernen Waffen aus. Seine Truppe verwüstete Plantagen, massakrierte deutsche Pflanzer und Siedler in den Usambara-Bergen und an der Küste. Die überlebenden Deutschen flüchteten sich in die beiden Küstenorte Daressalam und Bagamojo, verbarrikadierten sich und riefen den Kaiser zu Hilfe.

Obwohl auch die Reichsregierung die rüden Methoden der Deutschen in Ostafrika immer wieder kritisiert hatte, blieb nach dieser „Schändung der deutschen Ehre" keine Wahl. Die Regierung beauftragte den Afrika-Durchwanderer und Major Hermann Wissmann, eine kleine, aber schlagkräftige deutsche Schutztruppe und ein afrikanisches Söldnerheer aufzustellen. Er sollte die deutsche Herrschaft in Ostafrika wieder herstellen.

Wissmann schlug sein Hauptquartier in Bagamojo auf. 60 Deutsche befehligten 850 Somalis, Sudanesen, Zulus und andere Afrikaner, die gegen geringen Sold Waffendienst bei den

Deutschen leisteten. Als Verstärkung landeten noch 200 Marinesoldaten mit der „SMS Leipzig" an der ostafrikanischen Küste.

Am 8. Mai 1889 kam es zur entscheidenden Schlacht. Die Wissmann-Truppe rückte gegen das von Palmen-Palisaden geschützte Lager Buschiris vor, der sich mit seinen Leuten vor Bagamojo verschanzt hatte.

„Der Donner der Geschütze und das Geknatter von einigen tausend Gewehren", so berichtete der Leutnant Freiherr v. Behr, „verursachten einen betäubenden Lärm; das ganze Lager war förmlich in Rauchwolken eingehüllt, so daß die einzelnen Truppenteile sich kaum zu erkennen vermochten." Als sich die Rauchschwaden verzogen, lagen 106 Araber, sechs farbige deutsche Söldner und je ein deutscher Schutztruppler und Marinesoldat erschossen oder erstochen auf der Walstatt. Ein Dutzend waren verwundet.

Der bärtige Buschiri bin Salim war der Anführer der aufständischen Araber. Er wurde nach langem Widerstand gefangengenommen und von den Deutschen hingerichtet

Der Anführer der Aufständischen konnte zunächst flüchten. Auf Buschiri hatten die Deutschen ein Kopfgeld ausgesetzt. Er wurde von Einheimischen an die Deutschen verraten, gefangengenommen und am 15. Dezember 1889 nach kurzem Kriegsgerichtsprozeß zur Abschreckung öffentlich hingerichtet. Die Deutschen waren wieder die Herren in Ostafrika. Ende 1891 verlegte der zum Gouverneur beförderte Schlachtenlenker Wissmann die Verwaltung der Kolonie von Bagamojo nach Daressalam, der heutigen Hauptstadt von Tansania. Denn Daressalam hatte einen natürlichen Hafen, der den deutschen Kriegs- und Handelsschiffen besseren Schutz bot als die offene Küste von Bagamojo.

Vom Aufstand der Araber und vom Sieg der Schutztruppe hatte der Gründer Deutsch-Ostafrikas kaum etwas mitbekommen. Carl Peters war vorher bereits zu einem neuen Abenteuer ins Innere Afrikas aufgebrochen, das damals die Weltöffentlichkeit weit mehr beschäftigte als der Krieg an der Küste: Ein deutsch-englisches Wettrennen hatte zur Rettung des eigenwilligen deutschen Arztes und Ornithologen Dr. Eduard Schnitzer begonnen. Der war im Sudan in britische Dienste getreten, hatte dort bei einem Aufstand kriegerischer Moslems gegen die Engländer auf britischer Seite gekämpft und war später in der Gegend von Uganda verschollen. Sein ungeklärtes Schicksal beschäftigte die Öffentlichkeit in England und Deutschland gleichermaßen. Beide Nationen rüsteten Rettungsexpeditionen für Eduard Schnitzer aus, der sich Emin Pascha nannte.

Die englische Emin-Pascha-Expedition wurde von keinem geringeren als dem berühmten Henry Morton Stanley angeführt. Carl Peters leitete die deutsche Suchtruppe. Stanley startete am Kongo mit 700 Afrikanern und marschierte nach Norden. Peters begann an der Küste mit 78 Mann und schlug den Weg nach Westen ein – beide in Richtung Victoriasee, von dessen Ufer die letzten Lebenszeichen von Emin Pascha gemeldet worden waren.

Stanley war schneller. Erschöpft und um mehrere hundert

Begegnung zweier berühmter Europäer im ostafrikanischen Urwald: Nach einer 15 Monate dauernden Suchexpedition spürte der Engländer Henry Morton Stanley (rechts mit gezogener Mütze) am 24. April 1888 am Ufer des Albert-Sees den Deutschen Emin Pascha auf, der jahrelang als verschollen galt

Träger dezimiert erreichte seine Expedition nach 15 Monaten das Ufer des Albertsees. Seine schwarzen Kundschafter hatten ihm gemeldet, daß sich dort ein seltsamer weißer Mann aufhielt. Stanley glaubte, Emin Pascha aus höchster Lebensgefahr befreien zu müssen – statt dessen trat ihm am Seeufer ein Herr in weißer Uniform mit Orden an der Brust und Nickelbrille auf der Nase entgegen und fragte nach seinem Begehr. Es war Emin Pascha. Er wollte sich, so erklärte er, gar nicht retten lassen, denn er fühlte sich inzwischen als Herrscher von ganz Uganda.

Erst als Stanley ihm erzählte, daß die ganze zivilisierte Welt auf sein Erscheinen warte und ihm Ruhm, Ehre und weitere Orden gewiß seien, erklärte sich der Deutsche bereit, dem Engländer bis an die Ostküste Afrikas zu folgen.

Während Stanley und Emin Pascha bereits zur Küste zurückmarschierten, zog Carl Peters mit seiner Expeditionstruppe weiter nach Westen. Er warf, wie es seine Art war, weitere „eingeborene Stämme nieder" und schloß Schutzverträge mit Häuptlingen. Schließlich glaubte er, das untere Nilgebiet, ganz Uganda, Teile des Victoriasees und die Kilimandscharo-Gegend für das deutsche Kaiserreich erobert zu haben. Carl Peters in seinen Erinnerungen: „Der Komplex von Ländern, Flüssen und Seen, welchen die Deutsche Emin-Pascha-Expedition Sr. Majestät, unserm allerhöchsten Herrn, zu Füßen legte, überbot an Großartigkeit und Zukunftsausblicken, was Afrika sonst in sich birgt." Doch zu Carl Peters' maßloser Enttäuschung verzichteten Kaiser und Vaterland auf seine großartigen Neuerwerbungen – der Bedarf des Deutschen Reiches an Kolonien war Ende 1890 zunächst einmal gedeckt.

Während Carl Peters noch im Urwald Eroberungen machte,

marschierten Emin Pascha und Stanley am 4. Dezember 1889 in die Hauptstadt von Deutsch-Ostafrika ein. In Bagamojo wurde der wiedergefundene deutsche Sohn mit großen Ehren empfangen. Wissmann ließ die Schutztruppe zu Ehren Emin Paschas antreten. Eine Marinekapelle intonierte „Heil Dir im Siegerkranz". Ein Glückwunschtelegramm des Kaisers wurde verlesen. Der ignorierte die Tatsache, daß ein Brite den „Doctor Emin Pascha" heimgeführt hatte. Wilhelm I. in seiner Depesche: „Es hat Mir zur besonderen Freude gereicht, daß die deutsche Truppe des Reichskommissars Ihnen den Weg an die Küste bahnen konnte." Gezeichnet: „Wilhelm, Imperator, Rex".

Bei so viel deutsch-nationaler Ehrerbietung hatte der Engländer Stanley keine Chance mehr, den von beiden Nationen umworbenen Afrikahelden für eine Kolonialtätigkeit im Britischen Empire zu gewinnen. Bei einem großen Bankett zu Ehren Emin Paschas wurde er an das Ende der Festtafel gesetzt. Einer der deutschen Ehrengäste, der Korvettenkapitän Hirschberg, beschrieb verwundert die Tischmanieren des deutschen Afrikahelden. „Emin, der neben mir saß, ist so kurzsichtig, daß er die Speisen auf sechs bis acht Zentimeter ans Auge bringen muß, um sie zu sehen."

Kurzsichtigkeit und Alkohol hatten beim Helden des Tages böse Folgen: Nachdem Emin Pascha in die erste Etage des Gästehauses der Deutschen Kolonialverwaltung gewankt war, wollte er von seinem Zimmer aus auf den Balkon hinaustreten, um noch ein wenig frische Luft zu atmen, und stürzte fünf Meter tief auf den harten Boden. Der betrunkene Kurzsichtige hatte das große Fenster für eine Balkontür gehalten.

Emin Pascha, der sich jahrelang durch afrikanischen Dschungel, durch Aufstands- und Seuchengebiete geschlagen hatte, erlitt eine schwere Schädelfraktur. Als er nach mehreren Tagen aus tiefer Ohnmacht erwachte, sollen seine ersten Worte gewesen sein: „Ich will ja gern sterben, denn ich habe das Höchste erreicht: Der Kaiser hat mich grüßen lassen." Noch am Krankenbett wurde dem Kaisertreuen der Kronenorden II. Klasse mit Stern verliehen. Kaum genesen, brach Emin Pascha drei Monate später von Bagamojo aus zu neuen Taten auf. Diesmal wollte er für Kaiser und Vaterland die Tierwelt und die Geographie am unteren Kongo erforschen. Jetzt erst traf er unterwegs auf den gerade heimkehrenden Eroberer Carl Peters. Die Herren stellten sich zu einer Gruppenaufnahme und gingen bald wieder jeder seiner Wege. Bei dieser Begegnung hat Carl Peters den Emin Pascha als letzter Deutscher lebend gesehen.

Am 23. Oktober 1892 wurde der ehrgeizige Afrikaheld von Eingeborenen irrtümlich ermordet. Die Täter wollten sich an dem weißen Mann für erlittene Unterdrückung rächen. Emin Paschas afrikanische Träger schilderten später das Ende ihres Herrn: „Auf ein Zeichen des Häuptlings Kinena wurde Emin auf den Bauch gelegt und jedes Bein und jeder Arm von je einem Mann festgehalten. Ein gewisser Ismaili bog seinen Kopf zurück, während ein gewisser Mamba ihm die Kehle durchschnitt."

Erst acht Monate später erreichte die Nachricht vom Tod des deutschen Kolonialhelden die Hauptstadt der Kolonie Deutsch-Ostafrika. In Bagamojo brach eine Strafexpedition auf. Emin Paschas Mörder wurden gemeinsam von Deutschen und Belgiern gejagt, gefaßt und schließlich erschossen. Im kleinen Museum der Missionsstation Bagamojo erinnert heute ein kleines Foto und eine kurze Biographie an Leben und Sterben des Dr. Eduard Schnitzer alias Emin Pascha.

Carl Peters kam zwar lebend aus Afrika heraus – aber sein Wirken als Kolonialheld endete auf unrühmliche Weise. Dem von Großmannssucht und Habgier getriebenen Gründer der ostafrikanischen Kolonie wurde seine männliche Eitelkeit zum Verhängnis. Am Fuße des Kilimandscharo ließ er ohne Urteilsspruch eine seiner Konkubinen, die ihn angeblich mit einem seiner Boys betrogen hatte, aufhängen – den armen Missetäter gleich mit dazu. Ihre Heimatdörfer wurden im Anschluß an die Exekution eingeäschert. Diese Lynchjustiz empörte gleichermaßen Afrikaner und Deutsche. „Mkono wa Damu" nannten die Einheimischen den Vertreter des deutschen Kaisers – den „Mann mit den blutigen Händen". Und im Deutschen Reich erhielt der Kolonialgründer den Beinamen „Hänge-Peters".

Er wurde nach einer heftigen Debatte im Reichstag und unter dem Druck der öffentlichen Meinung aller seiner Ämter enthoben und aus dem Staatsdienst entlassen – vor allem, weil als Folge von Peters' „Lynchjustiz" im Kilimandscharo-Gebiet ein Aufstand gegen die Deutschen losbrach. Häuptling Mareale, zu dessen Djagga-Stamm die beiden Gehängten gehört hatten, brachte den deutschen Truppen monatelang schwere Verluste bei.

Grollend zog Carl Peters sich aus Afrika zurück. Vor seinem Tod im Jahre 1918 hatte er noch gefordert: „Das deutsche Volk muß endlich ein Herrenvolk werden, um endgültig zur Weltmacht gelangen zu können!"

20 Jahre später wurde der deutsche Afrikapionier von einem Gesinnungsgenossen rehabilitiert – Adolf Hitler ließ alle Urteile gegen Carl Peters aufheben. Und auf Empfehlung des „Führers" befand die „Reichsstelle zur Förderung des deutschen Schrifttums" im Oktober 1938, daß Peters „den Gedankengängen des Dritten Reiches bereits vor fünfzig Jahren" nahestand.

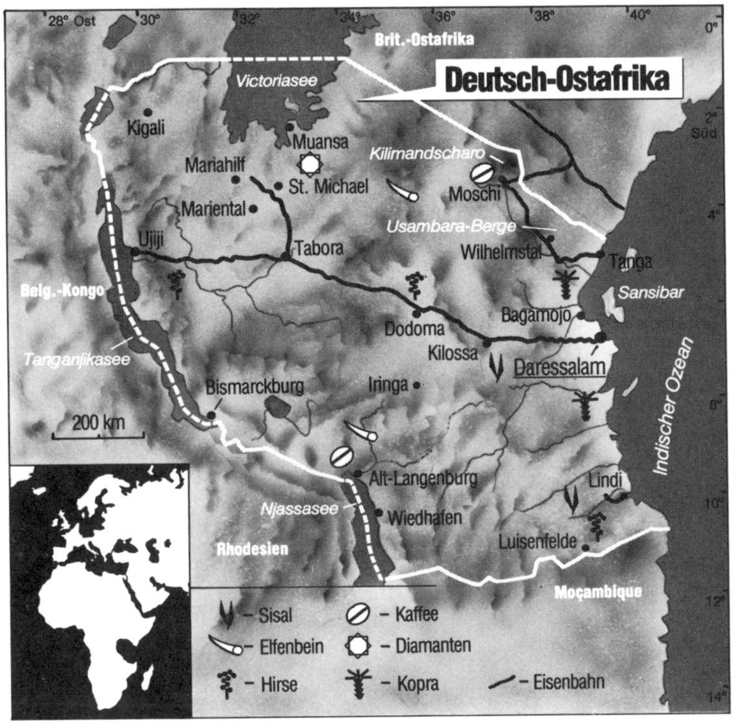

Deutsch-Ostafrika damals – Tansania heute

Die Ufer des Tanganjika- und des Victoriasees und die Küste des Indischen Ozeans begrenzten Deutsch-Ostafrika, die größte Kolonie des Kaiserreiches. Auch der 6010 Meter hohe Kilimandscharo gehörte dazu

Mit fast einer Million qkm größte deutsche Kolonie: 4000 Kilometer Ausdehnung von Nord nach Süd, 1000 Kilometer von Ost nach West. Bevölkerungszahl 1914: acht Millionen Einheimische, 6000 Weiße (Siedler und Soldaten). Hauptsiedlungsgebiet der Deutschen waren die fruchtbaren Usambara-Berge und das Gebiet um den Kilimandscharo. Wichtigste Landwirtschaftsprodukte: Kaffee, Kopra (Kokospalmen), Sisal und Baumwolle. Die Deutschen schufen die Grundlagen der heutigen Infrastruktur des Landes: u.a. Seehafen in Daressalam, Straßen, 1645 Kilometer langes Eisenbahnnetz. Wegen der oft brutalen Ausbeutung der Einheimischen durch Kopfsteuer, Hüttensteuer und Zwangsarbeit kam es zu mehreren Aufständen. Allein beim Maji-Maji-Aufstand starben durch Kämpfe und darauf folgenden Seuchen rund 120 000 Menschen. Im Ersten Weltkrieg wehrten sich die zahlenmäßig weit unterlegenen Deutschen und die einheimischen Askaris unter Lettow-Vorbeck gegen eine Übermacht von Engländern, Südafrikanern, Belgiern und Portugiesen. 1920 wurde die frühere deutsche Kolonie vom Völkerbund zum kleineren Teil an Belgien (Ruanda-Urundi) und zum größeren Teil an Großbritannien (Tanganjika) zur Verwaltung übergeben.

1961 wurde Tanganjika von Großbritannien unabhängig, 1964 mit der der Küste vorgelagerten Insel Sansibar zur Republik „Tansania" zusammengeschlossen. Die „United Republic of Tanzania" zählt rund 18 Millionen Einwohner. Das Land ist in 25 Verwaltungsregionen aufgeteilt. Die wichtigste politische Kraft des Landes ist die sozialistische Einheitspartei CCM (Chama Cha Mapinduzi).

Staatsoberhaupt und Oberbefehlshaber der Armee ist seit 1964 Julius Nyerere, einer der angesehensten Politiker Schwarzafrikas, der versucht, einen eigenständigen afrikanischen Sozialismus zu praktizieren. Tansania unterstützte den Unabhängigkeitskampf in Simbabwe (früher Rhodesien) und die Befreiungsbewegung Swapo in Namibia (früher Deutsch-Südwest). Tansanische Truppen stürzten 1979 den Diktator von Uganda, Idi Amin.

Wirtschaftlich hat das Land schwerwiegende Probleme: Seit aus politischen Gründen die Grenze zum kapitalistischen Nachbarland Kenia geschlossen wurde, gibt es Versorgungsprobleme und einen florierenden Schwarzmarkt.

Trotz seiner sozialistischen Grundhaltung sucht Nyerere wirtschaftliche Hilfe gleichermaßen in Ost und West. So baute die Volksrepublik China die „Tansam"-Eisenbahnlinie von Daressalam nach Sambia. Die Bundesrepublik unterstützt Tansania jährlich mit etwa 90 Millionen Mark an Krediten und Entwicklungshilfe.

DOKUMENTE ZU DEUTSCH-OSTAFRIKA

„Es gilt, das Versäumnis von Jahrhunderten gutzumachen"

Aufruf von Dr. Carl Peters nach der Gründung seiner „Gesellschaft für deutsche Kolonisation" im Jahre 1883 an das Deutsche Volk:

Die deutsche Nation ist bei der Verteilung der Erde, wie sie vom Ausgang des 15. Jahrhunderts bis auf unsere Tage hin stattgefunden hat, leer ausgegangen. Alle übrigen Kulturvölker Europas besitzen auch außerhalb unseres Erdteils Stätten, wo ihre Sprache und Art feste Wurzel fassen und sich entfalten kann. Der deutsche Auswanderer, sobald er die Grenzen des Reiches hinter sich gelassen hat, ist ein Fremdling auf ausländischem Grund und Boden. Das Deutsche Reich, groß und stark durch die mit Blut errungene Einheit, steht da als die führende Macht auf dem Kontinent von Europa: seine Söhne in der Fremde müssen sich überall Nationen einfügen, welche der unsrigen entweder gleichgültig oder geradezu feindlich gegenüberstehen. Der große Strom deutscher Auswanderung taucht seit Jahrhunderten in fremde Rassen ein, um in ihnen zu verschwinden. Das Deutschtum außerhalb Europas verfällt fortdauernd nationalem Untergang.

In dieser für den Nationalstolz so schmerzlichen Tatsache liegt ein ungeheuerer wirtschaftlicher Nachteil für unser Volk! Alljährlich geht die Kraft von 200 000 Deutschen unserem Vaterland verloren! Diese Kraftmasse strömt meistens unmittelbar in das Lager unserer wirtschaftlichen Konkurrenten ab und vermehrt die Stärke unserer Gegner. Der deutsche Import von Produkten tropischer Zonen geht von ausländischen Niederlassungen aus, wodurch alljährlich viele Millionen deutschen Kapitals an fremde Nationen verloren gehen! Der deutsche Export ist abhängig von der Willkür fremdländischer Zollpolitik. Ein unter allen Umständen sicherer Absatzmarkt fehlt unserer Industrie, weil eigene Kolonien unserem Volke fehlen.

Um diesem nationalen Mißstande abzuhelfen, dazu bedarf es praktischen und tatkräftigen Handelns.

Von diesem Gesichtspunkt ausgehend, ist in Berlin eine Gesellschaft zusammengetreten, welche die praktische Inangriffnahme solchen Handelns als ihr Ziel sich gestellt hat. Die Gesellschaft für deutsche Kolonisation will in entschlossener und durchgreifender Weise die Ausführung von sorgfältig erwogenen Kolonisationsprojekten selbst in die Hand nehmen und somit ergänzend den Bestrebungen von Vereinigungen ähnlicher Tendenzen zur Seite treten . . .

Durchdrungen von der Überzeugung, daß mit der energischen Inangriffnahme dieser großen nationalen Aufgabe nicht länger gezögert werden darf, wagen wir es, mit der Bitte vor das deutsche Volk zu treten, die Bestrebungen unserer Gesellschaft tatkräftig zu fördern! Die deutsche Nation hat wiederholt bewiesen, daß sie bereit ist, für allgemein patriotische Unternehmungen Opfer zu bringen: sie möge auch der Lösung dieser großen geschichtlichen Aufgabe ihre Beteiligung in tatkräftiger Weise zuwenden.

Jeder Deutsche, dem ein Herz für die Größe unserer Nation schlägt, ist aufgefordert, unserer Gesellschaft beizutreten. Es gilt, das Versäumnis von Jahrhunderten gutzumachen, der Welt zu beweisen, daß das deutsche Volk mit der alten Reichsherrlichkeit auch den alten deutschnationalen Geist der Väter überkommen hat!

Im südlichen Teil Ostafrikas brach im Jahr 1905 ein Aufstand der Eingeborenen gegen die deutschen Kolonialherren aus – Ursache waren Zwangsarbeit, immer höhere Steuerforderungen und die Prügeljustiz. Bei der gewaltsamen Unterdrückung und den Folgen des sogenannten „Maji-Maji"-Aufstandes, bei dem eingeborene Medizinmännern ihren Kriegern eingeredet hatten, sie seien durch ein Wunderwasser unverwundbar gemacht worden, kamen schätzungsweise 150 000 Menschen ums Leben.

Über die Hintergründe der Volkserhebung berichtete der sozialdemokratische Reichstagsabgeordnete Gustav Noske in seinem 1914 erschienenen Buch über die Kolonialpolitik des Reiches:

Krieg, Pest und Hungersnot rafften 150 000 Menschen hin

Ende Juli 1905 erhob sich der in den Matumbibergen im Bezirk Kilwa sitzende Stamm der Matumbi und griff die Küstenstadt Samanga, allerdings ohne Erfolg an. Die Bewegung dehnte sich rasch über weitere Bezirke nach dem Innern des Landes zu aus. Im August eroberten Aufständische den Unteroffiziersposten Liwale. Bis Mitte September trafen dann Schlag auf Schlag die Meldungen über die Erhebung weiterer Stämme ein. Eine Anzahl Weiße, darunter Missionare und Schwestern, wurden getötet. Ende September war der ganze Süden des Schutzgebiets, etwa ein Drittel des ganzen Landes, mit Ausnahme einiger großer Stämme, aufständisch. Die Regierung behauptete, daß eingeborene Zauberer die Erhebung angezettelt hätten. Die wirklichen Ursachen waren die Einführung des Arbeitszwanges, die rigorose Eintreibung der Hüttensteuer und die häufige Verhängung der Prügelstrafe. Weil die Eingeborenen sich nicht in so großen Scharen zur Verfügung stellten, wie notwendig war, um große Plantagen betreiben zu können, hatten die Bezirksamtmänner von Kilwa und Lindi den Eingeboren die Verpflichtung auferlegt, 24 bis 52 Tage in den Baumwollplantagen zu arbeiten. Die gewährte Entlohnung war eine ganz minimale. Zur Erbitterung der Neger trug noch besonders der Umstand bei, daß die ihnen auferlegte Zwangsarbeit zum Teil in einer Zeit geleistet werden sollte, wo sie auf ihren eigenen Feldern tätig sein mußten.

Die Haupteinnahme des Schutzgebiets floß aus der Hüttensteuer, die im Jahre 1898 eingeführt worden war und in verschiedener Höhe je nach der Beschaffenheit der Häuser zur Erhebung gelangte. Bei dem Mangel an Bargeld, der Schwierigkeit für die Eingeborenen, etwas von ihren Produkten verkaufen zu können, und bei den gezahlten geringen Löhnen war die Steuer in vielen Fällen eine sehr drückende Belastung. Unter dem Gouverneur Liebert begann die scharfe Eintreibung der Hüttensteuer. Liebert hatte, wie schon erwähnt wurde, vorher eine ganz kurze Gastrolle in Ostafrika gegeben, als er während des ersten großen Aufstandes die Wißmannschen militärischen Forderungen an Ort und Stelle nachgeprüft hatte . . .

Als Gouverneur überschüttete Liebert das Schutzgebiet mit einer ganzen Fülle von Verordnungen aller Art. Die Folge seiner rigorosen Steuereintreibung waren Aufstände, die blutig niedergeschlagen wurden . . .

Bis zum Anfang des Jahres 1906 war der Aufstand in der denkbar blutigsten Weise niedergeschlagen worden . . . Im Njassagebiet hat in manchen Landschaften der Aufstand eine schreckliche Entvölkerung zur Folge gehabt. Tausende der Aufständischen sind mit den Maschinengewehren niedergemäht worden. Die Dörfer und die Lebensmittelvorräte wurden verbrannt; Seuchen, besonders die Pest und dazu die Hungersnot, rafften viele Menschen hinweg. Die Zahl der Erschossenen bei dem Aufstand gab die Kolonialverwaltung im Jahre 1913 auf 26 000 an. Professor Schillings hat geschätzt, daß infolge des Aufstandes 150 000 Menschen ums Leben gekommen sind, weil die Aufständischen, nachdem die Dörfer niedergebrannt, die Ernte vernichtet war, in den Busch gehetzt wurden, wo sie in Massen starben und zum Teil eine Beute der Löwen wurden. Die bald darauf beobachtete starke Zunahme der Löwenplage in dem Bezirk wurde darauf zurückgeführt, daß die Bestien sich geraume Zeitlang von Menschenfleisch haben geradezu mästen können.

Der Maji-Maji-Aufstand gegen die deutsche Kolonialherrschaft gilt heute in Tansania als Freiheitskampf des eigenen Volkes gegen ausländische Unterdrücker. In den Jahren 1967/68 schickten Professoren der Universität Daressalam Studenten, die die alten Stammesdialekte sprachen, zu den Schauplätzen des historischen Geschehens, um alte Leute als Zeugen der Geschichte zu interviewen. Es entstanden teilweise erschütternde Protokolle, von denen wir Auszüge bringen. Zahlreiche Zeugen schilderten, wie sich die Deutschen an den Anführern des Aufstandes gerächt haben.

„Jesus, unser Retter, empfange meine Seele"

Mzee Kambangahyera und Rashidi Katungae aus dem Dorf Mtandasi, interviewt am 10. Mai 1968:

„Die Deutschen konnten militärisch nicht viel gegen die Guerillataktik der Ngoni-Leute ausrichten. Statt dessen rächten sie sich, indem sie eine Hungersnot im ganzen Land Ungoni erzeugten: Allen deutschen Askaris wurde befohlen, im ganzen Land sämtliche Lebensmittel zu beschlagnahmen oder zu vernichten. Die Menschen, die den Krieg überlebt hatten, flüchteten vor dem Hunger in den Busch, aßen Wurzeln, Insekten und Bienenhonig. Die Hungersnot dauerte länger als ein Jahr, und es starben mehr Menschen an Hunger als im Krieg. Allein in Ngoni kamen mehr als 5000 Menschen um. Auch mein Vater ist an Hunger gestorben."

Am 27. Februar 1906 wurden 48 Häuptlinge und Unterhäuptlinge des Ngoni-Stammes in dem Ort Songea hingerichtet. Über die Hinrichtung berichtet Nkosi Mputa Gama, Vizehäuptling des südlichen Ungoni:

„Der Bezirkshauptmann ließ Pater Johannes Bescheid sagen, daß die Anführer heute hingerichtet werden sollten und erklärte ihm, er könne sie vorher fragen, ob sie zum Christentum bekehrt werden wollten. Deswegen ging Pater Johannes in das Gefängnis, bzw. in den schmalen Gang zwischen den Gefängnissen, in denen die verurteilten Männer warteten. Sie hatten gerade erst ihren Urteilsspruch gehört. Die Stimmung im Gefängnis war dementsprechend. Pater Johannes fragte einige, die bereits Religionsunterricht in Peramiho gehabt haben: ‚Willst du bekehrt und getauft werden, bevor du stirbst?' Einige fragten: ‚Ist das möglich?' Als ihnen das versichert wurde, hoben viele ihre Hände und riefen ‚Ja, ich möchte bekehrt werden.' Dann erklärte er ihnen den Sinn der Bekehrung und der Taufe. Danach sagten 31 Männer, daß sie getauft werden wollten. Die siebzehn anderen Männer waren Moslems.

Der Distriktoffizier hatte nur eine halbe Stunde Zeit zur Verfügung gestellt. Bis dahin waren aber längst noch nicht alle getauft, so daß er noch mehr Zeit dazu gab. Als die Zeremonie vorbei war, wurden sie zu je drei Mann mit gebundenen Händen herausgerufen. Dann wurden sie zu den Galgen geführt, die auf der Längsseite des Gefängnisses standen, außerhalb der deutschen Boma (Polizeifestung). Einige verabschiedeten sich von Pater Johannes mit den Worten ‚Bis wir uns wiedersehen'.

Die Stimmung der zur Hinrichtung verurteilten Männer war unterschiedlich. Einige schienen sich zu freuen, weil sie alle zusammen sterben konnten. Casembe erklärte: ‚Warum sollten wir uns vor dem Sterben fürchten? Mein Vater ist tot, meine Mutter ist tot, nun werde ich zu ihnen gehen.' Einige begannen zu schreien und zu zetern als sie aufgerufen und gefesselt wurden. Andere waren ganz still und man konnte sehen, daß sie sehr gefaßt waren. Einige waren sogar regelrecht albern. Einer bat Pater Johannes um ein bißchen Schnupftabak. Einige sangen als sie hinausgeführt wurden. Mpanbalyoto erklärte, daß Chabruma (ein Stammeshäuptling) sie bald rächen würde. Ein Mann namens Fratera betete laut das ‚Vaterunser' und nachher ‚Jesus, unser Retter, empfange meine Seele'. Am Abend kamen die hingerichteten Männer in ein großes Massengrab."

7. KAPITEL

DER KREUZZUG GEGEN DIE CHINESEN

Nach der Ermordung von zwei Missionaren in China besetzte die kaiserliche Marine zur Vergeltung die Bucht von Kiautschou und machte sie für 99 Jahre zum deutschen Pachtgebiet – Chinesische Geheimgesellschaften, sogenannte Boxer, organisierten blutigen Widerstand gegen die Deutschen und andere europäische Eindringlinge – Die Europäer marschierten daraufhin mit einer alliierten Streitmacht in China ein – Kaiser Wilhelm II. verkündete: „Pardon wird nicht gegeben; Gefangene nicht gemacht"

Nach der blutigen Unterdrückung des sogenannten Boxeraufstandes in China lassen sich deutsche Marinesoldaten im Herbst 1900 stolz auf der Stadtmauer von Peking fotografieren

Nach dem Boxeraufstand nahmen deutsche Soldaten, ihre europäischen Alliierten und kaisertreue Chinesen furchtbare Rache: Viele aufständische Chinesen wurden von Exekutionskommandos erschossen (Bild oben) und geköpft (unten links), andere öffentlich ausgepeitscht (unten rechts)

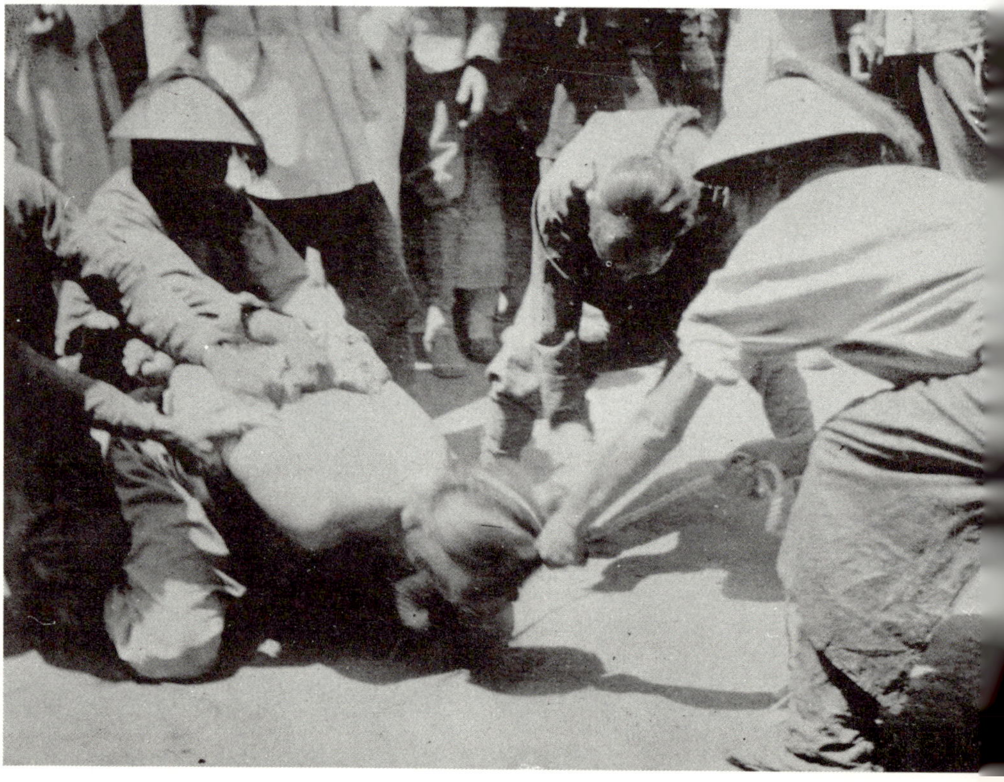

Ein alter Mann im blauen Anzug trägt seinen gelben Singvogel spazieren. Er hält den Käfig mit der linken Hand seitlich vom Körper ab, setzt ihn gelegentlich auf die Erde, beugt sich herunter und pfeift dem gefiederten Sänger mit spitzem Mund etwas zu. Der Vogel trillert zurück, beide sind offenbar bei guter Laune. So gehen sie die frühere Bismarckstraße entlang, biegen in die ehemalige Irenenstraße ein, überqueren den alten Wilhelmplatz und steigen langsam den steilen Weg zum kleinen Stadtpark hinauf. Dort setzt der Alte seinen eingesperrten Freund auf eine Bank, nimmt selber Platz und blinzelt in den Frühdunst, der streng nach verbrannter Haushaltskohle riecht.

Die ersten Morgensonnenstrahlen fallen auf die alte deutsche Stadt. Vom Park aus ist das rote Dach des Bahnhofs zu sehen, die zweistöckige Post mit ihren vielen Erkern, die katholische Kirche mit den Doppeltürmen und die alte deutsche Signalstation auf der Anhöhe, die früher Diederichsberg hieß. So weit das Auge reicht, sieht man staubgraue wilhelminische Backsteinhäuser. Aus vielen Fenstern haben fleißige Hausfrauen Wäsche gehängt. Unten an der alten Albertstraße hält ein Werkbus. Arbeiter kommen von der Nachtschicht aus den am Stadtrand gelegenen Fabriken nach Hause.

Der Kommandeur des deutschen „Ostasiatischen Expeditionscorps" Graf Alfred von Waldersee an der Pekinger Stadtmauer

Man könnte glauben, in Bottrop oder Castrop-Rauxel zu sein, hätten die Leute nicht gelblich-blasse Gesichter und schmale Augen und alle die gleichen blauen Arbeitsanzüge an. Man könnte meinen, die Chinesen hätten das Ruhrgebiet erobert – doch die Geschichte ist genau andersherum verlaufen: Am 14. November 1897 haben deutsche Truppen diesen chinesischen Landstrich im Handstreich genommen. In den Jahren danach entstand hier eine kleine deutsche Stadt, deren Kern bis heute fast perfekt erhalten geblieben ist – Tsingtau, an der Küste des Gelben Meeres.

„Unsere Stadt", sagt Zhao Peng, der uns auf unserem Morgenspaziergang begleitet, „ist heute einer der wichtigsten Hafen- und Wirtschaftsplätze in der Volksrepublik China." Die Stadt, die sich heute Qingdao schreibt, zählt 1,5 Millionen Einwohner; zur deutschen Zeit waren es ganze 30 000.

Zhao Peng ist Heimatforscher und Schriftsteller. Er kennt sich, so hat uns unser Dolmetscher vom Touristenbüro gesagt, am besten mit der deutschen Vergangenheit dieser Stadt aus. Es war schwierig, einen Gesprächspartner zu diesem Thema zu finden. „Wollen Sie nicht lieber über eine erfreulichere Zeit schreiben?" hatte schon die Kulturreferentin der Botschaft der Volksrepublik China vor unserer Reise gefragt. Und in Shanghai überreichte uns unsere Begleiterin vom Touristenbüro das ins Deutsche übersetzte Büchlein „Kurzer Abriß der chinesischen Geschichte". Auf unsere Fragen nach der deutschen Vergangenheit verweist sie wortkarg auf die Kapitel „Bekämpfung der ausländischen Missionare als Ausdruck der antiimperialistischen Volksbewegung", „Gemeinsames Eindringen der Truppen der imperialistischen Räuber im Jahre 1900" und „Die Lage des chinesischen Volkes unter dem doppelten Joch des Imperialismus und Feudalismus".

An diesem „Würgegriff der fremden Räuber", so heißt es da, seien besonders die „nach China beorderten Missionare und religiösen Körperschaften" schuld gewesen. „Die Missionare, vor allem aber die katholischen Priester, ließen Kirchen bauen, eigneten sich mit Gewalt Grundstücke an, nützten die Macht des Imperialismus zur Einschüchterung der lokalen Beamten aus, mischten sich in administrative Angelegenheiten ein, beeinflußten die Gerichtsbarkeit nach eigenem Gutdünken und verbanden sich mit Gangstern, die ihnen als ‚gläubiges Volk' jeweils bei der Unterdrückung der Volksmassen Hilfe leisteten." Zhao Peng lächelt, als wir ihn fragen, ob man das denn so sagen könne. Zhao Peng lächelt fast immer, wie alle Chinesen, die sich mit Fremden offiziell unterhalten. Er weicht einer Antwort aus.

Wie in den meisten deutschen Kolonien waren auch in China die Missionare als Vorläufer der deutschen Händler, Soldaten und Beamten ins Land gekommen. Rund 40 deutsche Missionsgesellschaften, je zur Hälfte katholische und evangelische, versuchten vor und während der deutschen Kolonialzeit das Christentum in Afrika und Asien zu verbreiten. Sie pflegten kranke Eingeborene, brachten Interessierten Lesen und Schreiben bei und lehrten sie Gehorsam gegenüber Gott und den von Gott gesandten neuen weißen Herren.

Missionare erzogen die meist sorglos von den Gaben der Natur lebenden Eingeborenen zu Arbeit und Pflichterfüllung. „Die Ausbreitung des Christentums, die christliche Mission, leistet der europäischen Kolonisation die wesentlichsten Dienste", heißt es dazu in einem deutschen Lehrbuch von 1912 mit dem Titel „Wie erzieht man am besten den Neger zur Plantagenarbeit?" Das Christentum söhne die Eingeborenen „mit der Herrschaft der Fremdlinge aus . . . es adelt die Arbeit . . . und stempelt Faulheit und Trägheit, Unehrlichkeit und Lüge zur Sünde". Als Gegenleistung für die Erziehung der einheimischen Arbeitskräfte schützten die weltlichen Kolonialherren die Missionare, wenn es zu Aufruhr und Gewalttaten von Andersgläubigen gegen die Verkünder des christlichen Gottes kam.

In Afrika stießen die deutschen Missionare bei den Anhängern einheimischer Kulte auf wenig Widerstand. Nur die Moslems widersetzten sich ernsthaft den Bekehrungsversuchen. In der Südsee kam es zu blutigen Aktionen gegen die Missionare. So massakrierten eingeborene Baining auf dem Bismarck-Archipel im Jahre 1905 fünf deutsche Patres und fünf Missionsschwestern der Hiltruper „Missionsgesellschaft vom heiligen Herzen Jesu".

Auf erbitterten Widerstand stießen die Verkünder des Christentums auch in China. Hier traf die christliche Lehre auf tief verwurzelte moralisch-philosophische Traditionen. Buddhisten und besonders die Anhänger der Jahrhunderte vor Christus geborenen Philosophen Konfuzius und Laotse wehrten sich heftig

Im Ostlager von Tsingtau bauten sich deutsche Missionare in chinesischen Gewändern und uniformierte Marinesoldaten zum gemeinsamen Gruppenbild auf

gegen Bekehrungsversuche. Es kam zu Diskussionen und Streit, zu Widerstand und Aufruhr.

Einer der Hauptverursacher war der von heiligem Eifer beseelte katholische Bischof Johann Baptist Anzer. Er wollte die rund 30 Millionen Einwohner zählende Provinz Schantung für das Christentum gewinnen. Als Vertreter der „Steyler Missionsgesellschaft des Göttlichen Wortes" ließ er sich wie die chinesischen Mandarine einen Spitzbart wachsen, kleidete sich in Seide und erlernte die chinesischen Sprache.

So vorbereitet, begab er sich in die „Hochburg des Heidentums", wie die Deutschen Jentschoufu nannten, die heilige Stadt des Konfuzius. Zur großen Empörung der Chinesen setzte der Missionar seinen Fuß sogar in den Tempel und begann dort die christliche Lehre zu verkünden. Daraufhin verprügelten die Einheimischen den Eindringling. Sie riefen „Tod dem fremden Teufel!" und hängten den Bischof mit zusammengebundenen Händen an einen Baum. Erst nach Stunden wurde er befreit.

Dieses Ereignis empörte die deutschen Christen in China ebenso wie die zu Hause im Deutschen Reich. Sie forderten die Bestrafung der „Aufrührer". August Bebel sagte dazu später im Reichstag: „Meine Herren, wenn ein chinesischer Missionar nach dem Wohnort oder Geburtsort des Bischofs Anzer nach Altbayern käme und dort in der gleichen Weise in einen katholischen Tempel eindränge, wie Anzer es in China machte – bei der Berserkerwut, die den Altbayern in einem solchen Falle erfassen würde, würde es dem chinesischen Missionar sehr schlecht ergehen und er würde froh sein, wenn er noch mit dem Leben davonkäme. Das hätte sich der Bischof Anzer auch sagen sollen! Es war eine Provokation der allerstärksten Art und nicht die Art, wie ein Missionar aufzutreten hat."

Aber Bischof Anzer ließ nicht locker. Er ging zum zweitenmal nach Jentschoufu und wurde wieder aus der Stadt gejagt.

Nun forderte die Reichsregierung den Kaiser von China ultimativ auf, den Katholiken in Jentschoufu ein Gebäude als Missionsstation zur Verfügung zu stellen. Der chinesische Herrscher gab nach. Anzer frohlockte: „In der Stadt des Konfutse, des Obergötzen der chinesischen Kultur, glänzt nun das Kreuz, das Siegeszeichen Jesu Christi!"

Doch dieser Erfolg wurde teuer bezahlt. Überall in der Provinz wurden Missionare, weiße Christen und zum Christentum bekehrte Chinesen angefeindet, überfallen und mißhandelt. Eine Geheimgesellschaft organisierte sich, deren Mitglieder karateähnliche Kampfmethoden beherrschten. Sie nannte sich die „Fäuste für Recht und Eintracht". Von den Europäern wurden sie die „Boxer" genannt. Ziel der Boxer war es, alle Fremden aus China zu vertreiben.

Heroische Postkarte aus dem deutschen Pachtgebiet in China

Am 1. November 1897 landeten die Boxer einen schweren Schlag gegen die Missionare: Sie ermordeten die katholischen Patres Franz Xaver Nies und Richard Henle. Pater Stenz, ein überlebender Zeuge des Anschlags, telegraphierte an das Missionshaus in der Heimat Einzelheiten der Bluttat: „Kaum war ich zur Ruhe, als ein Schuß fiel . . . Schuß folgte auf Schuß, ein höllisches Schreien und Fluchen erscholl durch die Nacht . . . ich hörte aus dem Zimmer der Mitbrüder ein trauriges Stöhnen . . . ich eilte herbei, ach, welch ein Anblick! Dort lagen die Herren, ganz in Blut gebadet . . . Pater Henle hatte noch Leben, ich gab ihm die Absolution und die heilige Ölung, dann war auch er eine Leiche."

Dies geschah in einer Zeit, in der die deutsche Regierung seit langem mit dem Kaiser von China über die Abtretung eines Pachtgebietes an der Küste des Gelben Meeres verhandelte. Die Kaiserliche Marine brauchte nämlich für das Ostasien-Geschwader einen sicheren Hafen und eine Bunkerstation. Der Geologe Ferdinand von Richthofen und der Admiral Tirpitz hatten die

Bucht von Kiautschou mit dem kleinen Fischerort Tsingtau im Nordwesten als idealen Platz vorgeschlagen. Die Engländer hatten bereits Hongkong vereinnahmt, und Shanghai war auch nicht mehr zu haben. Auf das Gebiet von Kiautschou glaubten die Deutschen eine Art moralischen Anspruch zu haben, denn vor dieser Küste war im Jahr 1896 das Kanonenboot „Iltis" von einem Taifun auf ein Riff geworfen worden, „wobei", so heißt es in einer Marinechronik, „71 brave deutsche Seeleute mit dreimaligem Hurra auf den Kaiser den Heldentod starben".

Eine deutsche Stadt an der Küste des Gelben Meeres: Panorama-Ansicht von Tsingtau im Jahre 1913

Der Kaiser von China zögerte die Pachtverhandlungen mit dem deutschen Kaiser lange hinaus. Nach dem Mord an den beiden Missionaren machte die Reichsregierung in Berlin kurzen Prozeß. „Kaiser Wilhelm II.", so steht es in dem 1904 erschienenen Buch „China – Land und Leute", „forderte nicht allein sofortige und strenge Bestrafung der des Meuchelmordes Schuldigen, sondern ergriff mit starker Hand die Gelegenheit zur Beschleunigung der schwebenden Verhandlungen über die Schaffung eines Schutzgebietes in China. Die unter dem Kommando des Admirals von Diederichs stehende Kreuzerdivision erhielt den Befehl, die Bucht von Kiautschou als Bürgschaft für die Erfüllung der deutschen Forderung zu besetzen. Schon am 14. November 1897 erfolgte die Besitzergreifung durch SMS ‚Kaiser', ‚Prinzess', ‚Wilhelm' und ‚Cormoran'. Das etwa 700 Mann zählende Landungskorps fand bei Besetzung der Munitionshäuser und Lager Tsingtaus keinen Widerstand, da der chinesische General Tschang vollständig überrascht war und nach einigem Besinnen einwilligte, mit seiner fast dreimal so starken Truppe sich auf 15 Kilometer von Tsingtau zurückzuziehen."

Den Hintergrund desselben historischen Ereignisses aus chinesischer Sicht erzählt uns Zhao Peng, der Heimat- und Geschichtsforscher von Kiautschou: „Die deutsche Flotte war in scheinbar friedlicher Absicht vor der Küste aufgetaucht. Eine

Abordnung deutscher Offiziere ruderte ans Ufer und fragte den Kommandanten der Stadt, ob die Soldaten an Land kommen und eine Übung abhalten könnten. Der gutgläubige chinesische General hatte dagegen nichts einzuwenden gehabt. Doch kaum waren die Deutschen an Land, wurde aus der Übung Ernst. Die Fremden kamen aus dem Hinterhalt mit vorgehaltenen Gewehren in die Stadt und forderten die völlig überraschten chinesischen Soldaten zur Kapitulation auf." So sei Tsingtau durch einen unfairen Coup in die Hände der Deutschen gefallen. – Zhao Peng lächelt.

Durch einen „ungleichen Vertrag", der das deutsche Kaiserreich zu keinerlei Gegenleistung verpflichtete, wurde das Kiautschou-Gebiet damals auf 99 Jahre gepachtet. Zum Pachtgebiet gehörte nicht nur die Stadt Tsingtau, sondern auch mehrere vorgelagerte Inseln, insgesamt 550 Quadratkilometer Land, auf denen zum Zeitpunkt der deutschen Besitzergreifung 84 000 Chinesen lebten. Hinzu kamen im Halbkreis von 50 Kilometern noch ein sogenanntes „neutrales Gebiet", in dem die Deutschen allein das Sagen hatten, und ein 30 Kilometer breiter und 400 Kilometer langer Streifen, der von Tsingtau durch die ganze Provinz Schantung zur Stadt Jinan führte. Hier entlang wurde schon bald eine Eisenbahnstrecke gebaut.

Kriegsherr Graf Waldersee, mit chinesischen Köpfen jonglierend. Karikatur aus dem Jahre 1900

Schlachtengemälde vom Boxeraufstand: Beim Vormarsch auf Peking kommt es entlang der Eisenbahnstrecke zu erbitterten Kämpfen zwischen Chinesen und deutschen Marinetruppen (Bild rechts)

Neben den Schienen lagen die wertvollsten Kohlegebiete Chinas, die Brennstoff für die deutschen Kriegs- und Handelsschiffe im Hafen von Tsingtau liefern sollten. Von Kiautschou und von der Eisenbahnlinie aus hätten die Deutschen jederzeit die ganze 145 000 Quadratkilometer große Provinz Schantung erobern können. Aber schon die Anwesenheit der deutschen Truppen in Tsingtau reichte aus, um dieses Gebiet praktisch unter Kontrolle zu haben.

Unter dem Schutz des Militärs nahm die Missionstätigkeit in Schantung einen erstaunlichen Aufschwung. Der Widerstand gegen die Verkünder der christlichen Heilslehre ließ nach. Bischof Anzer und seine Mitstreiter konnten im Jahresbericht von Ostern 1898 bis Ostern 1899 stolze Zahlen nach Steyl melden: „Es wurden in Südschantung getauft: 3920 erwachsene Heiden, 968 Kinder bis zu sieben Jahren, 206 Kinder von katholischen Eltern, zusammen 5094 Heiden."

Zhao Peng lächelt wieder freundlich, als er uns erzählt, die Deutschen hätten überhaupt in kurzer Zeit viel geleistet: „Sie haben den Hafen, Kasernen, Krankenhäuser, Missionsschulen, Straßen und ganze Wohnblocks gebaut." Die Einwohnerzahl des alten Tsingtau sei unter den Deutschen von 1000 im Jahre 1898 auf 30 000 im Jahre 1914 angewachsen.

Zhao Peng lächelte nicht mehr, er erzählt, von wem und unter welchen Umständen dieser Aufbau der Stadt geleistet worden ist: „Die Deutschen hatten viele tausend Chinesen bei freier Verpflegung zu unbezahlter Arbeit gezwungen, oft mit der Waffe in der Hand. Rings um den ganzen Ort wurden umzäunte und bewachte Arbeitslager gebaut. Viele Insassen versuchten, daraus zu entfliehen. Aber wer von den Deutschen bei

einem Fluchtversuch aufgegriffen wurde, der ist schwer bestraft worden. Diese armen Menschen wurden mit dem Bambusstock ausgepeitscht oder mit Kuheutern geschlagen, deren Enden mit kleinen Bleikugeln gefüllt waren."

Clemens von Ketteler, der deutsche Gesandte in Peking, wurde während der Kämpfe in Peking erschossen

Der Mann aus Tsingtau berichtet uns, wie es zur ersten größeren Erhebung gegen die Deutschen kam. Außerhalb der Stadt, aber innerhalb der 50-Kilometer-Zone, in der die Deutschen noch uneingeschränkt herrschen konnten, sei mit dem Bau der Eisenbahnlinie zu den Kohlebergwerken begonnen worden. Dabei mußten die Schienenstränge kleinere Flüsse überqueren, die für die Bewässerung der Felder wichtig waren. Durch die Dammbauten seien die tiefer gelegenen Felder ausgetrocknet. Die Bauern hätten die deutschen Ingenieure vergebens gebeten, keine Dämme, sondern kleine Brücken zu bauen, damit das Wasser durchfließen könne.

Die Deutschen lehnten das ab. Daraufhin zerstörten die Bauern die Dämme und die Schienen. Die Deutschen ließen zur Vergeltung zwei Dörfer niederbrennen. Einwohner wurden geschlagen und gefoltert, um die Namen der Haupttäter zu erfahren. Danach sei es zu einem regelrechten Volksaufstand gekommen.

Zhao Peng: „10 000 Bauern kämpften mit Spaten und Schaufeln gegen einige deutsche Soldaten und gegen schwerbewaffnete reguläre Truppen des Kaisers von China, der mit der Besatzungsmacht zusammenarbeitete, um seine eigene Macht zu erhalten." Der Anführer der Aufständischen, der Bauer Sin Win, sei als erster im Kampf gefallen. Er werde noch heute als Märtyrer verehrt.

1899 brachen dann überall im Kaiserreich China lokale Aufstände aus – Widerstand gegen christliche Missionare, allgemeiner Fremdenhaß, soziale Unruhen und Unzufriedenheiten mit der eigenen Regierung waren die Gründe. „In jener Zeit", sagt Zhao Peng, „sind zwischen unseren Völkern furchtbare Dinge geschehen."

Gleich ein Dutzend verschiedener Geheimgesellschaften schlugen los, nicht nur die „Fäuste für Recht und Eintracht", auch die „Himmlischen Tiger" und die „Gesellschaft der großen Messer". Der Kampf ging ebenso gegen die „fremden Teufel" wie gegen das korrupte Regime des Kaisers Te Tsung.

Überall im Land kam es zu Mord und Totschlag, zu offenen Feldschlachten und zu heimtückischen Überfällen. Bei all dem Durcheinander konzentrierten sich die Aktionen immer mehr auf die europäischen Eindringlinge und die von ihnen getauften chinesischen Christen. Die wurden überfallen, gefoltert und getötet, ihre Häuser angezündet. Vor den deutschen Missionsstationen hingen Schmähschriften und Karikaturen, die beispielsweise ein ans Kreuz genageltes, von Pfeilen durchbohrtes Schwein zeigten.

Bischof Anzer mußte nach Hause melden, mehreren seiner zum Christentum bekehrten Chinesen seien die Ohren und die Nase abgeschnitten worden, bevor man sie umgebracht habe.

Bissige Karikatur aus dem „Simplicissimus": Ein deutscher Soldat mit abgeschlagenen Chinesenköpfen am Gürtel begehrt am Himmelstor Einlaß. Petrus: „Bitte, die Köpfe an der Garderobe abzugeben, Heiden dürfen hier nicht herein"

Im Pachtgebiet von Kiautschou liefen 200 Chinesen zu den aufständischen Boxern über. Doch hier kam es nur zu kleineren Scharmützeln.

Im Frühjahr des Jahres 1900 hatten sich in China Hunderttausende der von den Boxern angezettelten Rebellion angeschlossen. Die über lange Zeit planlosen Aktionen bekamen ein Ziel: Peking. Die meist rotgekleideten Boxer drangen schwerbewaffnet in die Hauptstadt ein und belagerten das von hohen Mauern umgebene Gesandtschaftsviertel. 950 Ausländer und rund 3000 chinesische Christen verbarrikadierten sich dort, ausgerüstet mit 500 Gewehren und nur wenig Munition.

„Hinter den Mauern tobte die Hölle", berichtete später einer der in die deutsche Botschaft geflüchteten Missionare. „Mit wilden Gesängen, Rasseln, Pfeifen und Knallkörpern veranstalteten die Belagerer einen Höllenspektakel. Zunächst wurden sie von den regulären Truppen der chinesischen Armee auf Distanz gehalten. Doch sie kamen immer näher an die Mauern heran." Schließlich liefen sogar Truppenteile zu den Aufständischen über.

„Die Wachen der Gesandtschaften wurden nervös. Bewaffnete Diplomaten schossen auf die täglich näher herandrängende Menge. Deutsche Soldaten feuerten von der Mauer des Gesandtschaftsgebäudes sogar in eine mehrere hundert Meter entfernte friedliche Ansammlung einer chinesischen Sekte, zu der gerade ein Vorbeter sprach. Sieben oder acht Mann brachen tödlich getroffen zusammen, Dutzende flüchteten schwer verletzt. Der Vorfall fachte die Volkswut weiter an. Mehrmals brandeten die Menschenmassen gegen die Mauern des Gesandtschaftsviertels an. Vergebens versuchten die Eingeschlossenen, schriftliche Hilferufe hinauszuschmuggeln, um die Regierung ihrer Heimatländer auf ihre verzweifelte Situation aufmerksam zu machen, während die Vorräte an Munition und Lebensmitteln langsam zu Ende gingen."

Anfang Juni 1900 schrieb der amerikanische Diplomat Myers in sein Notizbuch: „Alle fühlten, daß sie in einer Falle sitzen und auf die Stunde ihrer Exekution warten müssen." Die elf Gesandten überlegten, ob sie gemeinsam das Botschaftsviertel verlassen und zum Auswärtigen Amt der chinesischen Regierung gehen sollten. Doch alle waren dagegen – nur einer nicht, der deutsche Gesandte Freiherr von Ketteler.

Am 20. Juni unternahm er allein den tollkühnen Versuch, ins Pekinger Außenministerium zu gelangen. Vergebens versuchten die anderen Diplomaten, den Deutschen zurückzuhalten. Freiherr von Ketteler, der sich wie immer bei offiziellen Missionen in einer Sänfte tragen ließ, wurde gleich nach Verlassen des Gesandtschaftsviertels von einem rotgekleideten Boxer aus kurzer Entfernung erschossen.

Der Tod des Diplomaten empörte die deutsche Nation. In Wilhelmshaven ließ der Kaiser am 2. Juli zwei Seebataillone vor der Ausreise zur Strafexpedition nach China antreten. Den Soldaten gab er mit auf den Weg: „Mitten in den tiefsten Frieden hinein, für mich leider nicht unerwartet, ist die Brandfackel des Krieges geschleudert worden. Ein Verbrechen, unerhört in seiner Frechheit, schaudererregend durch seine Grausamkeit, hat meinen bewährten Vertreter getroffen . . . Die deutsche Fahne ist beleidigt und dem Deutschen Reiche Hohn gesprochen worden. Das verlangt eine exemplarische Bestrafung und Rache!"

Doch damit nicht genug. Vier Wochen später schickte der zürnende Monarch eine Armada von 18 Kriegsschiffen und Truppentransportern und 39 Frachtdampfern der ersten Strafexpedition hinterher. An Bord der Schiffe: 11 790 Chinakämpfer, die aus 120 000 Freiwilligen ausgewählt worden waren, 28 Geschütze und 3484 Pferde.

Bei Verabschiedung der Truppe in Bremerhaven hielt Wilhelm II. eine Ansprache, die als „Hunnenrede" in die Geschichte eingegangen ist:

„Kommt Ihr vor den Feind, so wird er geschlagen, Pardon wird nicht gegeben; Gefangene werden nicht gemacht. Wer Euch in die Hand fällt, sei in Eurer Hand. Wie vor tausend Jahren die Hunnen unter ihrem König Etzel sich einen Namen gemacht, der sie noch jetzt in der Überlieferung gewaltig erschei-

Deutsche Offiziere und chinesische Würdenträger vor dem Rathaus von Chi-mo, einem Erholungsort für die deutschen Kolonialherren in der Nähe von Tsingtau

nen läßt, so möge der Name Deutschland in China in einer solchen Weise bekannt werden, daß niemals wieder ein Chinese es wagt, etwa einen Deutschen auch nur scheel anzusehen." Der Kaiser schloß: „Der Segen Gottes wird sich an eure Fahnen heften und es euch geben, daß das Christentum in jenem Lande seinen Eingang finde." Und ein Geistlicher fügte hinzu: „Ein Kreuzzug ist's, ein heiliger Krieg!"

Während die deutsche Armada mit Volldampf voraus nach China unterwegs war, hatte sich bereits eine 26 000 Mann starke internationale Befreiungsarmee in der Stadt Tientsin versammelt. Briten, Franzosen, Russen, Japaner und deutsche Einheiten aus Kiautschou kämpften sich am Ufer des Peiho-Flusses und an der Bahnlinie entlang nach Peking vor, gegen heftigen Widerstand von Zehntausenden von Boxern. Der britische Admiral Seymour warf bei diesem Einsatz mit dem Kommando „The Germans to the front" eine Hundertschaft deutscher Marinesoldaten an vorderster Linie ins Gefecht. Ein gleichnamiges Ölbild, das diesen für die Deutschen so schmeichelhaften Augenblick verklärte, hielt später in die deutschen Wohnstuben Einzug.

Nach zahlreichen Rückschlägen erreichten die Alliierten am 12. August schließlich Tungtschou – das letzte Hindernis vor der Hauptstadt des chinesischen Kaiserreiches. Am 14. August frühmorgens begann die Schlacht um Peking. Am frühen Nachmittag hatten sich die Befreier bis zum Gesandtschaftsviertel durchgekämpft. Nach 55 Tagen Belagerungszustand waren die Eingeschlossenen befreit.

Das gewaltige deutsche „Ostasiatische Expeditionscorps" unter dem Oberbefehl des Grafen Alfred von Waldersee kam zum eigentlichen Gefecht zu spät. Dennoch marschierten die deutschen Truppen in Peking ein und blieben zusammen mit den anderen Alliierten noch monatelang in China. Sie jagten die Boxer bis in die letzten Winkel des Landes. Es wurde geplündert, geraubt, gebrandschatzt und vergewaltigt. Gefangene wurden nicht gemacht.

Später verlasen sozialdemokratische Abgeordnete Erlebnisberichte von Teilnehmern der Strafexpedition vor dem Reichstag in Berlin: „Die gefangenen Chinesen haben wir alle totgeschossen, aber auch alle Chinesen, die wir sahen und kriegten, haben wir alle niedergestochen und -geschossen." In einem Brief vom 26. August 1900 schreibt ein deutscher Soldat, daß 68 Gefangene gezwungen worden seien, ihr eigenes Grab zu schaufeln; dann hätte man sie mit den Zöpfen aneinander gebunden, „worauf sie erschossen wurden und rückwärts in das Grab fielen". Am 1. September schrieb ein Chinakämpfer an seine Mutter: „Am Sonntagnachmittag haben wir 74 Gefangene mit dem Bajonett erstechen müssen."

Der Kriegsberichterstatter Rudolf Zabel bestritt Greueltaten der deutschen Truppen: „Ich habe oft genug gesehen, wie Chinesen, einzeln und in Trupps, standrechtlich erschossen wurden. Das ging alles glatt und korrekt vor sich." Und zu dem Vorwurf, daß nicht nur aufständische Boxer, sondern auch unbewaffnete Männer, ja sogar Frauen und Kinder umgebracht worden seien, schrieb Zabel: „Freilich bin ich fest überzeugt, daß auch eine ganze Anzahl Nichtschuldiger hat mit dranglauben müssen. Aber Krieg verallgemeinert."

Die Rache der Christen gegen die Andersgläubigen war fürchterlich. „Wo sind alle die Lehrer des Christentums . . . mit ihrem Protest gegenüber solch widerchristlichen Barbareien", fragte August Bebel im Reichstag, „ist denn immer noch nicht das christliche Rachegefühl gestillt? Sind dem christlichen Gott immer noch nicht Dankopfer genug an Männern, Frauen und Kindern geopfert worden?"

83 Jahre später gehen wir mit unserem chinesischen Begleiter Zhao Peng zum alten deutschen Friedhof im ehemaligen Pachtgebiet von Kiautschou. Der liegt oberhalb der alten Germania-Brauerei in Tsingtau. Als Zhao Peng nach einigem Suchen endlich den Friedhof gefunden hat – da ist nichts mehr, nur Gras und unter einem Baum eine Müllhalde, auf der Reste von zerbrochenen Grabsteinen liegen. Auf einem ist zu entziffern „Hans Herbert Müller – gestorben 1909 – Er ruhe in Frieden."

Er sei lange nicht mehr hier gewesen, sagt unser Begleiter, die Gräber seien vermutlich vor etwa zehn Jahren während der Kulturrevolution zerstört worden. Zhao Peng lächelt nicht mehr. Die Sache ist ihm peinlich.

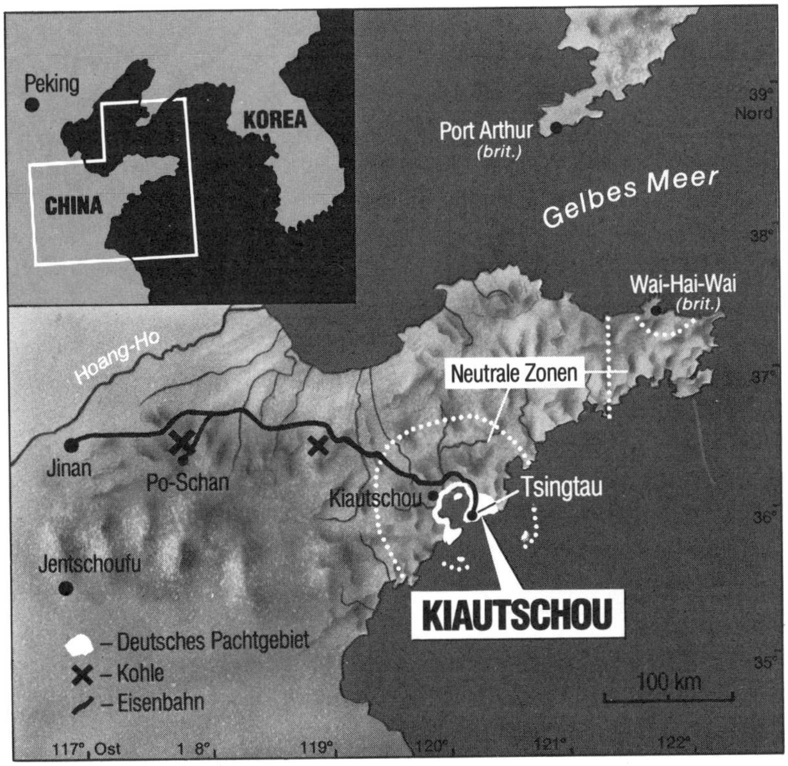

Von strategischer Bedeutung für ganz Ostasien: das 1898 erworbene Pachtgebiet von Kiautschou im Nordosten Chinas

Kiautschou/Tsingtau damals – Kiautschou/Qingdao heute

Das Pachtgebiet an der Bucht von Kiautschou mit der Stadt Tsingtau war die kleinste deutsche Kolonie. Sie unterstand nicht wie andere „Schutzgebiete" dem Reichskolonialamt, sondern der Reichsmarineverwaltung, weil es als Hafen für die Ostasienflotte und für Handelsschiffe von großer strategischer Bedeutung für ganz Ostasien war. Einzige nicht in den Tropen gelegene deutsche Kolonie; Klima wie in Mitteleuropa mit gelegentlichem Schneefall im Winter. Im Ersten Weltkrieg belagerten die Japaner das deutsche Pachtgebiet in China. Nach einem kurzen, aber heftigen Verteidigungskampf, bei dem 12 000 Japaner fielen, kapitulierten die Deutschen bereits im November 1914.

Der von den Deutschen begonnene Aufbau des Gebietes hat sich rasant fortgesetzt. Qingdao zählt rund 1,5 Millionen Einwohner, hat den wichtigsten Zivil- und Flottenhafen Nordchinas. Nach Shanghai das zweitgrößte Textil-Zentrum der Volksrepublik (Baumwolle und Seide); außerdem Maschinenfabriken (Eisenbahnbau), Reifenherstellung und Chemie-Industrie. Der Hafen ist Umschlagplatz für die in der Schantung-Provinz geförderte Kohle. Der alte, von den Deutschen gebaute Stadtkern ist fast komplett erhalten. An die deutsche Besatzungszeit erinnert auch das bekannte „Qingdao-Bier", das in der ehemaligen „Germania-Brauerei" hergestellt wird.

DOKUMENTE ÜBER DIE DEUTSCHEN IN CHINA

Mit welcher Arroganz und Geringschätzung deutsche Missionare die Anhänger der jahrtausendealten chinesischen Religionen behandelten und zum Christentum bekehren wollten, geht aus einem Bericht des Paters Volpert hervor. Er wurde 1897 geschrieben und 1898 im „Herz-Jesu-Boten" der Steyler Missionsgesellschaft veröffentlicht:

„Ach so, ihr verehrt hier einen Klumpen Lehm"

Ich fuhr gleich in medias res, sprach in liebevoll-ernstem Tone zu den guten Leuten, ich sei eigens gekommen, sie zu besuchen, sie über die heilige Religion zu belehren, sie sollten sich nicht vor mir fürchten, ich freue mich sehr, so brave Leute zu finden und dergleichen. Dann ließ ich sie erst ihr Abendessen nehmen, die letzten Hausarbeiten machen und berief dann alle zusammen in meine Gegenwart. Beim matten Scheine einer Öllampe setzten sie sich zu meinen Füßen auf den Boden, um meinen Worten zu lauschen.

Als Einleitung sagte ich ihnen, ich sei eigens viele Meilen hergekommen, über Berg und Wasser, um sie die wahre Religion zu lehren. Dann ging ich in sokratischer Methode allmählich vor.

Ich fragte den Alten:

„Habt ihr hier auch eine Pagode?" – „Ja", war die Antwort.

„Was für eine?"

„Ju Kuen miau (eine Pagode des Kuen-Götzen)."

„Wo ist die?"

„Im Osten des Dorfes."

„Sonst keine?" – „Nein."

„Wann verehrt ihr den?"

„Jährlich am 24. des fünften Mondes."

„Wie verehrt ihr ihn?"

„Wir geben ihm K'ot'ou (Verbeugung bis aufs Angesicht)."

„Sonst keine Zeremonien?" – „Nein."

„Sprecht ihr denn mit dem Kuen-Götzen kein Wort?" – „Nein."

„Warum verehrt ihr ihn, zu welchem Zweck?"

„Das wissen wir nicht."

„Hat es auch Nutzen?"

„Wer weiß das, wir verstehen so was nicht!" –

„Ei, sprecht nicht so, ihr wißt es doch, vernünftige Leute tun nichts ohne Grund. Aber sagt mir erst doch mal, wem gebt ihr eigentlich die Verehrung, dem Götzen Kuen oder dem aus Erde gemachten Bilde?"

Jetzt sahen sie sich an, soweit hatten sie noch nie gedacht. Statt einer Antwort verlegenes Lächeln.

„Gut", sagte ich. „Ihr wißt es eigentlich selber nicht genau, die Sache ist aber so wichtig, deshalb will ich sie euch klar machen. Wie alt ist euer Kuen-Götze schon, wie lange steht er da schon in der Pagode?"

„Dessen erinnern wir uns nicht, er mag dreißig oder vierzig Jahre da sein."

„Wo wurde er gekauft? Wo ist er gemacht?"

Bei diesen Fragen brachen die jüngeren in helles Lachen aus. Der Alte saß da wie in tiefem Sinnen außer sich.

„Aus welchem Stoff ist er fabriziert, ist er aus Kupfer oder Silber?" – „Der ist aus Lehm", sagte einer kühn lachend.

„Ach so, jetzt wird's mir klar, ihr verehrt hier im Dorfe einen Klumpen Lehm, der zu einer menschlichen Gestalt geformt ist, dem der Werkmeister den Namen eines gewöhnlichen Menschen aus der Vorzeit gegeben. Der Kuen war ein Mensch aus Schan-si; was gehen uns die Leute aus jener Provinz an? Wenn ihr einen Menschen verehren wollt, so nehmt lieber einen aus eurer eigenen Provinz. Übrigens ist der Mensch schon lange, lange tot. Sein Leib ist im Grabe verfault. Wie soll der sich hier in der Pagode aufhalten? Ihr seht nun ein, daß ihr einem Lehmklumpen die Verehrung bezeugt, und habt bisher geglaubt, das sei ein Gott. Die falschen Götzen nützen nicht, also sollte man sie nicht verehren. Sie schaden vielmehr, im Grunde ist es ein böser Dämon, der euch mit dem Götzenkult betrügt, der schadet euch, somit dürft ihr ihn nicht verehren. Ihr pflegt die Bienen, weil sie nützen. Hegt ihr auch die bösen Wespen? Mitnichten, die stechen einen, die können bloß schaden. Seht, so muß man auch bei der Gottesverehrung genau zu unterscheiden wissen. Jetzt will ich euch sagen, wer denn der wahre Gott ist." Dann bewies ich das Dasein eines wahren, unendlich guten Gottes, dessen Verehrung Gewissenspflicht sei und uns zeitlich und ewig glücklich mache.

– Darnach erinnerte ich sie wieder an ihren Götzen in der Pagode.

„Sein Bart ist nicht gewachsen, er ist vom Pferdeschwanz oder Menschenhaar. Wenn man mit einem Zündhölzchen ihn verbrennt, so wächst er nicht nach. Seine Augen sind von Glas, seine Ohren ohne Trommelfell, seine Nase ist nicht fähig, den verbrannten Weihrauch zu riechen. Sein Mund kann kein Wort sprechen. Wirfst du ihn in den Weiher, so rettet er sich selber nicht mehr heraus, er ertrinkt auch nicht, denn er ist ohnehin leblos. Und den habt ihr bisher verehrt, und den Vater im Himmel habt ihr ganz vergessen, der uns alle Wohltaten spendet! Jetzt wollt ihr Christen werden, jetzt müßt ihr lernen, den wahren Gott zu verehren, allen falschen Göttern zu entsagen. Wenn der Christen einmal viele sind, und ihre Zahl wächst täglich, so verschwinden alle Pagoden vom Erdboden".

Die kaiserliche Regierung nutzte die Ermordung der katholischen Missionare Franz Xaver Nies und Richard Henle als Vorwand zur Besetzung der Bucht von Kiautschou. Am 4. November 1897 hatte das Missionshaus zu Steyl die telegraphische Nachricht erhalten: „Nies, Henle ermordet." Später folgte ein Augenzeugenbericht des Missionars Pater Stenz:

„Dort lagen die Herren ganz in Blut gebadet"

Ich hatte meinen hochwürdigen Dekan P. Henle gebeten, bei mir das Allerheiligenfest zu begehen und mir zu helfen, die Beichten für Allerseelentag zu hören. Am Feste kam auch P. Nies, um am folgenden Tage zu P. Peulen aufzubrechen, der von hier ca. 17 Stunden entfernt stationiert ist und vor einiger Zeit fast vergiftet wurde. Seit Monaten hatten wir uns nicht mehr gesehen, viel gab es zu erzählen. Am Abend übten wir das Requiem ein und sangen einige Lieder, wobei ich mit der Zither begleitete: „Miseremini mei, saltem vos amici mei, quia manus Domini tetigit me" – „Erbarmet euch meiner, wenigstens ihr, meine Freunde; denn die Hand des Herrn hat mich getroffen", war das letzte Lied; dann beteten wir das Abendgebet und gingen zur Ruhe.

Unsere Räumlichkeiten in der Mission sind bescheiden und arm; ich überließ den beiden Herren das beste Zimmer, während ich selbst in einem kleinen Proviantzimmer unterhalb des großen Tores schlief. Es regnete; niemand hätte für diese Nacht Gefahr gefürchtet. Kaum war ich zur Ruhe, als ein Schuß fiel. Ich sprang auf, mein Zimmer wurde von außen durch Fackellicht erleuchtet. Schuß folgte auf Schuß, ein höllisches Schreien und Fluchen erscholl durch die Nacht, da dröhnten schon Schläge an die Türe des besseren Zimmers, die Fenster klirrten, dann wurde es für einige Augenblicke ruhig. Jetzt hörte ich P. Henle rufen „schalio ginlio" – „sie haben einen getötet". Von neuem wieder das schreckliche Fluchen und Schießen; noch suchte man mich. Die Kirchentüre wurde erbrochen, ich hörte, man wolle mir die Haut abziehen u.s.w. Was sollte ich tun? Ich hatte nichts in der Hand als eine

Eisenstange. Mit aller Kraft stemmte ich mich gegen die kleine Türe. Nun hörte ich die Christen herbeieilen, in wildem Geschrei ging es an meiner Türe vorbei ins freie Feld. Die Christen verfolgten die Mörder.

Ich hörte aus dem Zimmer der Mitbrüder ein trauriges Stöhnen. Noch glaubte ich nicht das Schrecklichste; ich eilte herbei, – ach, welch ein Anblick! Dort lagen die Herren, ganz in Blut gebadet, der Zimmerboden mit Blut bedeckt, die Wand mit Blut bespritzt. P. Nies war zu P. Henle geflohen und lag auf dem Gesichte; er gab kein Lebenszeichen mehr. P. Henle hatte noch Leben, ich gab ihm die Absolution und die heilige Ölung, dann war auch er eine Leiche.

Welch eine Nacht: Nie im Leben werde ich sie vergessen. Die Christen klagten und weinten.

Was mögen die armen Opfer gelitten haben! P. Henle hatte neun schwere Wunden; der ganze Leib war mit Wunden bedeckt, die Finger fast abgeschnitten. Alles Stichwunden. P. Nies hatte elf Wunden. Der Kopf war gespalten, der rechte Arm ganz durchstochen; eine harpunartige Lanze war ihm in die Seite gedrungen und hatte dieselbe ganz aufgerissen.

Langsam, langsam wurde es Morgen. Ich las das Requiem. Nun kamen die Christen. Welch ein Weinen und Klagen! Die Frauen und Kinder konnte ich gar nicht wegbringen aus dem Zimmer. Selbst die Heiden weinten. Wie ein Lauffeuer verbreitete sich die Nachricht. Tausende von Heiden kamen herbei, auch sie weinten, die Mandarine kamen, auch sie weinten.

Durch Eilboten hatte ich den Herrn Provikar und mehrere Missionare aus der nächsten Umgebung eingeladen. Am Abend kamen auch sie.

Mir ist alles geraubt. Ich habe geradezu nichts mehr als die Kleider am Leibe. Aus der Kirche hat man selbst Kruzifix, Leuchter u.s.w. mitgenommen.

Die beiden lieben Toten werden wie Märtyrer hier verehrt von den Christen. Jeder will ein Andenken haben, ich mußte Hunderte kleiner Heiligenbildchen in das Blut tauchen, um sie den guten Christen zu geben. Fast jede Familie bestellte dazu heilige Messen. Zehn und zwanzig Stunden weit eilen die Christen herbei. In der ganzen Gegend geht das Gespräch nur von den beiden Herren."

Kaiser Wilhelm II. war während seiner ganzen Amtszeit ein Mann, der starke Worte liebte. Doch nie wurden Herrschsucht und Größenwahn so deutlich, wie bei seinem Appell, mit dem er am 27. Juli 1900 seine Marinesoldaten in Bremerhaven zum großen Rachefeldzug gegen China in Marsch setzte, nachdem der deutsche Gesandte von Ketteler in Peking ermordet worden war. Die Ansprache Wilhelm II. ist als sogenannte „Hunnenrede" in die Geschichte eingegangen.

„Pardon wird nicht gegeben, Gefangene nicht gemacht"

Große überseeische Aufgaben sind es, die dem neu entstandenen Deutschen Reiche zugefallen sind, Aufgaben weit größer, als viele Meiner Landsleute es erwartet haben. Das Deutsche Reich hat seinem Charakter nach die Verpflichtung, seinen Bürgern, wofern diese im Ausland bedrängt werden, beizustehen. Die Aufgaben, welche das alte Römische Reich Deutscher Nation nicht hat lösen können, ist das neue Deutsche Reich in der Lage zu lösen. Das Mittel, das ihm dies ermöglicht, ist unser Heer.

In dreißigjähriger treuer Friedensarbeit ist es herangebildet worden nach den Grundsätzen Meines verewigten Großvaters. Auch ihr habt eure Ausbildung nach diesen Grundsätzen erhalten und sollt nun vor dem Feinde die Probe ablegen, ob sie sich bei euch bewährt haben. Eure Kameraden von der Marine haben diese Probe bereits bestanden, sie haben euch gezeigt, daß die Grundsätze unserer Ausbildung gute sind, und Ich bin stolz auf das Lob auch aus dem Munde auswärtiger Führer, das eure Kameraden draußen sich erworben haben. An euch ist es, es ihnen gleichzutun.

Eine große Aufgabe harrt eurer; ihr sollt das schwere Unrecht, das geschehen ist, sühnen. Die Chinesen haben das Völkerrecht umgeworfen, sie haben in einer in der Weltgeschichte nicht erhörten Weise der Heiligkeit des Gesandten, den Pflichten des Gastrechts hohngesprochen. Es ist das um so empörender, als dies Verbrechen begangen worden ist von einer Nation, die auf ihre uralte Kultur stolz ist. Bewährt die alte preußische Tüchtigkeit, zeigt euch als Christen im freudigen Ertragen von Leiden, möge Ehre und Ruhm euren Fahnen und Waffen folgen, gebt an Manneszucht und Disziplin aller Welt ein Beispiel.

Ihr wißt es wohl, ihr sollt fechten gegen einen verschlagenen, tapferen, gut bewaffneten, grausamen Feind. Kommt ihr an ihn, so wißt: Pardon wird nicht gegeben, Gefangene werden nicht gemacht. Führt eure Waffen so, daß auf tausend Jahre hinaus kein Chinese mehr es wagt, einen Deutschen scheel anzusehen. Wahrt Manneszucht.

Der Segen Gottes sei mit euch, die Gebete eines ganzen Volkes, Meine Wünsche begleiten euch, jeden einzelnen. Öffnet der Kultur den Weg ein für allemal!

Nun könnt ihr reisen! Adieu Kameraden!

Nach der Niederwerfung des „Boxeraufstandes" in China durch eine internationale Streitmacht geißelte August Bebel am 10. November 1900 im Reichstag die Ausschreitungen von deutschen Truppen in China und die Heuchelei der kaiserlichen Reichsregierung. Es war seine größte Rede zur Kolonialpolitik. Auszüge:

„Der Haß gegen die Deutschen – das sind die Früchte ihrer Politik!"

Die Thronrede stellt die Sache so hin, daß sie sagt: Fanatischer Haß und finsterer Aberglaube, angestachelt von gewissenlosen Ratgebern des Pekinger Hofes, hatten mißleitete Massen des chinesischen Volkes zu Greueltaten getrieben gegen die friedlich unter ihnen weilenden Vorposten abendländischer Zivilisation und christlicher Kultur . . . Aber, meine Herren, es ist eine unbestreitbare Tatsache, daß nicht erst seit heute und gestern und, wie ich anerkenne, nicht erst seit der Besetzung von Kiautschou durch Deutschland, sondern schon durch eine geraume Reihe von Jahren . . . gegenüber China ein Verfahren eingeschlagen worden ist, das allmählich insbesondere bei den herrschenden Klassen Chinas und auch in anderen Schichten der chinesischen Bevölkerung die feste Überzeugung erwecken mußte, daß alle darauf hinarbeiteten, das große chinesische Reich in die vollständige Abhängigkeit von den auswärtigen Mächten zu bringen. Man ging in seinem Verhalten so weit, daß man eben feierlich abgeschlossene Verträge nach kurzer Zeit brach und immer neue Forderungen stellte. Kurz, man schlug China gegenüber so außerhalb alles völkerrechtlichen Verfahrens liegende Wege ein, daß Kenner von Land und Leuten wiederholt und nachdrücklich erklärt haben, daß dies einmal ein böses Ende nehmen müsse . . . Ich klage hiermit Europa und die Vereinigten Staaten an, daß sie die wirklichen Urheber der Wirren sind, die wir in China haben.

Es ist unbestreitbare Tatsache, daß der Fremde sich die größten Gewalttätigkeiten, das größte Unrecht gegen die Chinesen zuschulden kommen lassen darf, ohne daß der mißhandelte Chinese einem Europäer gegenüber Recht bekommt. Noch mehr, sobald der Europäer von einem Chinesen belangt werden soll, und der Europäer hat Unrecht, dann versteht es der Europäer kraft seiner Stellung und Geldmittel, die elende chinesische Gerichtsbarkeit zu bestechen und auch auf diese Weise es dahin zu bringen, daß der Kuli unter keinen Umständen sein Recht behält. So ist nach allen Richtungen hin an diesem Volke seit Jahrzehnten gesündigt worden. Bei jedem anderen Volke der Welt, außer bei diesem außerordentlich geduldigen, füg- und schweigsamen chinesischen Volk würden solche Mißhandlungen schon längst den Ausbruch des Zorns und der Rache hervorgerufen haben, deren Zeugen wir in den letzten Monaten gewesen sind . . .

Die „Kölnische Zeitung" berichtet in Nummer 870 aus dem Tagebuch des Herrn Cordes, das dieser ihr überlassen hat, daß am 14. Juni deutsche Posten, auf der Stadtmauer in Peking stehend, beobachteten, wie in einer Entfernung von 300 bis 400 Metern auf einem freien Platze eine Anzahl von Menschen, mit dem roten Turban versehen, in friedlicher Weise auf dem Boden saßen, und in der Mitte dieser Menschen ein Mann stand, der, in lebhafter Weise gestikulierend, ihnen eine Rede hielt; es waren offenbar Sektierer, zu denen eine Art Vorbeter sprach. Da knallte ein Dutzend fremder Gewehre in die Höhe, sieben bis acht Auserwählte brachen unter dem geweihten roten Turban tot zusammen, andere schleppten sich verwundet von dannen, und die Versammlung flog auseinander. (Große Bewegung. Hört! hört! links.) Deutsche Soldaten haben also von der Mauer der Gesandtschaft ohne die geringste Provokation gegen einen Haufen friedlich versammelter Chinesen geschossen, haben sechs bis acht Mann getötet, eine ganze Anzahl verwundet, während die anderen geflohen sind. Sie haben damit das schwerste völkerrechtswidrige Verbrechen begangen, das man überhaupt zu tun imstande war, sie begingen elenden, feigen Mord. (Sehr wahr! sehr richtig! bei den Sozialdemokraten.) . . .

Ich will von Kleinigkeiten absehen, die übrigens ein merkwürdiges Licht auf unseren ermordeten Gesandten werfen. Es war am 13. Juni, als zwei siebzehn- bis achtzehnjährige Burschen ein chinesisches Mädchen auf einem Karren an der Gesandtschaft vorbeifuhren und dabei lärmten. In demselben Moment kommt Herr v. Ketteler herausgestürzt, läuft nebst dem Kanzleidiener hinter den beiden jungen Leuten her, packt den einen achtzehnjährigen Burschen am Kragen, während die anderen ausreißen, schleppt ihn in die Gesandtschaft – ihn, der nur gesungen hatte und vergnügt war! – und steckt ihn ein. Er gibt die Erklärung ab, wenn nicht binnen 24 Stunden Genugtuung gegeben werde, wird der betreffende Bursche erschossen werden. (Hört! hört! links.) Da fragt man sich: Welche Auffassung hat der deutsche Gesandte von seiner Stellung gehabt? Hiernach erklärt es sich ganz natürlich, daß die Vorgänge so gekommen sind, wie sie kamen.

Kurz darauf erfolgte die Erstürmung des Takuforts! Meine Herren, Sie werden mir zugeben müssen: Das war nach allen Völkerrechtsbegriffen eine Kriegserklärung in optima forma. (Sehr richtig! bei den Sozialdemokraten) . . . Am 20. Juni vormittags traten die Gesandten abermals zusammen und berieten. Es wird der Vorschlag gemacht, in corpore in das Tsungli-Yamen [das chinesische Außenministerium] zu ziehen; wer den Vorschlag gemacht hat, wird nicht gesagt – ich vermute, Herr v. Ketteler. Die sämtlichen Gesandten bis auf einen lehnen den Vorschlag ab. Darauf unternimmt Herr v. Ketteler, nachdem er nachdrücklich von seinen übrigen Kollegen gewarnt worden, allein, auf eigene Faust das nach allem, was vorausgegangen war, geradezu tollkühne Wagstück, in das Tsungli-Yamen zu gehen, und auf diesem Wege ist er erschossen worden. Nun, meine Herren, das war ein Verbrechen, das war genauso ein Verbrechen, wie die Mordtaten unserer Soldaten vorher, darin ist kein Unterschied. Aber ich sage gerade heraus: Daß dieses Verbrechen gegen den deutschen Gesandten verübt wurde, war die Folge des ungeheuren Rachegefühls, des höchsten Maßes der Empörung, das die Masse der Bevölkerung in Peking erfassen mußte nach den Ereignissen, die ich Ihnen eben vorgetragen habe und die sich vor dem 20. Juni zugetragen haben. Unter allen Umständen war der Mord des Gesandten ein Verbrechen – ich spreche das Wort ungeniert aus –, wo mildernde Umstände vorlagen. (Sehr richtig! bei den Sozialdemokraten.) Darüber ist man aber bei uns in Deutschland ganz außer sich geraten. Da stieg alles in die höchste Entrüstung. Man konnte nicht eilig genug nach Peking kommen, um die fürchterlichste Rache zu nehmen . . .

Außerdem aber, meine Herren, soll jetzt auch auf einmal die Verteidigung der Religion in Frage sein. „Ein Kreuzzug ist's, ein heiliger Krieg", sagte einer der protestantischen Geistlichen, der den jungen Soldaten, die nach China gingen, die Abschiedsrede hielt. Nein, kein Kreuzzug ist's, kein heiliger Krieg; es ist ein ganz gewöhnlicher Eroberungskrieg und Rachezug und weiter nichts, eine Exekution, wo Rache geübt werden soll, die mit einem regelrechten Kriege nicht das allermindeste zu tun hat. Da ist der Name Krieg wirklich zu anständig dafür; was hier passiert, ist ein gemeiner Rachezug. (Sehr gut! sehr richtig! bei den Sozialdemokraten.) Ein Rachezug, so barbarisch, wie er niemals in den letzten Jahrhunderten . . . „Ein Kreuzug ist's, ein heiliger Krieg", und dabei sehen wir die Japaner an unserer Seite, die keine Christen sind und die mit der Hauptarbeit in diesem Rache- und Exekutionszuge zu tun gehabt haben. Es ist endlich an der Zeit, daß wir uns energisch dagegen wehren, daß die Religion, daß die Kirche mit der Politik irgendwie verquickt wird . . . Was haben sie erreicht? Was haben die ganzen christlichen Missionen bis jetzt erreicht? Und was sie bisher mit den größten Mühen und Opfern an Geld, Menschen und Arbeitskraft erreicht haben, ist wie mit einem Federzuge ausgelöscht durch das, was sich jetzt dort zugetragen hat und noch zuträgt. (Sehr wahr! sehr richtig! bei den Sozialdemokraten.) Was in der letzten Zeit geleistet worden ist, alle die schönen Reden, die gehalten sind, die Art der Kriegführung, das gräbt sich auf Jahrhunderte von Generation zu Generation in die Herzen der Massen der chinesischen Bevölkerung ein. Das wird zur Folge haben, daß ein Haß gegen alles, was Christen und Christentum heißt, im chinesischen Volke großgezogen wird, wie er niemals zuvor dort geherrscht hat.

Ein modernes Geschichtsbuch der Volksrepublik China schildert aus heutiger, kommunistischer Sicht den Kampf der Chinesen gegen die Deutschen und andere ausländische Eindringlinge. In dem Kapitel „Die Widerstandsbewegung der Yi He Tuan gegen die imperialistischen Aggression" heißt es u.a.:

„Die Imperialisten plünderten die Schätze der Hauptstadt"

Seit der Niederlage der Tai-Ping-Revolution war im Verlauf der sich schrittweise verschärfenden Aggression des Kapitalismus und Imperialismus der spontane Abwehrkampf der chinesischen Volksmassen gegen die Imperialisten nie zum Stillstand gekommen. Dieser Kampf fand im allgemeinen seinen Ausdruck in der Opposition gegen die von den imperialistischen Staaten nach China beorderten Missionare und religiösen Körperschaften. Die von den Imperialisten mit Waffengewalt erzwungenen Sonderrechte boten den Missionaren die nötige Handhabe, um in das Innere Chinas einzudringen. Die Missionare, vor allem aber die katholischen Priester, ließen Kirchen bauen, eigneten sich mit Gewalt Grundstücke an, nützten die Macht des Imperialismus zur Einschüchterung der lokalen Beamten aus, mischten sich in administrative Angelegenheiten ein, beeinflußten die Gerichtsbarkeit nach eigenem Gutdünken und verbanden sich mit Gangstern, die ihnen als „gläubiges Volk" jeweils bei der Unterdrückung der Volksmassen Hilfe leisteten. Selbstverständlich mußte ein derartiges Auftreten allgemeine Entrüstung beim chinesischen Volk hervorrufen. 1899 kam die Empörung, die sich seit langem in der chinesischen Bevölkerung aufgestaut hatte, in einer gewaltigen antiimperialistischen Kampfbewegung zum Ausbruch, die sich schnell von ihrem Ausgangspunkt, Shandong, weiter verbreitete. Die führende Rolle in dieser Bewegung übernahm eine Geheimorganisation, die sogenannte Yi He Tuan (die Fäuste für Gerechtigkeit und Brüderlichkeit), deren Mitglieder sich im chinesischen Boxen übten. Ihre Anhängerschaft bestand größtenteils aus Bauern, Handwerkern, Transportarbeitern und anderen Angehörigen der ärmeren Schichten, jedoch schlossen sich ihr auch einige Vagabunden und Grundbesitzer an, die die Willkür der Missionare am eigenen Leibe zu spüren bekommen hatten. Diese hauptsächlich von der Bauernschaft getragene Massenbewegung richtete sich naturgemäß auch gegen die feudalen Unterdrücker. Da jedoch gerade zu diesem Zeitpunkt Shandong direkt von der Aggression der deutschen Imperialisten betroffen wurde, richtete die Yi He Tuan gleich von Anfang an ihren Angriff gegen die ausländischen Aggressoren und ihre Vertreter, die ausländischen Missionare . . . Im Sommer 1900 beherrschte sie fast ganz Beijing und ging nun zum offenen Angriff auf die ausländischen Gesandtschaften und ausländischen Missionsstationen über.

Unter diesen Umständen entschlossen sich die imperialistischen Staaten, ihrerseits Truppen zur Unterdrückung der revolutionären Bewegung des chinesischen Volkes zu entsenden. Die verbündeten Truppen der acht Mächte – Großbritannien, der USA, Rußland, Frankreich, Deutschland, Japan, Italien und Österreich – drangen nach Beijing vor. Die nur mit äußerst primitiven Waffen ausgerüsteten Massen der Yi He Tuan leisteten den Eindringlingen überall heldenhaften Widerstand. Die verbündeten Truppen der Imperialisten benutzten die Überlegenheit ihrer Feuerwaffen, zogen im August 1900 in Beijing ein und plünderten die Schätze der Hauptstadt als „Kriegsbeute". Die Brandschatzungen, Räubereien, blutrünstigen Mordtaten und Vergewaltigungen, die diese Invasionsarmee in den Städten und Dörfern von Beijing, Tianjin und Boading beging, suchen in der Geschichte der Menschheit ihresgleichen . . . Die Niederlage der Yi-He-Tuan-Bewegung zeigte deutlich, daß der revolutionäre Kampf der Bauern nicht erfolgreich sein kann, wenn er nicht von einer fortschrittlichen Klasse geführt wird. Zu dieser Zeit hatte sich das Proletariat noch nicht zu einer selbständigen Klasse entwickelt, und die junge Bourgeoisie war schwach und hilflos. Selbst die Gruppe der demokratischen Revolutionäre betrachtete die Yi-He-Tuan-Bewegung als einen Aufruhr von Barbaren. Die Massen der Bauern waren bei ihrem Kampf nur auf sich selbst angewiesen, besaßen jedoch nicht die nötigen Voraussetzungen, um den Ränken der heimtückischen und grausamen Feudalherren und Imperialisten erfolgreich entgegentreten zu können. Trotzdem bewies die Yi-He-Tuan-Bewegung eindeutig, welche unerschöpflichen antiimperialistischen und antifeudalen Kräfte in den Massen der Bauern ruhten . . .

8. KAPITEL

DIE KÖNIGIN DER SÜDSEE UND DIE DEUTSCHEN HERREN

Seit Mitte des 19. Jahrhunderts machten hanseatische Kaufleute in der Südsee Millionengeschäfte mit Palmöl und Kopra – Um die Konkurrenz der anderen Großmächte auszuschalten, schickte die Regierung Kanonenboote in den Pazifik und erklärte Samoa, Teile von Neuguinea und ein Dutzend Inselgruppen zu deutschen Schutzgebieten – Unter deutscher Herrschaft wurde eine schöne Samoanerin zur reichsten Frau der Südsee

Deutsche Kriegsschiffe im Südsee-Paradies: Auf der Reede von Apia, der Hauptstadt von Samoa, ankern die „Scharnhorst", die „Cormoran" und die „Condor". Nachdem hanseatische Kaufleute hier schon seit Mitte des 19. Jahrhunderts Niederlassungen gegründet hatten, wurde Samoa 1899 offiziell deutsche Kolonie

Eine Häuptlingstochter aus Samoa: Pechschwarzes Haar, ebenmäßige Gesichtszüge, glutvolle Augen, nur mit Perlenketten bekleideter Oberkörper – davon träumten und erzählten Matrosen, Kaufleute und Pflanzer, wenn sie aus der Südsee in die kalte deutsche Heimat zurückkehrten (Bild links)

Das Hamburger Museum für Völkerkunde, eine Stiftung hanseatischer Überseekaufleute, entsandte in den Jahren 1908 bis 1910 eine wissenschaftliche Expedition bestehend aus Ethnologen, Anthropologen und Medizinern in die Südsee. Sie sollten Sitten und Gebräuche der Insulaner erforschen. Sie brachten auch dieses Bild von einem Eingeborenen und seinen beiden Frauen aus dem Bismarck-Archipel mit. Das Foto darunter zeigt einen Deutschen mit drei eingeborenen Mädchen vor der Missionsschule in Rabaul

Kurz nach sechs ist die Sonne hinter dem großen Vulkan aufgegangen, den die Eingeborenen „Die Mutter" nennen. Jetzt streifen die Strahlen die kleinen Krater der „Südtochter" und der „Nordtochter", ein langer Lichtreflex durchschneidet das noch nachtblaue Wasser des Pazifiks, der tief unter uns liegt. „Okay, let's go", ruft John, der australische Pilot. Er läßt den viersitzigen Hubschrauber seitlich abkippen und zieht eine schwindelerregende Schleife über den Hafen von Rabaul im Norden von Papua-Neuguinea.

Vor dem Start sind die beiden Seitentüren neben den Rücksitzen herausgenommen worden, damit wir bessere Sicht zum Fotografieren haben. Jetzt pfeift der Flugwind durch die Öffnungen, reißt mir ein Notizblatt aus der Hand und treibt es aufs Meer hinunter. Thomas Höpker hält angestrengt seine Kameras fest. Auf dem Copilotensitz zieht sich Willi Schürmann aus Bottrop das Bordmikrofon vor den Mund und ruft in das Getöse von Motorwind und Rotorblättern: „Ich habe gebetet, daß alles gutgeht."

Der Mann aus dem Ruhrgebiet betet jeden Morgen vor Sonnenaufgang. Er macht das beruflich. Willi Schürmann ist Pater der „Missionsgesellschaft vom heiligsten Herzen Jesu" und lebt seit mehr als zwei Jahrzehnten im Norden von Papua-Neuguinea, auf der Insel New Britain, die zum Bismarck-Archipel gehört und früher „Neu-Pommern" hieß. Er kennt sich hier aus wie kaum ein anderer.

Der Flug, so haben wir mit dem Australier abgemacht, wird etwa zwei Stunden dauern, mit einigen kurzen Zwischenlandungen. Geplant ist eine Art Blitzreise in die Vergangenheit zu einigen Schauplätzen der deutschen Kolonialgeschichte – der Hubschrauber als Zeitmaschine, die uns ein Jahrhundert zurückbefördert.

Wir hatten schon in Rabaul und Umgebung recherchiert. Alte Leute – Eingeborene und Deutsche – erzählten uns ihre Geschichten und die ihrer Familien. Die deutschen Missionare öffneten uns ihr Archiv und ihre Bibliothek. Wir haben Dokumente, Aufzeichnungen und Bücher gelesen aus der Zeit, als die Deutschen die Herren in diesem Teil der Südsee waren. Wir wissen einigermaßen Bescheid.

Da unten zum Beispiel, die Insel am Eingang der Bucht von Rabaul, gleich neben dem Flugplatz, das ist Matupit. Dort hat im Jahre 1875 das erste deutsche Schiff Anker geworfen, der kleine Kreuzer „Gazelle". Nach der offiziellen deutschen Besitzergreifung von Neuguinea und den nördlich gelegenen Inseln im Jahre 1884 wurde die Gegend, die wir gerade überfliegen, „Gazelle-Halbinsel" genannt und die umliegenden Inseln der „Bismarck-Archipel".

Die endlosen Kokos-Plantagen, die sich von der Küste Papuas die sanft ansteigenden Hügel hinaufziehen, gehörten einst der deutschen „Neuguinea-Compagnie", einer Gesellschaft, die

Pater Willi Schürmann aus Bottrop, Missionar der Herz-Jesu-Missionsgesellschaft aus Hiltrup in Westfalen, lebt und predigt heute noch in Papua-Neuguinea. Hier besucht er Eingeborene des Baining-Stammes

Der Ingenieur Haaben baute 1905 im tropischen Apia eine Eisfabrik. Im Garten seines Hauses trinkt er mit Angehörigen und Freunden kühles deutsches Bier (Bild links)

von Bankiers und Geschäftsleuten gegründet worden war und die zu Beginn der deutschen Herrschaft hier alle Hoheitsrechte ausüben konnte. Der davorliegende Ort Kokopo war früher der Sitz der ersten deutschen Kolonialverwaltung. Man hatte damals die erste deutsche Siedlung nach dem Sohn des Reichskanzlers, dem Staatssekretär Herbert Bismarck, „Herbertshöhe" genannt.

Schräg vor uns taucht der Golfplatz auf. Daneben sieht man jetzt nur noch einige Grundmauern und die Reste einer ehemals großen Treppe, die vom palmenbestandenen Hügel hinab zum Strand führt. Das war Gunatambo. Hier hat „Queen Emma" gelebt, die Königin der Südsee. Ihr Charme und ihr Reichtum, ihre Feste und ihr Liebesleben sind in der Südsee zur Legende geworden – und unsere deutschen Vorfahren waren immer dabei.

„Queen Emma" war die Tochter einer samoanischen Prinzessin und des amerikanischen Händlers Jonas Coe. Der war mit einem Schiff an der Küste gestrandet und von Eingeborenen gerettet worden. Der Schiffbrüchige blieb sein Leben lang auf Samoa und genoß das süße Leben in der Südsee. Jonas Coe hatte schließlich sechs Frauen und 18 Kinder. Seine Lieblingstochter Prinzessin Tui Malietoa war das zweite Kind seiner ersten Frau. Er nannte sie Emma.

Emma Coe wurde in Sydney und in San Francisco erzogen. Sie war 18, als sie auf ihre Heimatinsel zurückkam, und sie war eine bildschöne junge Frau mit etwas hellerer Haut als die anderen Samoanerinnen, mit großen feurigen Augen, blauschwarzem Haar und einer schlanken, biegsamen Figur.

Damals, 1869, hatten bereits die Handelsagenten der Hamburger Handelsfirma Godeffroy ihr Im- und Exportgeschäft in Apia aufgemacht. Der Inhaber der Firma, Johan Cesar VI. Godeffroy, lebte in einer weißen Villa an der Hamburger Elbchaussee und führte seine Geschäfte von einem Kontor in der alten Speicherstadt am Hafen. Sechzig bis siebzig große Segelschiffe kreuzten für ihn durch die Weltmeere, hauptsächlich im Pazifik zwischen Südamerika und der Südsee.

Der Hamburger Überseekaufmann Johan Cesar Godeffroy wurde der „Südseekönig" genannt. Ihm gehörte eine Flotte von mehr als siebzig Handelsschiffen, die im Pazifik kreuzten

Godeffroys Vertreter auf Samoa hatten eine revolutionäre Entdeckung gemacht: Statt das vor Ort ausgepreßte, leicht verderbliche Palmöl nach Europa zu verschiffen, ließen sie das Fleisch der Kokosnuß an der Oberfläche trocknen, so daß die wertvolle Flüssigkeit im Inneren erhalten blieb. Das Fruchtfleisch wurde in großen Mengen nach Europa gebracht und hier ausgepreßt. Die neue Exportmethode vervielfachte den Gewinn der Firma Godeffroy.

Dennoch kam das zu stark expandierende Unternehmen 1878 in finanzielle Schwierigkeiten. Godeffroy verkaufte sein Geschäft mit Gewinn an die neugegründete Hamburger „Deutsche Handels- und Plantagengesellschaft der Südsee-Inseln".

Deutsche warben wie andere Weiße auf Samoa um das schöne Mischlingsmädchen Emma Coe. Doch die hatte erst eine Affäre mit einem Amerikaner, heiratete dann einen britischen

Geschäftsmann namens James Forsayth – mit den Deutschen machte sie nur Geschäfte. Von ihnen bekam die geschäftstüchtige Samoanerin auch den Tip, wo noch leichter Geld zu verdienen war als auf ihrer Heimatinsel – auf den fruchtbaren Inseln östlich von Neuguinea. Dort gäbe es noch billiges Plantagenland und vor allem billige Arbeitskräfte.

Emma ließ sich scheiden, verkaufte ihr Geschäft und zog mit ihrem neuen Geliebten, dem amerikanischen Kapitän Thomas Farrell im Jahre 1879 dreitausend Kilometer weit über den Pazifik nach Nordwesten. Sie ließ sich auf der kleinen Insel Mioko nieder und kaufte zum Spottpreis von 3,50 Reichsmark pro Hektar wertvolles Plantagenland auf. Als fünf Jahre später die Besatzungen von deutschen Kriegsschiffen auf den Inseln des Bismarck-Archipels die Reichsflagge hißten, da waren Emma und ihr Geliebter schon längst gemachte Leute.

Größeren Landbesitz hatten damals nur noch die deutsche „Neuguinea-Compagnie" mit Firmen wie „Eduard Hernsheim & Co" und die Godeffroy-Nachfolger „Handels- und Plantagengesellschaft" bewirtschaftet.

„Da unten rechts, das ist Mioko", ruft John, der Pilot. Rechts unten liegt ein kleiner dunkler Fleck in dem jetzt schon hellblauen Meer.

Von Mioko über das Meer bis zur Küste von Kokopo sind es knapp 30 Kilometer.

Mitte der achtziger Jahre baute Emma Forsayth ihre Residenz neben den Sitz der deutschen Kolonialverwaltung. Sie holte ihre Verwandten aus Samoa nach Neuguinea, darunter ein Dutzend Schwestern und Nichten. Einige kamen mit ihren Männern, die meisten waren unverheiratet und lebensfroh;

Queen Emma", Tochter eines samoanischen Häuptlings und eines Amerikaners, wurde während der deutschen Kolonialzeit die reichste Frau der Südsee. Ihr gehörten die fruchtbarsten Kokosnuß-Plantagen des Bismarck-Archipels. Dieses moderne Wandbild, das die „Südsee-Königin" umgeben von Kolonialherren zeigt, hängt im Speisesaal eines Hotels in Rabaul zwei Eigenschaften, die die deutschen Männer der Kolonialverwaltung und der Kolonial-Gesellschaften zu schätzen wußten.

Zu Emmas Familien-Clan gehörte auch ihre Schwester Phoebe und deren Mann Richard Parkinson, ein in Dänemark geborener deutscher Staatsbürger britischer Abstammung: Er war Forscher und Botaniker und wurde Emmas neuer Geschäftspartner. Gemeinsam bauten sie in wenigen Jahren ein Imperium auf, zu dem schließlich mehr als 10 000 Hektar bestes Plantagenland, eine Flotte von einem halben Dutzend Schiffen und mehrere Geschäftshäuser gehörten. Einige tausend einheimische Kontrakt-Arbeiter und 80 weiße Angestellte bewirtschafteten den Besitz. Um die Jahrhundertwende war Emma Coe, geschiedene Forsayth, geborene Prinzessin Tui Malietoa, zur „Queen Emma" geworden, der reichsten Frau der Südsee. Sie war gerade 30 Jahre alt.

Ihre Champagner-Feste waren in der ganzen Südsee berühmt. Plantagenbesitzer, Beamte der Kolonialverwaltung, reisende Geschäftsleute, Kapitäne und Offiziere deutscher, englischer und amerikanischer Schiffe waren ihre Gäste. Einer der Teilnehmer, ein Amerikaner, beschrieb den Auftritt der Herrin von Gunatambo so: „Queen Emma hatte eine hinreißende Figur. Sie trug ein kostbares Kleid aus weißem Satin und eine Schleppe, die von einem halben Dutzend hübscher Mädchen getragen wurde, als sie die große Treppe zum Park herunterkam. Eine kleine, mit Diamanten besetzte Krone blitzte in ihrem Haar."

Der Hamburger Südsee-Kaufmann Heinrich Rudolph Wahlen kaufte 1910 die Besitzungen von „Queen Emma" auf. Wahlen, „Herr über hundert Inseln und fünf Millionen Kokospalmen", verlor im Ersten Weltkrieg sein gesamtes Vermögen

Nach dem Essen pflegte „Queen Emma" eine dicke, mit Palmenblättern ummantelte Zigarre zu rauchen. Sie ließ sich Champagner und Cognac servieren und zwei Dienerinnen fächelten ihr Kühlung zu. Als Hausbar diente ihr ein alter, schön geschnitzter Altar – sehr zum Mißfallen des benachbarten Bischofs und seiner deutschen Missionare, die auch gelegentlich zu Gast waren. Bei ihren regelmäßigen Skatabenden in Herbertshöhe rühmten sich die deutschen Herren, die immer noch attraktive und temperamentvolle Südsee-Dame näher kennengelernt zu haben.

In kleinem Kreis konnte „Queen Emma" sehr ungezwungen sein. So berichtet der Kaufmann Rudolph Wahlen aus Hamburg, damals Angestellter der Firma „Hernsheim & Co", über eine Begegnung an einem tropisch-heißen Nachmittag: „Sie saß mir an einem großen Tisch gegenüber, rauchte ihre Zigarre und stöhnte über die Hitze. Sie hatte nur ein leichtes Kleid an. Plötzlich legte sie mit den Worten ‚It's very hot' ihren großen Busen auf die Tischplatte und schien dadurch sehr entlastet . . . Ich aber fühlte mich mit meinen 23 Jahren doch etwas geniert."

„Queen Emma" war Mitte Vierzig und schon etwas rundlich geworden, als sie einen leitenden Angestellten der deutschen Neuguinea-Compagnie heiratete: den Polizeichef des Unternehmens und früheren Kapitän August Paul Kolbe aus Hannover. Er war von Figur und von Bedeutung her ein Mann von Gewicht. Er trug einen imponierenden Schnurrbart und mei-

Wissenschaftler der „Hamburger Südsee-Expedition" im Jahre 1909 mit Eingeborenenkindern auf den Karolinen-Inseln, die ebenfalls zum deutschen Südsee-Kolonialreich gehörten

stens eine Prinz-Heinrich-Mütze auf dem rundlichen Kopf. Es sei, so meinen die Chronisten, von beiden Seiten wohl nicht die große Liebe gewesen, aber eine funktionierende Ehe mit ihren Höhen und Tiefen. Immerhin habe auch der eher schwerblütige Norddeutsche gelegentlich Temperament bewiesen, so als er bei einer größeren Geselligkeit seiner unter Alkoholeinfluß auf dem Klavier sich ergehenden Gattin den Pianodeckel auf die Finger knallte. Darauf sei die Südsee-Königin mit schmerzverzerrtem Gesicht aufgestanden und habe mit einigen kräftigen Armbewegungen sämtliche Gläser und Flaschen von der Hausbar vor die Füße ihres Gatten gefegt.

Die Ehe dauerte fast zwei Jahrzehnte. Und als August Paul Kolbe im Juli 1913 bei einem Erholungsurlaub in Monte Carlo an einem Herzleiden schwer erkrankte, da reiste seine besorgte Frau mit dem nächsten Dampfer zu ihm. Paul Kolbe starb in ihren Armen – und zwei Tage später war auch „Queen Emma" tot.

Um die sterblichen Überreste der beiden Europareisenden aus der Südsee kümmerten sich Geschäftspartner von der „Hamburgischen Südsee-Aktiengesellschaft". Sie ließen sie in Bremen einäschern und die Urnen dann nach Neuguinea überführen. Hier wurden die Gefäße mit der Asche in den Boden des Parks von Gunatambo versenkt.

Unser Hubschrauber fliegt am Strand entlang, parallel zur Küstenstraße, an der „Queen Emmas" Privatfriedhof liegt.

Wir überfliegen den „Varzin", einen erloschenen Vulkan, an dessen Hängen einst der deutsche Verwaltungssitz Herbertshöhe gelegen hat. Jetzt sind nur noch vereinzelt ein paar Wellblechdächer zu erkennen. Unter einem lebt Otto Wolff, der

Otto Wolff, der Mischlingssohn des deutschen Gemüsepflanzers Johannes Wolff, mit einem amtlichen Bericht über die Ermordung der ersten (deutschen) Frau seines Vaters, die von Eingeborenen erschlagen wurde

Mischlingssohn von Johannes Wolff, den seine Zeitgenossen „Gemüse-Wolff" genannt hatten, weil er in der fruchtbaren Lava-Erde als erster Kartoffeln, Kohl und Salat gezogen hatte.

Der alte Wolff, zuvor Tierfänger in Ostafrika für Hagenbecks Tierpark, hatte seine Frau Hedwig mit in die Südsee gebracht. Sie wurde von Eingeborenen ermordet. Der Witwer heiratete Jahre später eine farbige Insulanerin. Den Sohn aus dieser Ehe nannte er Otto; später schickte er ihn auf die Missionsschule in Vunapope. Heute ist Otto Wolff 73 und hilft den „Brüdern vom heiligsten Herzen Jesu" bei der Gartenarbeit.

Vunapope – aus der Luft sieht der „Platz der Päpstlichen" aus wie eine Kitschansicht in einem Kirchenkalender: blaues Meer, gelber Strand, sanft ansteigende grüne Hügel, Palmen, eine große Kirche inmitten von Wohnhäusern, Hospitälern, Altenpflegeheimen und Kindergärten. Und davor eine hoch aufragende, silbrigglänzende Jesus-Statue, die mit ausgebreiteten Armen Land und Leute zu umfassen scheint.

Von hier aus begannen vor 102 Jahren katholische Missionare die Eingeborenen von Neuguinea zu bekehren. Heute verkünden Patres und Missionsschwestern in 45 Außenstationen rings um die Insel New Britain Gottes Wort. Sie kommen aus der Bundesrepublik, aus Frankreich, Belgien und den Niederlanden. Einer von ihnen ist unser Flugbegleiter Pater Willi Schürmann aus Bottrop. Einer von ihnen war Pater Matthäus Rascher aus dem Dorf Sambach in Bayern. Er zog im Jahre 1898 von Vunapope aus zu den Kannibalen vom Stamme der Baining, die mitten im Urwald im Schatten der tausend Meter hohen Baining-Berge lebten.

Der Pilot läßt den Hubschrauber auf knapp tausend Meter Höhe steigen und schlägt einen westlichen Kurs ein. Bald liegt die Küste hinter uns. Wir überfliegen scheinbar endlose Palmen-Plantagen, dann Flächen, auf denen riesige Bäume gefällt worden sind; dann ist nur noch grüner Urwald unter uns.

Nach etwa 25 Minuten taucht mittendrin ein weißer Fleck auf. Ein Turm, ein Kreuz, die Kirche von St. Paul. Wir landen auf einer Wiese neben dem kleinen Gotteshaus. Die Rotorblätter bleiben klackend stehen. Eingeborene kommen aus den umliegenden Hütten und Wäldern langsam und schweigend näher. Wir sind im Land der Baining, einem Stamm, der noch vor drei Generationen seine getöteten Feinde zu verspeisen pflegte und der am Ende des 20. Jahrhunderts wie in der Steinzeit lebt.

„Meine lieben Menschenfresser" nannte Pater Matthäus Rascher in Briefen an seine Angehörigen seine Gemeindemitglieder. Gleich am Eingang der kleinen Kirche von St. Paul hängt sein Bild neben denen von neun anderen Ermordeten: ein Mann mit einem blassen, runden Gesicht, spitzer Nase, mit langem, dünnem Bart und gütigen Augen hinter einer kleinen Nikkelbrille.

Pater Rascher war im Alter von 22 Jahren in die „Bruderschaft der Missionare vom heiligsten Herzen Jesu" in Hiltrup in Westfalen eingetreten. Er war 27, als er nach Neuguinea kam,

Von einem deutschen Südsee-Pionier fotografiert: Angehörige des Baining-Stammes in traditioneller Kriegsbemalung. Diese Steinzeitmenschen leben heute noch ähnlich primitiv wie vor Jahrtausenden im Nordosten von Papua-Neuguinea

und 29, als er vom Bischof der deutschen Kolonie auserwählt wurde, der „erste Apostel des Baining-Volkes" zu werden.

Mit Äxten und Messern bahnte er sich einen kilometerlangen Weg durch den Urwald. Er schlief am Boden, baute sich eine primitive Hütte, lebte inmitten der Steinzeitmenschen. Bald lernte er ihre Sprache, begann zu predigen und versuchte heidnische Seelen zu taufen. Zuerst wandte er sich an Sterbende, ja sogar gerade Gestorbene, weil diese, anders als die Lebenden, nicht weglaufen konnten. „Ich nahm", so schildert er einen Fall in seinem Tagebuch, „schnell die Bananenblätter von dem Toten weg, und da er noch warm war, taufte ich ihn bedingungsweise . . ." Immer wieder beschrieb Pater Rascher die Schwierigkeiten, den Naturmenschen das Christentum beizubringen und ihnen ihre heidnischen Gebräuche abzugewöhnen. „Es hält so unendlich schwer, daß in ihren harten Köpfen und noch härteren Herzen das Wort Gottes aufgehen kann." Mehrfach überraschte er einige seiner Gemeindemitglieder, wie sie einen ge-

Pater Johannes Rascher, der erste „Apostel" der Baining, wurde im Jahre 1904 zusammen mit vier anderen Missionaren und fünf Ordensschwestern von Angehörigen des Steinzeitmenschen-Stammes ermordet

rade erschlagenen Feind nach alter Sitte in Bananenblätter legten, rösteten und verspeisten. „Eiskalte, herzlose Kanaken", schimpfte der Gottesmann sie in seinem Tagebuch.

Überhaupt waren die Sitten und Gebräuche der Eingeborenen das größte Hindernis auf dem Weg zu ihrer Bekehrung: Vergebens wetterte der Pater gegen die bei den Männern so beliebte Sitte der Vielweiberei; vergebens suchte er die Naturkinder zu regelmäßiger Arbeit anzuhalten. Vergebens mühte er sich, den Frauen und Mädchen des Baining-Stammes im fortgeschrittenen Religionsunterricht die Geschichte von der „unbefleckten Empfängnis der Jungfrau Maria" beizubringen. Er klagt: „Eine junge Frau, die ich schon glaubte für Jesus Christus gewonnen zu haben, lief wieder in den Urwald zurück, weil sie glaubte, ich würde unwahre Sachen erzählen."

So blieb denn Pater Rascher in der ersten Zeit seiner Missionstätigkeit nur ein erfolgversprechender Weg, um die Naturmenschen für die christliche Kirche zu gewinnen: der Freikauf von Arbeitssklaven, die an der nahegelegenen Küste von Häuptlingen und wohlhabenden Leuten gehalten wurden. Gelegentlich befreiten auch Strafexpeditionen der deutschen Kolonial-Polizeitruppe gewaltsam die Sklaven und übergaben sie der nächstliegende Missionsstation zur Betreuung. Kranke wurden hier gesundgepflegt und ernährt, in christlicher Lehre unterrichtet und schließlich getauft. Sie arbeiteten bei freier Kost und Logis für Gotteslohn in den Gärten, auf den Plantagen und in den Sägewerken der Mission.

Einer von ihnen war ein junger Mann namens To Mária, der in Vunapope auf den Namen Paulus getauft worden war. Der junge Christ lief aus der Mission fort, um drei Jahre lang gegen geringen Lohn auf der Plantage der deutschen Neuguinea-Compagnie zu arbeiten. Doch schließlich kehrte er wieder zur Mission zurück und wurde zur Unterstützung von Pater Rascher in die Baining-Berge geschickt.

Der Missionar mochte den aufgeweckten jungen Mann. Als Paulus bei der Arbeit im Sägewerk unter einen schweren Baumstamm geriet und sein Bein gequetscht wurde, pflegte Pater Rascher ihn wochenlang bis zu seiner Genesung. Es entstand ein Vertrauensverhältnis zwischen dem Pater und seinem Patienten. Nach der Genesung wurde der junge Paulus Hausdiener bei Pater Rascher. Er durfte sogar mit dem Gewehr des Geistlichen Wildtauben schießen. Doch immer häufiger gab es Streit zwischen Herr und Diener, weil Paulus nicht von seinem ausschweifenden Liebesleben lassen wollte.

Für ihn gab es – nach alter Baining-Sitte – nicht nur seine eigene Frau; auch andere, inzwischen christlich getraute Ehefrauen waren für ihn nicht tabu. Pater Rascher soll deswegen seinen Zögling in heiligem Zorn mit der Peitsche geschlagen haben.

Daraufhin, so heißt es in den Annalen der Missionsgesellschaft, begann To Mária im Jahre 1903 seine Stammesgenossen heimlich gegen Pater Rascher, gegen die Kirche und gegen die

Exekution im Urwald von Papua-Neuguinea: Die Eingeborenen, die das „Massaker von St. Paul" verübt hatten, wurden von der deutschen Polizeitruppe gefangengenommen und an einem Baum erschossen

Weißen überhaupt aufzuwiegeln. „Überall erweckte er Liebe zum früheren, freien, ungebundenen Leben und sogar die Lust an Raub und Mord . . . Ferner wies er die Buschleute darauf hin, daß sie zu den Wegearbeiten gezwungen würden, ihre Verstecke im Urwald einbüßten und nicht mehr frei leben könnten. Pater Rascher trage die Schuld, daß immer mehr Weiße in ihr Land kämen und es ihnen nähmen."

Pater Rascher ahnte nichts von den Umtrieben seines Zöglings. Er freute sich nach sechsjähriger harter Arbeit über die jetzt sichtbar werdenden Erfolge. Rund hundert Kinder und Jugendliche besuchten regelmäßig seinen Religionsunterricht. Immer häufiger kamen auch erwachsene Männer und Frauen aus dem Busch in seine Missionsstation. Immer häufiger ließen sich Heiden taufen. Und nebenbei verfaßte der Pater noch das erste Wörterbuch der Eingeborenensprache. Für das Werk „Deutsch-Bainingisch/Bainingisch-Deutsch" überreichte ihm der deutsche Gouverneur den preußischen Kronenorden IV. Klasse.

Schließlich begann Pater Rascher im Jahre 1904 mit dem im Missionssägewerk zurechtgeschnittenen Holz eine kleine Kirche in St. Paul zu bauen. Am 26. August 1904 sollte die Urwald-Kirche eingeweiht werden, der Bischof und der Gouverneur hatten sich zur Feier angesagt. Vier Missionare und fünf Missionsschwestern waren nach St. Paul gekommen, um Pater Rascher bei den letzten Arbeiten zu helfen.

Am Samstag, den 13. August 1904, war die Frühmesse von St. Paul gut besucht, auch To Mária und seine Freunde lauschten der Predigt von Pater Rascher. Der legte sich nach dem Gottesdienst, wieder einmal von Malaria geschüttelt, in seinem Zimmer zur Ruhe. To Mária holte sich indessen die Schrotflinte, angeblich um Tauben zu schießen. Was dann geschah, ist in einem ausführlichen Bericht der Missionare vom heiligsten Herzen Jesu festgehalten worden:

„To Mária trat an das offene Fenster und schoß Pater Rascher aus nächster Nähe einen vollen Schrotschuß in die Brust.

Der Getroffene stand noch auf und wankte zur Türe hin. Schwester Anna eilte dem Verwundeten aus dem Nebenzimmer zu Hilfe, doch dieser brach tot vor der Zimmertüre zusammen."

Dann folgte in wenigen Minuten Mord auf Mord. To Mária schoß Schwester Anna eine Schrotladung in die Stirn; Schwester Sophia wurde von seinen Komplizen im Dorf der befreiten Sklaven erschlagen; Bruder Bley fiel vor der Kirche mehreren Schüssen aus dem Hinterhalt zum Opfer; Bruder Schellenkens erschlugen die Täter mit Äxten, als er gerade an der Zementtreppe zur Kirche arbeitete; Bruder Plaschart erhielt tödliche Axthiebe, während er im Innern der Kirche beschäftigt war. Schwester Agatha verband gerade die Wunden von Eingeborenen, als die tödlichen Axthiebe sie trafen; Schwester Angela wurde vor dem Altar hingemeuchelt; Schwester Agnes nähte auf der Veranda, als die Mörder kamen. Pater Rütten wurde in seinem Klappstuhl sitzend hinterrücks erschossen.

Die überlebenden Christen des Baining-Stammes flüchteten in panischer Angst kilometerweit durch den Urwald zur nächstgelegenen Missionsstation an die Küste. Von hier aus verbreitete sich die Schreckensnachricht von dem Massaker in St. Paul über die ganze Insel Neu-Pommern. Der deutsche Gouverneur Hahl verhängte das Kriegsrecht, denn auch aus anderen Gegenden waren Aufstände gegen Missionare und gegen die Weißen gemeldet worden.

Bei mehreren wochenlang dauernden Strafexpeditionen verfolgten deutsche Kolonialbeamte und eine farbige Polizeitruppe die flüchtigen Täter bis tief in den Urwald. To Mária wurde bei einem Gefecht zusammen mit Mittätern in der Nähe von St. Paul erschossen. Gouverneur Hahl setzte Belohnungen für die anderen Flüchtigen aus: „Für jeden lebenden Mörder 50 Mark, für jeden Kopf 30 Mark."

Sieben weitere Häuptlinge und Anführer wurden in Herbertshöhe standrechtlich erschossen. „Die ganze Rache der Mission", so steht es im Bericht der Missionsgesellschaft, „bestand darin, daß sie die Elenden noch soviel als möglich auf einen guten Tod vorbereitete."

Auf dem Rückflug machen wir eine Zwischenlandung an der Küste in Vunamarita. In der Missionskirche hängt eine Art Heiligenbild. Es zeigt Pater Matthäus Rascher und die anderen Opfer des Massakers im Himmel. Zu ihren Füßen liegen Äxte und eine Schrotflinte, über ihren Köpfen breitet Jesus die Arme aus.

Kurz vor neun Uhr morgens landen wir wieder in Rabaul. Der Flug in die Vergangenheit hat kaum zwei Stunden gedauert. Im Hotel „Travelodge" gibt es noch Frühstück. Im Restaurant hängt ein riesiges Gemälde an der Wand. Es zeigt die von Vulkanen umgebene Bucht von Rabaul, ein prächtiges großes Haus im Kolonialstil, davor stehen vier Herren mit Uniformmützen und Schnurrbart, vor ihnen sitzt eine schlanke, schöne Südsee-Insulanerin. „Queen Emma" lächelt von oben auf uns herab.

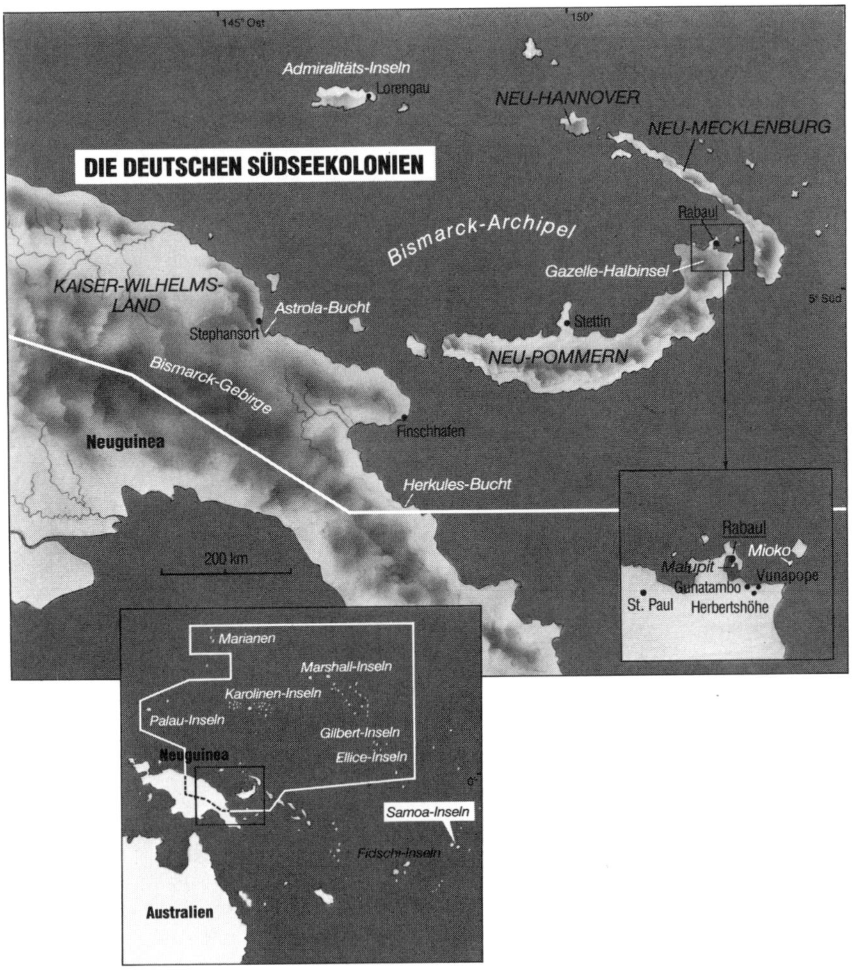

Deutsche Südseekolonien damals – Papua-Neuguinea heute:

Zu den im Pazifik gelegenen deutschen Kolonien gehörten: der nordöstliche Teil von Neuguinea (Kaiser-Wilhelms-Land), der Bismarck-Archipel, die Marshall-Inseln sowie die Karolinen-, Marianen-, Salomonen- und Palauinseln; außerdem die rund 3000 km östlich gelegenen beiden größten Inseln von Samoa. Neuguinea, 1884 erworben, wurde bis 1898 von der deutschen „Neuguinea-Compagnie" verwaltet, bevor das Deutsche Reich die vollen Hoheitsrechte ausübte. Das Neuguinea-Gebiet und Deutsch-Samoa wurden von je einem Gouverneur verwaltet. Anders als in Afrika und in China gab es hier keine größeren Aufstände.

Wichtigstes Ausfuhrprodukt der Südseekolonien: Palmöl und Kopra. Von den großen deutschen Plantagengesellschaften wurden rund 100 000 Einheimische als Kontrakt-Arbeiter rekrutiert. 25 000 sollen durch die ungewohnt harten Arbeitsbedingungen und durch Krankheiten während der deutschen Herrschaft gestorben sein. 1914 besetzten australische Truppen Neuguinea und

Der Nordosten von Neuguinea und die Inseln des nördlich liegenden Bismarck-Archipels sowie das mitten im Pazifik gelegene Samoa gehörten zum deutschen „Südsee-Schutzgebiet"

den Bismarck-Archipel. Die nordwärts gelegenen Inselgruppen wurden von den Japanern erobert. Auf Samoa gab es bereits 1856 die erste Niederlassung der Hamburger Südseehandelsgesellschaft Godeffroy. Amerikaner und Engländer folgten. 1889 richteten diese drei Nationen eine gemeinsame „Schutzherrschaft" ein. 1899 wurde Samoa zwischen Deutschland und den USA geteilt. Die Deutschen erhielten die beiden größten Inseln, Sawaii und Upolu. Im Ersten Weltkrieg wurde Deutsch-Samoa von Neuseeland besetzt.

Die frühere deutsche Kolonie wurde zunächst als Völkerbundsmandat von Australien verwaltet, 1942 von den Japanern besetzt, 1946 von der Uno wieder an Australien gegeben. Seit 1975 ist Papua-Neuguinea Republik und gehört, wie die letzte Schutzmacht Australien, zum Britischen Commonwealth. Staatsoberhaupt des 3 Millionen Einwohner zählenden Staates ist Königin Elisabeth II.

Das frühere Deutsch-Samoa ist seit dem 1. Januar 1962 als „Westsamoa" selbständig. Die 160 000 Einwohner zählende Südseerepublik ist seit 1976 einer der kleinsten Mitgliedstaaten der Uno.

DOKUMENTE ZU DEN DEUTSCHEN SÜDSEE-KOLONIEN

Der Hamburger Kaufmann Heinrich Rudolph Wahlen ging als junger Mann in die Südsee, gründete eine eigene Plantagengesellschaft und kaufte später den riesigen Besitz von „Queen Emma" dazu. Die „Wahlen GmbH" war neben der „Neuguinea-Compagnie" und der Firma „Hernsheim u. Co." die größte deutsche Firma in der Südsee. Nach dem Verlust seiner Besitzungen im Ersten Weltkrieg schrieb Wahlen seine – bisher unveröffentlichten – Erinnerungen. Er berichtet u.a. vom Tod eines deutschen Forschers, von rauschenden Festen – und von „Queen Emma".

Tod unter Kannibalen und rauschende Feste unter Palmen

Eines Tages erschien im Hafen von Matupi eine Dampfyacht mit dem Namen „Alice". An Bord befand sich der Besitzer, ein junger Deutscher mit Namen Mencke, der verschiedentliche Gelehrte an Bord hatte und der eine Forschungsexpedition durch die Deutsche Südsee machte . . .

Nachdem Mencke sich nun eingelebt hatte, fand er es sehr schön, mit uns zusammen zu leben. Besonders zog ihn Herbertshöhe und das dortige Hotel „Fürst Bismarck" an, wo er frohe Stunden im Kreise der Ansiedler verbrachte. Nach getaner Arbeit kam dort der Becher zu seinem Recht, und viele fröhliche Zechereien fanden statt.

Um nun aber auch die Forschungen nicht zu vergessen und auf Drängen seiner Mitarbeiter war man auf den Gedanken gekommen, eine bisher noch kaum besuchte Inselgruppe, die St. Matthias-Inseln im Norden Neu-Mecklenburgs, zu besuchen und zu erforschen. Die dort lebenden Eingeborenen hatten sich den Europäern gegenüber stets feindlich gezeigt, und es war noch nicht gelungen, Arbeiter von dort anzuwerben und zu unseren großen Siedlungen zu führen. Auch ich war noch niemals dort gewesen.

Da Mencke und seine Mitarbeiter noch wenig die Psyche des Eingeborenen kannten, betrachtete ich es als ein großes Wagnis, gerade als ersten Punkt, wo die Forschungen beginnen sollten, die St. Matthias-Gruppe zu wählen . . . Als nun der Gouverneur von einer Reise zurückkehrte und von der Abfahrt der „Alice" nach St. Matthias hörte, wurde er sehr besorgt um das Schicksal dieser Expedition, und er machte mir Vorwürfe, daß ich, da ja Mencke bei mir wohnte, ihn nicht von dieser gefährlichen Fahrt abgehalten hätte . . .

Unsere bösen Ahnungen über den Ausgang dieser Expedition sollten uns nicht betrogen haben. Am Horizont erschien ein Schiff, es kam näher, es war die „Alice", mit den Flaggen auf Halbmast. Es war etwas geschehen, und zwar folgendes:

Die Expedition war gelandet, hatte die Zelte auf St. Matthias aufgeschlagen und begann mit ihren Forschungen, besuchte die Dörfer, kaufte Frischproviant und lebte sich dort ein. Durch irgendwelche Handlungen verstimmt, wurden die Eingeborenen argwöhnisch und überfielen eines Morgens in aller Frühe die zu vertrauensseligen Europäer. Zum Unglück wurden gerade die Gewehre gereinigt und waren auseinandergenommen. Von allen Seiten flogen Speere durch das Zelt. Mencke und sein Sekretär wurden getötet, geradezu durch die Speere aufgespießt. Mencke war gleich tot, der Sekretär verteidigte sich mit der Pistole, bis er mit den Worten umsank, „Ich kann nicht mehr". Verschiedene der schwarzen Crew fanden ebenfalls den Tod, aber es gelang nach der ersten Überraschung, die Eingeborenen zurückzuschlagen. Ein junger deutscher Matrose erhielt einen Speer gegen seinen Schädel, er riß ihn heraus und verteidigte sich damit gegen die Kannibalen.

Sofort wurden die Zelte, nachdem man die Toten begraben hatte, abgebrochen und die Rückreise mit den Verwundeten nach Herbertshöhe angetreten, wo der Überfall nun gemeldet wurde.

Erst nach längerer Zeit fand eine Strafexpedition nach St. Matthias statt, die Dörfer wurden bestraft und gleichzeitig wurde versucht, das Grab von Mencke zu finden, um ihn in Herbertshöhe beisetzen zu können, da die Angehörigen ein großes Denkmal aus Deutschland gesandt hatten, welches über dem Grab des armen Mencke errichtet werden sollte. Man fand aber nichts außer der Kinnlade des Mencke. Man erkannte diese Reliquie als dem Mencke gehörig an den goldenen Plomben seines Gebisses. Was aus dem übrigen Körper geworden ist, blieb ein Rätsel, auch von dem Leichnam des Sekretärs fand man nichts.

Diese Kinnlade wurde als einziges Überbleibsel mitgebracht und lag auf dem Tisch des Vize-Gouverneurs in seinem Büro. Aber eines Tages geschah das Unglück. Ein großer Hund stürzte in das Zimmer, sprang auf den Tisch, erwischte den Knochen, und weg war der Hund und die Kinnlade auf Nimmerwiedersehen. Das Denkmal mußte nun errichtet werden, ohne daß irgendein Stück des Ermordeten unter ihm ruhte . . .

Auf der Wahlenburg erfreute man sich anderer Dinge. Kamen die Norddeutschen Lloydschiffe ein, dann verstand es sich von selbst, daß alle Passagiere die Gäste der Wahlenburg waren. Mit meinem von Batakhengsten gezogenen Jagdwagen wurden sie auf die Wahlenburg gebracht, die Damen zogen die Sänften vor, die von 4 Eingeborenen getragen wurden, und wurden auf diese Weise, wie es ja auch besonders in Hongkong üblich ist, nach oben befördert. Dann wurde gegessen und getanzt. Schönes Geflügel, junge Enten und Puter, Tauben, Poularden usw., dazu die herrlichsten Fische konnte ich den Gästen vorsetzen mit den dazugehörigen leichten Getränken, denn am besten zu Tisch schmeckt Moselwein mit Mineralwasser gemischt oder reiner leichter Sekt. Bei schönem Mondschein traten dann die Männer und Frauen zum Tanz an, reich bemalt und mit den Waffen ihrer Heimat tanzten die Männer, umgeben von aus Palmenblättern gemachten Fackeln, ein malerisches Bild, und den weiblichen Besuchern wurde es manchmal unheimlich zu Mute, und ängstlich suchten sie meine Nähe. Erst bei den Tänzen der Mädchen wurde ihnen wieder wohl.

Die an Land bleibenden Herren ruhten dann auf der Wahlenburg, nachdem sie sich eines der jungen Wuwulu-Mädchen als Dienerin ausgewählt hätten. Dies verlangten die Sitten der Südsee. So war es natürlich verständlich, daß die Passagierdampfer gerne Maron anliefen und die Gelegenheit wahrnahmen, die Gastfreundschaft der Südsee in großem Ausmaß hier zu genießen . . .

Das gesellschaftliche Leben im Bismarck Archipel spielte sich in äußerst angenehmen und zwanglosen Formen ab, solange die deutschen Damen fehlten; dann begann es etwas formeller zu werden. Mittelpunkt der Geselligkeit waren Matupi und Gunantambu für größere Sachen. Bei solchen Festen ging es sehr ungezwungen aber herzlich zu, Neulinge bewunderten die Kameradschaftlichkeit. Das weibliche Geschlecht wurde bei derartigen Festen, die sehr häufig zu Ehren der Marine gegeben wurden, durch die Queen Emma und ihre Verwandtschaft vertreten, junge Halb- und Viertelblut-Samoanerinnen mit großem Charme und großer Liebenswürdigkeit . . . Bei ihren Festen war die Queen selbst ihr bester Gast. Leidenschaftlich trank sie Sekt, dabei ihre selbstgemachten Zigaretten rauchend. Ein tolles Zeug! Samoanischer, von Eingeborenen gezogener Tabak in Bananenblätter gewikkelt. An solchen Abenden verging dann die Nacht bei Tanz und Flirt.

Die jungen Nichten besuchten dann auch gelegentlich uns zusammen mit der Queen oder ihrer Schwester und blieben dann gewöhnlich mehrere Tage bei uns. Als nun wieder einmal der Besuch angekündigt wurde, wollten wir zum Empfange sie mit Böllerschüssen begrüßen. Vier alte Schiffsgeschütze wurden bald in unserem Gerümpel gefunden, und ich als alter Artillerist nahm die Ladung vor; Probeschießen fand statt, und alles funktionierte großartig. Es wurde eine Zündschnur benutzt, und ein Eingeborener von Matupi entzündete die Schnur. Er hatte den strikten Befehl, nach Entzündung der langen Zündschnur sich sofort von den Böllern zu entfernen und sich in Sicherheit zu bringen. Alles klappte vorzüglich, als aber die jungen Damen am dritten Tage wieder abreisten und bereits sich in der Pinasse befanden, erschallten wieder die Böllerschüsse. Ein Böller zersprang, Sprengstücke trafen den Kanonier Kokeritsch und einen anderen Eingeborenen am Kopf, und beide waren mausetot. Großes Hallo unter den Eingeborenen, der Häuptling Tomailil kam auf die Station und raufte sich die Haare, die Eingeborenen bewaffneten sich, und es schien fast, als ob ein kleiner Kampf sich entwickeln würde. Allmählich aber beruhigten sie sich und durch Vermittlung der evangelischen Mission wurden nachher die Eingeborenen überzeugt, daß niemand die Schuld an diesem Unglück traf. Allerdings mußten die Toten den dortigen Sitten entsprechend bezahlt werden. Kokeritsch war bereits mit RM 50,— gut bezahlt, der andere aber, der einer hohen Familie entstammte, kostete uns RM 100,—. Damit war der Friede wieder hergestellt.

Ein deutscher Apostel für die Steinzeitmenschen

Pater Matthäus Rascher aus Bayern wurde von der Missionsgesellschaft vom heiligsten Herzen Jesu als „erster Apostel" zu den Steinzeitmenschen und Menschenfressern des Baining-Stammes geschickt. Sein Arbeitsgebiet war der Norden der Insel Neu-Pommern (heute New Britain) im Bismarck-Archipel. Pater Rascher wurde 1904 zusammen mit vier anderen Missionaren und fünf Missionsschwestern von den Baining ermordet. In seinen Tagebüchern hatte er zuvor seinen Alltag im Urwald beschrieben:

An Regentagen, wenn die Baininger nicht ins Freie können, finden die meisten Schlägereien statt, wo es oft blutig hergeht. Der eine kommt mit einer klaffenden Wunde am Rücken, die ihm ein Kamerad mit dem Messer beigebracht hat, der andere zeigt eine Bißwunde am Schienbein; das Schlimmste dabei ist, daß es noch sein Freund und Namensvetter getan hat. Wenn bei solchen Raufereien schon die Haut so hart mitgenommen wird, um wieviel schlimmer ergeht es erst den Kleidern. Natürlich zerreißt niemand sein Lavalava (Lendentuch) selbst, es wird stets von einem anderen zerfetzt, oder auch es zerreißt von selbst. Die Stücke, die dann in größter Eile über die Löcher geflickt werden, sollen mir nur die stattgefundene Rauferei verheimlichen.

Den Katechumenen-Unterricht erteile ich seit Weihnachten in der neu erbauten Strohkirche. Die Zahl der Katechumenen schwankt täglich zwischen 25 und 50. Heute regnet es, morgen geht eine Anzahl ans Ufer, um Taros zu verkaufen, ein andermal ist jemand gestorben, oder es ist sonst ein Grund vorhanden, daß die Leute nicht regelmäßig kommen. Das Übersetzen der Gebete und der wichtigsten Glaubenslehren in die Bainingersprache war natürlich eine dornenvolle Arbeit. Im Vaterunser hielten mich die Worte „Reich" und „Versuchung" monatelang auf. An abstrakten Begriffen sind ja die melanesischen Sprachen so ziemlich alle sehr arm. So gibt es kein Wort für Tod und Leben, und es ist manchmal sehr schwierig, diese Bezeichnungen durch Zeitwörter zu umschreiben . . .

Nach Ostern gedenke ich die Erstlinge von Baining zu taufen und zwar bloß die Kinder, die beständig auf der Station bleiben. Die Erwachsenen möchte ich noch einige Monate prüfen; es hält so schwer, bis ihre harten Köpfe und noch härteren Herzen das Wort Gottes aufnehmen. Sie sind im allgemeinen gutwillig und zeigen, wenn auch nicht alle, daß sie ernstlich bestrebt sind, in die Tat umzusetzen, was sie im Unterricht gehört haben. Mein lebhafter Wunsch wäre, daß sie sich vorher bessere Hütten bauten, denn die Baininger leben ja bekanntlich in den armseligsten Wohnungen der Welt. Bruder L. meinte neulich, als er durch ein Gehöft ging: „Es ist doch sonderbar, so viele Tiere bauen sich ganz nette Wohnungen und sind bloß unvernünftige Wesen, während die Baininger, die doch mit Verstand begabt sind und auch sonst Lust zur Arbeit haben, gar so faul und gleichgültig sind, wenn es sich um ihr leibliches Wohl handelt." Und das ist leider nur zu wahr. Im verflossenen Jahre herrschte lange Zeit Dysenterie und Influenza. Die andauernd schlechte Witterung und nicht zum geringsten auch die erbärmlichen Hütten und die Unsauberkeit, die sich in den Gehöften breit macht, trugen natürlich zur Verschlechterung der gesundheitlichen Verhältnisse bei. In allen Häusern gab es Kranke. Welch ein Anblick sich einem beim Eintritt in die Hütten bietet, ist unbeschreiblich und unglaublich. Der Fußboden in einem Bainingerhause ist selten geebnet; hier ragt ein großer Stein, dort ein Stock hervor. Da ist ein altes, leeres Feuerloch und beherbergt nun ein todkrankes Kind. Die Kranken liegen kreuz und quer im Schmutz, in der Asche oder auf einem Stück Baumrinde. Ein glimmendes Stück Holz liegt an ihrer Seite, um sie zu erwärmen. Sie frieren und leiden, klagen aber nicht. Die Gesunden sitzen um ein Feuer, kochen, plaudern oder flechten Tragnetze. Oft ist das Dach schadhaft, so daß der Regen eindringt und einen Teil des Innern überschwemmt. Anstatt das Dach auszubessern, was in einigen Minuten geschehen wäre, da immer Gras in der Nähe der Häuser wächst, und anstatt das vom Dache fließende Wasser draußen abzuleiten, gräbt einer im Hause eine kleine Rinne, damit es auf der anderen Seite wieder abziehe.

Was mir auf meinen zahlreichen Krankenbesuchen im Regen und unter den abscheulichsten Wegeverhältnissen noch zum Troste gereichte, war, daß ich etwa 50 Baininger taufen konnte, und daß die Leute eifrig nach Arzneien verlangten. Glücklicherweise hatten mich die barmherzigen Schwestern in München reichlich damit versorgt. Von den 50 in Todesgefahr Getauften sind etwa 45 gestorben. Wohl etwa 100 Personen in entfernteren Ortschaften sind leider ohne Taufe verschieden . . .

Soeben komme ich von einem Begräbnis zurück. Solange ich in Baining verweile, bin ich noch nie Zeuge von so heftigen Trauerausbrüchen gewesen, wie beim Tode des kleinen To Mbalu. Am vorigen Freitag, d.h. vor 3 Tagen, war er noch im Unterricht, frisch und vergnügt wie immer. Tags darauf blieb er aus . . .

Als ich am Sonntagnachmittag wieder zu Hause anlangte, erzählte mir ein Knabe mit Tränen in den Augen, daß To Mbalu gestorben und bereits begraben sei. Diese Nachricht stimmte mich sehr traurig. Auch in der folgenden Nacht träumte mir von ihm, denn er war ein braver Junge, sehr anhänglich und stets bereit, mir oder dem Bruder einen Dienst zu erweisen. Am meisten bedauerte ich noch, daß er ohne Taufe verschieden war. Tags darauf erfuhr ich nach der heiligen Messe zu meinem Erstaunen von den ankommenden Schulkindern, daß man To Mbalu erst jetzt begraben würde, und ich sollte auch den Toten noch einmal sehen. Mein kleiner Gewährsmann von gestern hatte mich also angelogen. Ich eilte, so schnell ich konnte, den steilen Abhang hinauf nach Vuna Mamaroß und schlüpfte in die mit Leuten angefüllte Hütte, wo der Junge in den Armen seiner Mutter anscheinend tot lag. Da die Leute draußen erst mit dem Ausschaufeln des Grabes begannen und die Frauen laut weinten, hoffte ich, daß vielleicht noch etwas Leben in ihm sei und taufte ihn infolgedessen bedingungsweise . . .

Es ist eine Seltenheit, wenn in Gesprächen der eine oder andere Tote erwähnt wird. Die Seelen der Abgeschiedenen gehen hinab ins Meer, oder sie werden von der Kamki, einer mythischen Schlange, die im Urwald wohnt, auf hohe Bäume geschleppt und gefressen. Besonders sind es die alten, knorrigen Bäume, auf denen sich die Schlange mit ihrer zahlreichen Kinderschar gerne aufhält. Stirbt jemand nach kurzer Krankheit, so hat die Kamki den Mann oder die Frau getötet. Ebensowenig wie das Andenken an die Toten, wird auch das Grab derselben in Ehren gehalten. Die Gräber befinden sich außerhalb der Hütten. Meistens belegt man sie mit Bambus oder Prügeln, die in der Erde befestigt sind, oder umfriedet sie auch mit einem Zaun und pflanzt Kokosnüsse oder Taros darauf, damit sie von den Schweinen nicht aufgewühlt werden. Es ist jedoch keine Seltenheit zu sehen, wie die Tiere die Vorrichtungen verwüsten und die Leichname fressen. Noch vor einigen Wochen konnte ich eine solche Grabschändung sehen. Auf dem Wege zu einem

Kranken kam ich an einem Grabe vorbei, das frisch aufgewühlt war, und aus dem die halbzerfressenen Beinknochen herausschauten. Niemand wird dadurch in seinen Gefühlen verletzt. Der Baininger ist eben ein Wilder . . .

Die Bewohner mehrerer Baininger-Ortschaften unternahmen lange Zeit hindurch Raubzüge nach dem Ufer. Sie brachen nicht nur öfters in die Station Vuna Márita ein, wo sie Eisenwaren, Stoffstücke und Fleisch stahlen, sondern belästigten auch die Küstenbewohner. Sie spießten deren Schweine und plünderten deren Kokosbäume. Die Streifzüge der Baininger wiederholten sich allmählich so oft und wurden dermaßen frech, daß schließlich der kaiserliche Richter nach Baining kam, um die Schuldigen zu bestrafen. Ich mußte wieder mit als Dolmetsch. Die gesuchten Kerls liefen uns wie gewünscht in die Hände, und so bedurfte es seitens der schwarzen Soldaten keiner List oder besonderen Tapferkeit, um sie zu fesseln. Einer der Gefangenen machte jedoch bald den Versuch, zu entweichen, und fast wäre es ihm auch gelungen, denn der überall hin sich ausbreitende Busch und das hohe Gras boten ihm dazu eine günstige Gelegenheit. Leider hätte ihn das Unternehmen beinahe das Leben gekostet. Ein Soldat schoß ihm sofort nach; andere verfolgten ihn und schleppten ihn wieder herbei. Die Kugel war glücklicherweise fehlgegangen. Der Wilde zitterte am ganzen Leibe und verlangte beständig, man solle ihn totschlagen. To Ngotiol, so hieß der Held, war ein Menschenfresser erster Güte. Die zurückbleibenden Frauen und Kinder weinten bitterlich; ein kleiner Knabe wollte absolut seinem Vater folgen; ich tröstete ihn und seine Mutter, so daß sie sich schließlich beruhigten. Die übrigen Hütten, an denen wir vorüber gingen, waren alle verlassen; weit und breit sah und hörte man niemand. Spät abends langten wir in Vanderan an, wo uns 3 Diebe mit der größten Freundlichkeit empfingen. Sie lachten, als der kaiserliche Richter sie binden ließ. Sie gestanden auch ohne weitere Umstände ein, daß sie gestohlen hätten. Die schwarzen Soldaten betrachteten das Gehöft als eroberten Platz, erschossen einige Schweine, hieben Bananen ab und freuten sich ihres Glückes. Die Uferleute, die das Gepäck des kaiserlichen Richters trugen, töteten mit Steinwürfen die Hühner auf den Bäumen. Zu loben ist, daß Soldaten und Kanaken die Gefangenen reichlich mit Essen versorgten. Am folgenden Morgen ging es wieder weiter durch verlassene Gehöfte. Dr. Schnee ließ deren mehrere niederbrennen. Gegen 10 Uhr erreichten wir Narim. Die Leute waren alle in der Pflanzung beschäftigt. Etwas weiter wurden noch 2 Diebe festgenommen. Dann gings unter Regen auf schlechten Pfaden heimwärts. Möchte dies der letzte Dolmetscherdienst bei solchen Gelegenheiten für mich gewesen sein! Das Schicksal der Gefangenen war kein gutes. Alle bis auf einen sind von Herbertshöhe entwichen; nur ein einziger kam zurück in seine Heimat; die übrigen werden wohl auf dem Wege nach Baining, entweder beim Übergang der Flüsse ertrunken oder von den Krokodilen verschlungen oder, was wahrscheinlicher ist, von herumstreifenden Ramanduleuten erschlagen und verzehrt worden sein.

9. KAPITEL

DAS ENDE DES LÖWEN VON AFRIKA

Während des Ersten Weltkrieges mußten sich die deutschen Kolonial-Streitkräfte der gegnerischen Übermacht (Briten, Franzosen, Portugiesen, Japaner, Australier) ergeben – Nur einer leistete bis zuletzt erbitterten Widerstand: Paul von Lettow-Vorbeck, Befehlshaber der Askari-Truppe in Ostafrika, der noch heute als Held der deutschen Kolonialgeschichte gilt – Während des Zweiten Weltkrieges war eines von Hitlers Kriegszielen die Rückeroberung des ehemaligen deutschen Kolonialbesitzes – Noch heute schwärmen alte Kämpfer von der Zeit, als Deutschland in den Tropen lag

Hoch zu Roß, mit einem blinkenden Orden am Hals, ließ sich General Paul von Lettow-Vorbeck 1919 von der Berliner Bevölkerung als „moralischer Sieger" des Ostafrika-Krieges feiern. Er hatte bis zuletzt gekämpft und erst kapituliert, als der Krieg in Europa bereits verloren war

Heia Safari", der lange Marsch durch Ostafrika: Angeführt von berittenen deutschen Offizieren marschierten Tausende von schwarzen Askaris und Trägern beinahe vier Jahre lang viele tausend Kilometer quer durch Deutsch-Ostafrika, durch Britisch-Rhodesien und Portugiesisch-Mozambique – immer auf der Flucht vor den zahlenmäßig weit überlegenen gegnerischen Truppen. General von Lettow-Vorbeck glorifizierte diesen aussichtslosen Kampf später in seinem umstrittenen Buch „Heia Safari" – Der deutsche Kreuzer „Königsberg" wurde im Delta des Rufiji-Flusses im Süden Deutsch-Ostafrikas von englischen Kriegsschiffen versenkt. Die meisten Matrosen konnten sich an Land retten. Später bargen sie sogar noch die Bordkanonen, um die Feuerkraft der Küstenverteidigung zu erhöhen

Katato Sija ist, so sagt er, 104 Jahre alt. Er trägt einen braunroten Fez auf seinem runzelig-dunklen Kopf, aus dem erstaunlich helle Augen blicken. Beim Kuchenessen stört sein letzter Zahn, und beidhändig zitternd führt er die Kaffeetasse zum Mund. Aber dann klopft der Alte resolut mit seinem Stock auf den Fußboden des „Tanga-Hotels", erhebt sich und beginnt, auf deutsch eine schon oft gehaltene und auswendig gelernte Rede aufzusagen, erst stockend, dann immer flüssiger. Katato Sija sagt: „Hurra! – Heute ist ein froher Tag! – Des Kaisers Wiegenfest! – Gott segne ihn! – Der Kaiser hoch und hoch das deutsche Vaterland . . .!"

Der Redner läßt sich auf seinen Stuhl zurücksinken und seufzt dabei noch einmal „Hurra!" Seine alten Kameraden klatschen in die Hände. Sie alle sind von weither nach Tanga in die Hafenstadt im Norden von Tansania gekommen. Einige waren zwei Tage lang zu Fuß unterwegs, Kaisers Geburtstags und des kostenlosen Kuchens wegen, den unsere Gastgeberin Margarete Scheel spendiert hat. Die 81 Jahre alte deutsche Ehren-Konsulin wird „Mama Askari" genannt, weil sie sich seit zwei Jahrzehnten liebevoll um die einheimischen Veteranen der ehemaligen deutschen Schutztruppe bemüht. Sie hat es sogar geschafft, daß die Bundesregierung den letzten Aufrechten alljährlich pro Kopf 50 Mark Ehrensold spendiert.

Katato Sija ist der Senior der Askaris, aber auch die anderen neun am Tisch sind um die 90. Sie alle haben auf das Kommando eines Mannes gehört – auf das des legendären Generals Paul von Lettow-Vorbeck, der als „Löwe von Afrika" in die deutsche Kolonialgeschichte eingegangen ist.

Zu Beginn des Ersten Weltkrieges war Katato Sija Unterführer der 17. Feldkompagnie bei der Schlacht von Tanga. Er kann sich noch gut an eine kurze persönliche Begegnung mit dem großen General erinnern. Er lag am Abend des zweiten Kampftages unter einer Palme in der Nähe des Bahnhofs und hielt sich sein blutendes rechtes Bein, in dem eine englische Kugel steckte, als plötzlich Lettow-Vorbeck mit einem Fahrrad an ihm vorüber zur Front radelte, um die Lage zu erkunden. Vom Stahlroß aus habe der General gerufen, er würde einen Sanitäter zu ihm schicken. Der kam tatsächlich und brachte ihn ins Lazarett. Nach ein paar Wochen konnte Katato Sija wieder marschieren – die Kugel allerdings steckt heute noch in seinem rechten Oberschenkel.

Die Schlacht bei Tanga – 2. bis 5. November 1914 – gilt unter Militärs als größte deutsche Heldentat des Kolonialkrieges. Sie begründete den sagenhaften Ruf des Generals Lettow-Vorbeck: Drei Monate nach Kriegsbeginn landeten 8000 Engländer und Inder in der Bucht der ostafrikanischen Hafenstadt. Sie glaubten, Tanga im Sturm nehmen zu können. Doch der Kommandeur der deutschen Schutztruppe hatte alle verfügbaren Leute zusammengezogen, 2000 Soldaten, bewaffnete Siedler

Nach der Kapitulation der deutschen Ostafrika-Truppen hielten englische Kriegsberichterstatter die stolzen Verlierer im Bild fest: Paul von Lettow-Vorbeck (auf dem Stuhl sitzend), umgeben von seinen Offizieren im Kriegsgefangenenlager bei Daressalam und Askaris. Die Invasoren wurden zurückgeschlagen, und es dauerte Monate, bis sich die Engländer vom Schrecken dieser Niederlage erholt hatten.

Lettow-Vorbeck schilderte in seinen Kriegserinnerungen „Heia Safari!" im Stil der wilhelminischen Zeit das Kampfgetümmel: „Oberleutnant von Ruckteschell, der erste, der in den Feind drang, gab seinem Trompeter, einem schwarzen, schneidigen Unteroffizier, den Befehl: ‚Blas, Jokindu, blas! Seitengewehr pflanzt auf!' Dieser setzte sein Horn an den Mund und bläst dem Feinde ins Gesicht, das deutsche Signal, daß es schmetternd dröhnt nach allen Seiten . . . Heraus, das blanke Seitengewehr! Blas, Jokindu, blas! Zum Sturm, vorwärts, marsch, marsch! Zum Sturm, Seitengewehr rechts, marsch! Hurra! Und mit lautem Siegesgeheul rasten unsere guten Schwarzen in die erschreckten Inder, und ihre deutschen blanken Seitengewehre verrichteten furchtbare Arbeit."

Askari in stolzer Pose mit deutscher Flagge und deutschem Gewehr

Und weiter geht das Heldenepos: „In wilder Flucht floh der Feind in dicken Klumpen davon, und unsere Maschinengewehre, aus Front und Flanke konzentrisch auf ihn wirkend, mähten ganze Kompagnien Mann für Mann nieder . . . Das ganze Gefechtsfeld war übersät mit Toten." Am Abend, so schreibt der deutsche Feldherr weiter, sei ein englischer Parlamentär erschienen, um über die Verwundeten zu verhandeln, der habe ihm zu seinem Sieg gratuliert und gesagt: „Das war made in Germany."

Vier Jahre lang noch waren in Ostafrika derartige Heldentaten und tote Helden zu verzeichnen. In Ostafrika wie in den anderen deutschen Kolonien litt die am Krieg der Weißen völlig unbeteiligte schwarze Bevölkerung am meisten. Etwa 5000 deutsche Soldaten fielen bei der Verteidigung der deutschen Kolonien und mehr als 14 000 Farbige. Viele Zehntausende kamen auf seiten der Engländer, Franzosen, Belgier, Portugiesen, Südafrikaner, Australier, Neuseeländer und Japaner um, bevor die Kaiserkolonien in Afrika und Asien schließlich erobert wurden. Wahrscheinlich verloren Hunderttausende von Zivilisten – darüber wurden keine Statistiken geführt – durch den Krieg und durch Kriegsfolgen wie Hungersnöte, Krankheiten und Seuchen ihr Leben.

Der Kampf um die deutschen Kolonien war ein sinnloses Unternehmen; den Politikern und Feldherren aller beteiligten Nationen war klar, was schon Bismarck dreißig Jahre zuvor erkannt hatte: Kolonialfragen werden in Kriegszeiten nicht am Orte, sondern auf dem Hauptkriegsschauplatz in Europa entschieden.

Das eigentliche Kriegsziel der deutschen Kolonialpolitiker und ihrer Militärs war die Bildung eines riesigen mittelafrikanischen Kolonialreiches mit Marinestützpunkten am Indischen und am Atlantischen Ozean. Dies hatte Wilhelm Solf, Staatssekretär des Reichs-Kolonialamtes, gefordert. In Westafrika sollten der Senegal, der Niger, Teile Nigerias, die Elfenbeinküste, Belgisch-Kongo und Portugiesisch-Angola annektiert werden;

Signalbläser und -trommler der deutschen Schutztruppe in Ostafrika

im Norden standen Kenia und Uganda auf der Wunschliste der deutschen Kolonialpolitiker; im Osten Teile von Rhodesien und Moçambique – ganz Zentralafrika sollte dem Kaiser zu Füßen gelegt werden. In der Südsee und in China war ein Ausbau der deutschen Besitzungen geplant, und an den Küsten der Weltmeere sollten strategisch wichtige Marinestützpunkte angelegt werden. Der Wahn vom Weltreich spukte so intensiv wie nie zuvor in den Köpfen des Kaisers und seiner Machtpolitiker.

Dabei waren die Deutschen in ihren Kolonien militärisch so schwach, daß sie von den Kolonialmächten Großbritannien und Frankreich und deren Verbündeten bis auf wenige Ausnahmen im Handstreich eingenommen werden konnten. Bereits am 25. August, drei Wochen nach Kriegsausbruch, wurde Togo von Engländern und Franzosen besetzt, ein paar Tage später eroberten die zum Britischen Empire gehörenden Neuseeländer die deutschen Samoa-Inseln, im September die Australier Neuguinea, und im Oktober nahmen die Japaner die Marshall-, Karolinen- und Marianen-Inseln ein.

Die deutsche Kriegsmarine, Kaisers Stolz, erlitt auf den Weltmeeren eine Schlappe nach der anderen. Bei den Falklandinseln wurde das Schlachtschiff „Scharnhorst" durch feindliche Treffer zerstört. Im Pazifik sanken die „Gneisenau", „Leipzig", „Nürnberg" und „Dresden" auf den Meeresgrund. Die vom Nachschub völlig abgeschnittene deutsche Marinefestung im chinesischen Kiautschou-Gebiet ergab sich Anfang November einer japanischen Übermacht. Doch 17 000 Japaner sollen zuvor von den Geschützen der deutschen Verteidiger getötet worden sein.

Länger dauerte der Kampf in den drei großen deutschen Afrika-Kolonien. Erst nach heftiger Gegenwehr war der Kampf um „Deutsch-Südwest" im Juli 1915 verloren. Südafrikanische Truppen unter General Smuts besetzten das Land. In Kamerun hielt sich die 5000 Mann zählende deutsche Schutztruppe gegen die Übermacht von Engländern und Franzosen achtzehn Monate lang, bevor sie sich zusammen mit 15 000 einheimischen Askaris und Trägern im Februar 1916 nach Spanisch-Guinea zurückzog.

Ende 1916 war der Krieg auch in Deutsch-Ostafrika praktisch entschieden. Trotz des großen Anfangserfolges in der Schlacht von Tanga und trotz einiger erfolgreicher anderer Gefechte im Norden der Kolonie kontrollierten britische und belgische Invasionstruppen zu diesem Zeitpunkt bereits 85 Prozent des deutschen Territoriums.

Auf deutscher Seite waren die Ostafrika-Truppen des Generals von Lettow-Vorbeck – 3000 Weiße und 12 000 Schwarze – gegen die gewaltige Übermacht von rund 100 000 Engländern, Indern und Afrikanern ständig auf dem Rückzug. Dennoch lieferte Lettow-Vorbeck dem überlegenen Gegner bis zum Oktober 1918 einen erbitterten Kleinkrieg. Erst nach der Kapitulation in Europa ergab sich der Rest der Truppe – 155 Deutsche, 1000 Askaris und 2000 Träger – der gewaltigen Übermacht. Zerlumpt und zerschunden marschierten Lettow-Vorbecks Leute in die Gefangenschaft. Aber die Sieger zollten dem „Löwen von Afrika" ihren Respekt und entließen ihn und seine Leute bald in die Heimat.

Lettow-Vorbeck hatte sein Kriegsziel erreicht: Er war unbesiegt geblieben, und er hatte so viel gegnerische Streitkräfte wie möglich in Afrika gebunden und dadurch die Heimatfront lange Zeit entlastet. Als moralische Sieger zogen er und seine Leute im März 1919 im Triumphzug durch das Brandenburger Tor, von Hunderttausenden von Berlinern umjubelt.

Nach den Bestimmungen des Versailler Vertrages mußte Deutschland auf „alle seine Rechte und Ansprüche im Bezug auf seine überseeischen Besitzungen verzichten". Nicht nur das: Die Sieger warfen den Besiegten vor, „unfähig zum Kolonisieren zu sein". Die Deutschen hätten die einheimische Bevölkerung ihrer Kolonien unmenschlich behandelt, ausgebeutet, geprügelt und hingerichtet. Sogenannte britische „Blaubücher" warfen den deutschen Kolonialherren zahllose Greueltaten vor – so als hätten die Briten in Indien und die Franzosen in Westafrika die Völker ihrer Kolonien besser behandelt.

Der Kaiser nach Holland emigriert, das Kaiserreich zur Republik geworden, die Deutschen als Unmenschen gebrandmarkt – dem verlorenen Krieg folgten für Deutschlands einst so stolze Nationalisten und Kolonialisten schlimme Zeiten. An dem „im Felde unbesiegten" General von Lettow-Vorbeck richteten sie ihren schwer angeschlagenen Nationalstolz wieder auf.

Der Kolonial-Soldat ließ sich von Rechtsradikalen der

So sah ein einheimischer Maler die Kapitulation der Deutschen in Ostafrika: Links ein deutscher Offizier vor seinen schwarzen Soldaten mit deutscher Flagge; rechts ein britischer Offizier vor seinen schwarzen Soldaten mit britischer Flagge

„Deutschen Vaterlandspartei" zur Teilnahme am Kapp-Putsch gegen die republikanische Regierung überreden. Doch der Umsturzversuch – nach dem rechten Politiker Wolfgang Kapp benannt – scheiterte im März 1920 durch einen Generalstreik der Gewerkschaften.

Erst nach Hitlers Machtergreifung im Jahre 1933 war der Afrika-Krieger wieder obenauf. „Wenn wir genug Soldaten haben, dann bekommen wir auch wieder Kolonien", erklärte Lettow-Vorbeck 1934. Er wurde im Dritten Reich zur Zentralfigur einer großangelegten „Wir-wollen-unsere-alten-Kolonien-wiederhaben"-Bewegung. Heldenschinken, Heftchenromane und Sammelalben von Margarineherstellern schilderten der deutschen Jugend die deutsche Kolonialzeit in den schillerndsten Farben. Lettow-Vorbecks selbstgeschriebene Saga „Heia Safari!" über seinen Kampf um Deutsch-Ostafrika erreichte Auflagenrekorde von mehreren hunderttausend Exemplaren.

Wie vor dem Beginn der deutschen Kolonialzeit ging wieder ein Ruf nach deutschen Schutzgebieten in Übersee durchs Land. Die Nationalsozialisten richteten das „Kolonialpolitische Amt" ein und förderten nach Kräften den 1936 ins Leben gerufenen „Reichskolonialbund". Der Bundesführer dieser Organisation, General Ritter von Epp, teilte im Dezember 1937 in einem Rundschreiben mit: „Parteigenossen! Deutsche Männer und Frauen! . . . Wir versprechen dem Führer, uneigennützig und energisch wie unsere historischen Vorbilder alles daran zu setzen, daß das von ihnen erkämpfte koloniale Gut zurückgewonnen und damit auch unsere nationale Herabsetzung beseitigt wird." Wie Kaiser Wilhelm II. im Ersten, so wollte Adolf Hitler im Zweiten Weltkrieg ein großes deutsches Kolonialreich in

Zentralafrika schaffen – vom Atlantischen bis zum Indischen Ozean. Sogar die künftigen Gouverneure und Polizeichefs standen schon fest.

Doch mit dem „Tausendjährigen Reich" verschwanden auch die Träume vom großen deutschen Kolonialreich aus dem öffentlichen Bewußtsein. 1964 wurde der letzte Held dieser Epoche, Paul von Lettow-Vorbeck, im schleswig-holsteinischen Pronstorf mit militärischen Ehren zu Grabe getragen. Zwei eigens aus Ostafrika eingeflogene Askaris gaben ihm das letzte Geleit. Zur Beisetzungsfeier hatten Traditions- und Schutzverbände der ehemaligen „Schutztruppe" eingeladen. Mit Lettow-Vorbeck trugen sie auch ihren Traum von der Rückgewinnung des deutschen Kolonialreiches zu Grabe.

Die ehemaligen „Schutztruppler" und ein Dutzend anderer Kolonial-Organisationen verteidigen noch immer die deutsche Vergangenheit in Afrika und Asien gegen Feinde und Kritiker von außen und innen. Bis heute streiten sie gegen die „koloniale Schuldlüge" der Siegermächte des Ersten Weltrieges.

Empört mußten die alten Kriegskameraden und Kolonial-Freunde erleben, wie Studenten einen ihrer Helden vor der Hamburger Universität von seinem Denkmal-Sockel kippten: Gestürzt wurde die Bronzefigur des sogenannten „größten deutschen Afrikaners, Hermann von Wissmann" – für die Studenten eine Symbolfigur der Unterdrückung afrikanischer Völker.

Noch immer sind die Verfechter der deutschen Kolonialherrschaft zur Stelle, wenn Fernsehsendungen, Bücher oder Berichte sich kritisch mit der kaiserlichen Kolonialpolitik beschäftigen. Dann hagelt es geharnischte Proteste und organisierte Entrüstung. Noch heute beschwören die früheren Kolonialherrschaften die guten Taten der Deutschen zwischen Togo und Südwestafrika, zwischen Kamerun und Kiautschou.

Sie verweisen auf die Missionsarbeit, auf Sklavenbefreiung und Krankenpflege, auf den Bau von Städten, Straßen, Eisenbahnen; sie führen alte Askaris und ehemalige Diener als Kronzeugen dafür an, daß die Deutschen in den ehemaligen Kolonien noch immer beliebt seien, wohlweislich verschweigend, daß dies nur Randfiguren und Randerscheinungen der großen Unterdrückung und Ausbeutung fremder, militärisch unterlegener Völker gewesen sind.

Ein Jahrhundert nachdem ein paar deutsche Abenteurer im Auftrag des Bremer Kaufmannes Adolf Lüderitz an der sandigen Küste die deutsche Fahne gehißt hatten, ist Südwestafrika noch immer Kolonie. Damals begann die Herrschaft der Deutschen, heute herrschen hier die Südafrikaner. Acht Jahrzehnte nach dem Aufstand der Hereros kämpfen die Einheimischen noch immer um ihr Recht auf Selbstbestimmung.

Über eine Million Menschen leben heute im Lande, darunter 90 000 Weiße, davon wiederum 30 000 deutschstämmige Bürger. Viele von ihnen sind Nachkommen der ersten deutschen Pioniere. Nach drei Generationen sind die weißen Eindringlinge von damals selber Einheimische geworden. Seit jahren eskaliert der bewaffnete Kampf zwischen südafrikanischen Truppen und der „South West Africa People's Organization" (Swapo).

Die von Südafrika geplante Einrichtung einer Pseudo-Demokratie, die sogenannte „Turnhallen-Allianz", ist gescheitert. Nun herrscht wieder ein südafrikanischer Generaladministrator im Lande. Doch noch immer suchen gutwillige Weiße und Schwarze nach einem friedlichen Weg für eine gemeinsame Zukunft.

Aktuelle Gespräche und Eindrücke in Südwestafrika, hundert Jahre nach der deutschen Besitzergreifung:

„Versuchen sie einmal, die Dinge von unserer Warte aus zu sehen", sagt Hugo Pleitz, 91 Jahre alt, seit siebzig Jahren in Südwestafrika. Im Ersten Weltkrieg hat er gegen Portugiesen und Südafrikaner gekämpft, war im Lazarett und in Gefangenschaft. Sein Leben lang habe er zwölf bis sechzehn Stunden am Tag gearbeitet und aus einem Stück Land mit einer Wellblechhütte einen 8000 Hektar großen Besitz gemacht.

Seine Frau Paula, 93, war immer an seiner Seite. Ein schönes Leben? Wie es schon in der Bibel heißt, sagt sie, ist es „Mühe und Arbeit" gewesen. Sie hätten gegen Schlangen, Dürre und auch gegen die Schwarzen mit ihrer so unterschiedlichen Mentalität gekämpft. Und heute? Heute leben die beiden alten Deutschen in einem für 12 000 Rand gekauften Bungalow in einer Art Alten-Siedlung und machen sich Sorgen um die Zukunft ihrer Heimat. „Freiheit für die Schwarzen", das bedeutet für sie „Gewalt", „Zerstörung unseres Lebenswerkes". Paula Pleitz sagt: „Wenn es hier mal losgeht, dann hoffe ich nur, daß wir ein Fläschchen Gift zur Hand haben werden."

Treffen mit einem jüngeren Deutschen in Windhuk. Er ist Mitte Vierzig, Lehrer von Beruf, liberal, lebt seit 20 Jahren im Lande und ist vorsichtig geworden: „Bitte nennen Sie nicht meinen Namen."

Natürlich, so sagt er, sei Namibia noch immer eine Kolonie, fremdverwaltet, ein Marionettenregime Südafrikas; natürlich werde das Land noch immer von den Weißen ausgebeutet: Die Südafrikaner holen die Diamanten aus dem Boden, die Engländer das Uran. Konservative Deutsche, wie die CSU-nahe Hanns-Seidel-Stiftung, unterstützen noch immer die alte Kolonialstil-Politik im Lande. Noch immer müßten die Schwarzen in Gettos und in Reservaten leben. Er könne verstehen, daß sie – wenn es nicht anders gehe – mit Waffengewalt ihre Rechte haben wollten. „Natürlich wird das nicht ohne Mord, Totschlag und Blutvergießen abgehen."

Bethanien. Der Ort, an dem 1883 Heinrich Vogelsang als Beauftragter von Adolf Lüderitz mit dem Häuptling Joseph David Fredericks von Bethanien den ersten Kaufvertrag mit deutschen Kolonialherren unterzeichnet hat. An einer Hütte erinnert eine Gedenkplakette an dieses historische Ereignis.

David Fredericks ist einer der zahlreichen Nachkommen

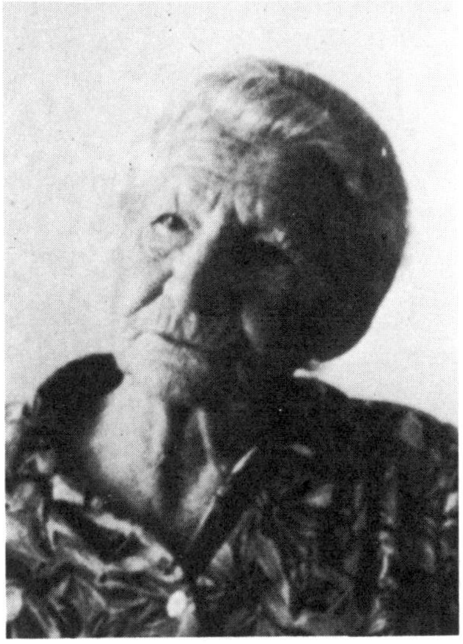

Die Eheleute Hugo und Paula Pleitz leben seit siebzig Jahren in Südwestafrika. Sie fürchten, auf ihre alten Tage noch ihre Heimat zu verlieren des alten Häuptlings, ein Urgroßneffe. Er ist verheiratet, Vater von zwei Kindern, besitzt eine kleine Farm mit 200 Schafen und 50 Rindern. „Die meisten Weißen sind wie wir hier geboren", sagt er, „es ist auch ihre Heimat geworden. Sie haben Geld und Verstand, sie sollten uns helfen, unabhängig zu werden und einen eigenen Staat aufzubauen – ohne ihre Hilfe würde es ein Chaos werden."

Gespräch mit einem Swapo-Mann, einem Herero, der in Katatura, dem Schwarzen-Getto von Windhuk, lebt. Er hat aus politischen Gründen im Gefängnis gesessen und wird mehr oder weniger auffällig von der Polizei überwacht. Was war gut und was war schlecht während der deutschen Herrschaft in Südwestafrika?

„Gut? Die Deutschen haben uns Christentum, Schulen, Ochsenwagen, Eisenbahnen und Infrastruktur gebracht!" – „Schlecht? Sie haben uns unser Land weggenommen und unsere eigene Kultur und unsere eigene Identität zerstört!"

Hendrik Witboi kämpft für die bedingungslose Rückgabe des Landes an die schwarze Bevölkerung. Ginge das nicht nur durch freie, demokratische Wahlen? Das sei unsere westliche Art zu denken, sagt er. Natürlich würde sich die Swapo an wirklich freien Wahlen auch beteiligen: „Aber eigentlich wäre das genauso, als wenn Ihnen Ihr Haus weggenommen wird, und nach ein paar Jahren schlägt jemand vor, erst Wahlen auszurufen, um herauszufinden, wer der eigentliche Eigentümer ist! – Nein! Das Haus gehört mir – wie schwach oder arm oder analphabetisch ich auch immer sein mag!"

Der Prediger Hendrik Witboi, 49, verheiratet, drei Töchter, ist der Urenkel des legendären Häuptlings Hendrik Witboi, der erst gegen und dann mit den Deutschen gekämpft hatte. Wie sein Vorfahre lebt er in Gibeon, dem Hauptort des Namalandes. Gibeon ist ein trostloser Ort, Wellblechhütten, Staub, unfruchtbares Reservatsland ringsherum.

Hendrik Witboi, der Geistliche der „Methodist Episcopal Church", hat vor sechs Jahren ein Swapo-Büro in Gibeon gegründet. „Wir wollen unsere Geschichte neu schreiben", sagt er, „denn die Geschichte Namibias wurde bisher von den Weißen geschrieben. Wir wollen wissen, weshalb unsere Vorfahren die Kontrolle über ihr Land verloren haben und Sklaven geworden sind."

Drei Generationen ist das her. Damals war Samuel Maharero der Chef des Herero-Volkes, das von den Deutschen beinahe ausgerottet worden ist. Von 80 000 überlebten nur 20 000 die Schlacht am Waterberg und ihre Folgen. Heute leben erst wieder rund 70 000 Hereros in Namibia. Der Chef des Stammes ist der 48 Jahre alte Kuaima Riruaka, einer der Nachfahren von Samuel Maharero. Er war Vizepräsident der Nationalversammlung von Namibia, die im Dezember 1982 von den Südafrikanern aufgelöst worden ist.

Kuaima Riruaka ist ein versöhnlicher Mann. Zwar stellt er fest: „Die deutsche Herrschaft war ein Unglück für mein Land

Das Marinesoldaten-Denkmal in Swakopmund erinnert an die während des Herero-Aufstandes gefallenen Deutschen. Gedenkstätten für die einheimischen Opfer gibt es in Namibia immer noch nicht

und für mein Volk." Er sagt aber auch: „Wir können nicht immer und ewig Gegner bleiben."

Als die in Namibia lebenden Deutschen vor drei Jahren ihre alljährlich stattfindende Gedenkfeier für ihre Gefallenen der Waterberg-Schlacht abhielten, da erschien plötzlich Herero-Chef Riruaka mit einigen seiner Leute an der Gedenkstätte. Er hielt eine kurze Ansprache. „Ich habe gesagt, was geschehen ist, ist Geschichte und kann nicht vergessen werden – aber wir sind bereit zu vergeben, denn Weiß und Schwarz werden auch in Zukunft in Namibia miteinander leben müssen."

Alle Anwesenden, so erinnert sich der Herero-Chef, hätten Tränen in den Augen gehabt – auch die alten deutschen Herren, die sich zur Feier des Tages stolz ihre Orden aus dem „Herero-Krieg" an die Brust geheftet hatten.

Gewiß, heute gibt es keine Kolonien im klassischen Sinne mehr – aber Kolonialpolitik wird noch immer betrieben. Von den Großmächten sogar mit denselben Kanonenboot-Methoden wie zu Kaiser Wilhelms Zeiten: Großbritannien schickte seine Flotte zu den Falklandinseln, die Sowjets marschierten in Afghanistan ein, Ronald Reagan ließ seine US-Marines die kleine Karibikinsel Grenada überfallen und bedroht politisch unliebsame Regierungen in Mittelamerika. Militärische Überlegenheit ersetzt für die Supermächte im Ernstfall noch immer ausgleichende Politik gegenüber schwächeren Nationen.

Und bei uns? In der Bundesrepublik wie in anderen Industriestaaten wird auch heute noch Kolonialpolitik praktiziert, nicht offiziell und nicht direkt von der Regierung, aber von vielen Konzernen und Unternehmern; nur nennt man dieses Geschäftsgebaren auf Kosten wirtschaftlich schwächerer Nationen heute nicht mehr so. Die Methoden sind subtiler geworden, aber Grundlegendes hat sich in den politischen und wirtschaftlichen Beziehungen zwischen den hochentwickelten und den unterentwickelten Ländern seit hundert Jahren nicht geändert: Zwangsarbeit und Ausbeutung damals, Billiglöhne und hemmungsloser Abbau von Rohstoffen in der Dritten Welt heute.

Nach der politischen Wende in Bonn zum Konservativen hin sind auch auf diesem Gebiet die Weichen neu gestellt. Entwicklungshilfe, die von der sozialliberalen Koalition ohne ideologische Auflagen an bedürftige Staaten unterschiedlicher Gesellschaftssysteme gegeben wurde, wird von der CDU/CSU-geführten Regierung vom politischen Wohlverhalten der Empfänger abhängig gemacht – harte D-Mark nur noch für prowestliche Regierungen! Ein neues Herr- und Diener-Verhältnis wird angestrebt.

Franz Josef Strauß marschiert an der Spitze dieser Bewegung, die zurück zu den alten Welt- und Wertvorstellungen führen soll. Mit Worten, mit Geld und mit Hilfe der CSU-nahen Hanns-Seidel-Stiftung unterstützt er reaktionäre Politiker und Regierungen in Afrika, Asien und Südamerika. Speziell in den beiden früheren deutschen Kolonien Togo und Südwestafrika (heute Namibia) setzen konservative deutsche Politiker und Geschäftsleute auf Regierungen, die noch immer demokratische Wahlen und Selbstbestimmungsrecht für ihre Bevölkerung verhindern.

In Namibia regieren die weißen Herrenmenschen aus Südafrika als sei es ihre eigene Kolonie und in Togo tut der machtbesessene Präsident Eyadéma willfährig, was Berater wie Strauß und Co. ihm raten. Der bayrische Ministerpräsident und verhinderte Außenminister beschimpfte unlängst sogar die katholischen Bischöfe Südafrikas, die vor aller Welt gegen Mißhandlungen schwarzer Einwohner und gegen alltägliche Verletzungen der Menschenrechte in ihrer Heimat protestiert hatten. Und der neue Bundesminister für wirtschaftliche Zusammenarbeit,

Jürgen Warnke (CSU), bekennt offen, daß deutsche Entwicklungshilfe als Baustein in die politische Gesamtstrategie des Westens gegenüber den Entwicklungsländern eingepaßt werden müsse. Wer weiß, wie sensibel afrikanische Politiker und Staatsmänner auf solche Pressionen reagieren, muß um das Ansehen der Bundesrepublik im Kreis der Vereinten Nationen fürchten. „Derartige Entwicklungshilfe ist eine kaum noch getarnte Kolonialpolitik alten Stils", sagt beispielsweise Julius Nyerere, der Staatspräsident von Tansania, früher Deutsch-Ostafrika.

Der Gesinnungsfreund und Afrika-Berater von Franz Josef Strauß, Hans Germani, meinte denn auch schon, die Politik des US-Präsidenten Ronald Reagan sei Bismarcks „Überseepolitik von damals" sehr nahe. Denn genau wie Bismarck halte Reagan wenig von staatlicher Entwicklungshilfe, dagegen viel von privatem Unternehmungsgeist in der Dritten Welt. Und Germani riet der Bundesregierung, im Spannungsgebiet Südwestafrika sollten die Westdeutschen „im wohlerwogenen Eigeninteresse den Völkern wieder Hilfe und Schutz anbieten". Schutzverträge wie anno 1884? Das gerade erschienene Buch des unlängst verstorbenen Germani heißt denn auch – als wäre es vor hundert Jahren verfaßt – „Rettet Südwest".

Haben konservative Politiker, Publizisten und Geschäftsleute nichts aus der deutschen Kolonialgeschichte gelernt – oder wissen sie zu wenig darüber?

In vielen Ländern Afrikas und Asiens – natürlich auch in den ehemaligen deutschen Kolonien – sprechen einheimische Politiker und Intellektuelle wieder häufiger vom „Neokolonialismus" der Industrienationen. Dies habe seine Ursache darin, so meinte der liberale Botschafter der Bundesrepublik in Kamerun, Hans Engelhard, als ich in Jaunde mit ihm darüber sprach, daß wir unsere Einstellung gegenüber den afrikanischen Völkern seit der Kolonialzeit im wesentlichen kaum geändert haben.

Engelhard fragt: „Wie können die Afrikaner daran glauben, daß wir sie für gleichberechtigt halten, wenn sie zugleich spüren, daß uns ihr Eisen, ihr Kupfer, ihre Bananen und die strategische Lage ihrer Länder viel mehr interessieren als sie selbst?"

BIBLIOGRAPHIE
HISTORISCHE UND AKTUELLE BÜCHER ZUR DEUTSCHEN KOLONIAL-GESCHICHTE

Allgemeines:

Adolf Friedrich Herzog zu Mecklenburg: Vom Kongo zum Niger und Nil, Leipzig 1912

Franz Ansprenger: Auflösung der Kolonialreiche, Deutscher Taschenbuchverlag 1966

Klaus J. Bade: Imperialismus in Kolonialmission, Kaiserliches Deutschland und koloniales Imperium, Dinah-Verlag, Wiesbaden, 1982

Drang nach Afrika, Koloniale Expansionspolitik und Herrschaft des deutschen Imperialismus in Afrika, Akademie-Verlag, Berlin (Ost), 1977

E. Dietzel: Der Erwerb der Schutzgewalt über die deutschen Schutzgebiete, Leipzig 1909

Fritz Fischer: Griff nach der Weltmacht, Die Kriegszielpolitik des Kaiserlichen Deutschland 1914/18, Verlag Athenäum/Droste 1979

Graudenz/Schindler: Die deutschen Kolonien, Hundert Jahre Geschichte in Wort, Bild und Karte, Südwest Verlag, München 1983

Andreas Hillgruber: Bismarcks Außenpolitik, Verlag Rombach, Freiburg, 1972

Helmut Hirsch: August Bebel – Sein Leben in Dokumenten, Reden und Schriften, Kiepenheuer & Witsch, Köln-Berlin 1968

Oskar Karstedt: Probleme afrikanischer Eingeborenenpolitik, Berlin 1942

E. Llewin: The Germans in Africa, London 1915

William Rodger Louis: Das Ende des deutschen Kolonialreiches, Britischer Imperialismus und die deutschen Kolonien 1914–1919, Bertelsmann Universitätsverlag 1971

Ernst W. Graf Lynarr: Deutsche Kriegsziele 1914–1918, Ullstein Bücher 1964

Martha Mamozai: Herrenmenschen, Frauen im deutschen Kolonialismus, Rowohlt aktuell, 1982

A. Merensky: Wie erzieht man am besten den Neger zur Plantagenarbeit? Berlin 1886

Gustav Noske: Kolonialpolitik und Sozialdemokratie, Verlag J.H.W. Dietz Nachfahren, Stuttgart 1914

Werner Schiefel: Bernhard Dernburg, 1865–1937, Kolonialpolitiker und Bankier im Wilhelminischen Deutschland, Atlantis Verlag AG, Zürich

Heinrich Schnee: Deutsches Kolonial-Lexikon, Leipzig 1914

Hans Christoph Schröder: Gustav Noske und die Kolonialpolitik des deutschen Kaiserreiches, Verlag J.H.W. Dietz Nachfahren, Berlin-Bonn 1979

Reinhard Tetzlaff: Koloniale Entwicklung und Ausbeutung, Wirtschafts- und Sozialgeschichte Deutsch Ostafrikas, Duncker & Humbold, Berlin 1969

Uwe Timm: Deutsche Kolonien, Bildband, AutorenEdition München 1981

M.E. Townsend: Macht und Ende des deutschen Kolonialreiches, Günther Schulz Verlag, Leipzig, 1932

Helmut Washausen: Hamburg und die Kolonialpolitik des deutschen Reiches 1880–1890, Hans Christians Verlag 1968
Hans Zache: Das deutsche Kolonialbuch, Berlin-Leipzig 1926
Hugo Zöller: Als Journalist und Forscher in Deutschlands großer Kolonialzeit, Leipzig 1930

Südwestafrika:
Helmut Bley: Der Kampf um die koloniale Sozialordnung in Deutsch-Südwest, Hamburg 1968
Ludwig v. Estorff: Wanderungen und Kämpfe in Südwest-Afrika, Ostafrika und Südafrika 1894–1910, John Meinhard-Verlag, Windhouk
Hans Germani: Rettet Südwest, Herbig Verlag, München-Berlin 1982
Hans Grimm: Geschichten aus Südwest-Afrika, Klosterhaus-Verlag Lippoldsberg o.J.
H.E. Lenssen: Chronik von Deutsch-Südwestafrika 1883–1915, Verlag der S.W.A. Wissenschaftlichen Gesellschaft, Windhouk 1966
Theodor Leutwein: Deutsch-Südwest-Afrika, Berlin 1898
Spieker: Die rheinische Mission im Hereroland, Barmen 1907
G. Sudholt: Die deutsche Eingeborenenpolitik in Südwestafrika, Historische Texte und Studien, Georg Olms Verlag, Hildesheim 1975
Uwe Timm: Morenga, Aufstand in Deutsch-Südwestafrika, Roman, Rowohlt Taschenbuch 1981
Otto v. Weber: Geschichte des Schutzgebietes Deutsch-Südwest-Afrika, Verlag der S.W.A. Wissenschaftlichen Gesellschaft Windhouk 1979
Hendrik Witbooi: Afrika den Afrikanern! Aufzeichnungen eines Nama-Häuptlings aus der Zeit der deutschen Eroberung Südwestafrikas 1884–1894, Verlag J.H.W. Dietz Nachf. 1982

Togo
H. Klose: Togo unter deutscher Flagge, Berlin 1899
Richard Küas: Togo – Erinnerungen, Berlin 1939
Georg Trierenberg: Togo, Die Aufrichtung der deutschen Schutzherrschaft und die Erschließung des Landes, Berlin 1914
Vietor: Geschichtliche und kulturelle Entwicklung unserer Kolonien, Berlin 1915
Hugo Zöller: Das Togoland und die Sklavenküste, Berlin/Stuttgart 1885

Kamerun
Theodor Bohner: Die Erziehung des Kamerun-Negers zur Kultur, Basel 1902
Jean Ikelle-Matiba: Adler und Lilie in Kamerun, Lebensbericht eines Afrikaners, Horst Erdmann Verlag, Herrenalb 1966
Wilhelm Kemmner: Kamerun, Freiheits-Verlag Berlin, 1937
Heinrich Mentzel: Die Kämpfe in Kamerun 1914–1916, Junker & Dunkelhaupt Verlag, Berlin 1936
René Philombe: Der weiße Zauberer von Zangali, Verlag Otto Lambeck, Frankfurt 1980
Jesko v. Puttkamer: Gouverneursjahre in Kamerun, Berlin 1912
Helmut Stoecker: Kamerun unter deutscher Kolonialherrschaft, Rütten & Loening, Berlin (Ost) 1960
Oskar Zimmermann: Durch Busch und Steppe von Campo bis zum Schari, Geschichte der Schutztruppe von Kamerun, Berlin 1909

Ostafrika:
H.F. Behr: Kriegsbilder aus dem Araber-Aufstand in Deutsch-Ostafrika, Leipzig 1891
G. Casati: Zehn Jahre Aequatoria und die Rückkehr mit Emin Pascha, Bamberg 1891
Entwicklungspolitische Korrespondenz (Hrsg.), Deutscher Kolonialismus, Materialien zur Hundert-Jahr-Feier 1984, Verlag „Gesellschaft für entwicklungspolitische Bildungsarbeit" 1983
Oscar Karstedt: Hermann v. Wissmann, Berlin 1933

Paul v. Lettow-Vorbeck: Heia Safari!, Deutschlands Kampf in Ostafrika, Verlag K.F. Koehler, Leipzig 1919
Paul v. Lettow-Vorbeck: Meine Erinnerungen aus Ostafrika, Leipzig 1920
G. Maercker: Unsere Schutztruppe in Ostafrika, Berlin 1893
Carl Peters: Die Gründung von Deutsch-Ostafrika, Berlin 1906
Carl Peters: Wie Deutsch-Ostafrika entstand, Leipzig 1912
J. Graf v. Pfeil: Zur Erwerbung von Deutsch-Ostafrika, Berlin 1907
G. Richelmann: Meine Erlebnisse in der Wissmann-Truppe, Magdeburg 1892
Rochus Schmidt: Geschichte des Araber-Aufstandes in Ost-Afrika, Frankfurt/Oder 1892
R. Schrader: Die Zwangsarbeit nach deutschem und britischem Kolonialrecht (Dissertation), Kiel 1919
Franz Stuhlmann: Emin Pascha, Tagebücher, Braunschweig/Hamburg 1916
Hermann v. Wissmann: Unter deutscher Flagge quer durch Afrika von West nach Ost, Berlin 1889

Deutsche Südsee-Kolonien:
P. Ebert: Südsee-Erinnerungen, Leipzig 1924
Hans Fischer: Die Hamburger Südsee-Expedition, Über Ethnographie und Kolonialismus, Syndikat-Verlag Frankfurt 1981
Otto Finsch: Südseearbeiten, Hamburg 1914
Steward Firth: New Guinea under the Germans, Melbourne University Press 1982
Albert Hahl: Gouverneursjahre in Neuguinea, Berlin 1936
Peter Hempenstall: Pazific Islanders under German Rule, Canberra 1978
R.W. Robson: Queen Emma, Pazific Publications Australia, 1979
Heinrich Schnee: Bilder aus der Südsee, Berlin 1904

Deutsches Pachtgebiet Kiautschou:
Jean Bozan, Shao Xunzang: Kurzer Abriß der chinesischen Geschichte, Verlag für fremdsprachige Literatur, Peking 1964
C.J. Voskamp: Aus dem belagerten Tsingtau, Tagebuchblätter, Berlin 1915
Hans Weicker: Kiautschou, das deutsche Schutzgebiet in Ostasien, Berlin 1908
Emil Wilhelmi: China, Land und Leute, W. Herlett-Verlag, Berlin 1904

REGISTER

BILDNACHWEIS

ADN-Zentralbild 57, 96/97, 154, 189 u.
Archiv für Kunst und Geschichte 76, 114/115, 127 re., 172, 188 u., 196, 197, 216
Basel Mission Archive 150, 155
Bildarchiv Preuß. Kulturbesitz 8, 60/61, 75 o., 84, 100, 103, 105, 117 u., 122, 148/149, 152, 153, 168/169 (2), 198, 199, 201, 236/237 u., 240
Bundesarchiv 6/7, 74 o., 76/77, 108 Mi., 142 o., 174, 193, 234/235, 236/237 o., 238
Deutsche Fotothek Dresden 178
Deutsche Presseagentur 220
Gerstenberg-Verlag 28/29
Thomas Höpker 9, 10/11, 12/13, 14/15, 16/17, 18/19, 20/21, 22/23, 24/25, 26/27, 28/29, 30/31, 32/33, 34/35, 36/37, 38/39, 40, 46/47, 50, 62, 87, 118, 120, 121 (2), 124, 126, 127 l., 128/129, 144, 145, 147, 175, 177, 217, 219, 222, 224 o., 243, 245 (2), 247
Märkisches Museum Witten 55, 116, 117 o., 194 u.
Marineschule Flensburg-Mürwick 194/195, 212/213, 214, 215 u.
Museum für Völkerkunde Hamburg
215 o., 221
Staatsarchiv Bremen
48 u., 52
State Archives Windhoek 80
STERN-Archiv 190
Süddeutscher Verlag Bilderdienst 53, 74 u., 108 o., 108 u., 143, 170
Ullstein-Bilderdienst 81, 98, 99 (2), 102, 106/107, 140/141, 142 u., 166/167, 176, 186/187, 188/189 o., 218, 241
Karten Georg Koch.

RUSSLAND
NIEDERLANDE
BELGIEN
GROSSBRITANNIEN
DEUTSCHES REICH
FRANKREICH
ITALIEN
SPANIEN
PORTUGAL
Gibraltar
Malta
Zypern
ALGERIEN
Madeira
MAROKKO
KUWAIT
PERSIEN
Kanarische Ins.
LIBYEN
FRANZÖSISCH-
WESTAFRIKA
ÄGYPTEN
RIO DE ORO
ARABIEN
Diu
OMAN
Kapverdische
Ins.
ERITREA
SENEGAL
TOGO
BRIT. SOMALILAND
SUDAN
OBOK
GAMBIA
NIGERIA
ABESSINIEN
PORT. GUINEA
SIERRA LEONE
ITAL. SOMALILAND
LIBERIA
BRIT.
OSTAFRIKA
GOLDKÜSTE
KAMERUN
BELG. KONGO
DEUTSCH-OSTAFRIKA
Ascension
FRANZ. KONGO
Komoren
ANGOLA
RHODESIEN
Mauritius
Atlantischer
Ozean
St. Helena
MADAGASKAR
Réunion
BETSCHUANA-
LAND
DEUTSCH-
SÜDWESTAFRIKA
PORT.
OSTAFRIKA
SÜDAFRIKA.
UNION
Tristan da Cunha